KB145255

업무 시각화 2/e

업무 시각화 2/e

효율적으로 업무를 처리하는 시간 관리 비법

도미니카 드그란디스 지음 유지은 · 김혜주 · 김무항 옮김

i!i
에이콘

에이콘출판의 기틀을 마련하신 故 정완재 선생님 (1935-2004)

내게 가장 위대한 영감을 주는 네 명의 멋진 아이들
레이첼, 로버트, 안젤로, 오거스터스에게 이 책을 바친다.
너희들은 내 인생에 있어 그 어떤 직업적 성취보다
삶과 기쁨에 대해 더 많이 가르쳐 준단다.

이 책에 쏟아진 찬사

"도미니카 드그란디스^{Dominica DeGrandis}는 이 책에서 누구나 겪고 있는 지식 노동과 기술 업무의 만성적인 문제를 다룬다. 핵심 내용은 직장이나 가정에서 빠르게 사용해 볼 수 있는 가볍고 익숙하며 단순한 방법이지만, 수십 년간의 지식이 담긴 구체적인 기법이기도 하다. 또한 예제를 사용해 이론이 어떻게 동작하는지 쉽게 설명하고, 독자가 스스로 깨달을 수 있는 방식으로 이야기한 점이 놀랍고 멋있어서 이 책을 좋아한다."

— **진 킴**^{Gene Kim},
연구원이자 IT Revolution의 설립자,
『데브옵스 핸드북 2/e』(에이콘, 2024)과 『피닉스 프로젝트』(에이콘, 2021)의 공동 저자

"『업무 시각화』는 업무 시각화와 업무 관리 장애를 이해하는 데 완벽한 책이다. 도미니카는 업무 관리 장애를 다섯 가지 도둑으로 분류하고, 이러한 도둑들이 어떤 식으로 가용 자원을 낭비하고 효과성을 망치는지 잘 표현함으로써 멋진 결과물을 만들어냈다. 우리 회사에서는 이 책을 활용해서 업무를 시각화하고 효과적으로 관리하는 것이 얼마나 중요한지에 대한 공통의 이해를 높이고 있다. 이러한 책이 2판으로 업데이트됐다는 점이 너무나 기쁘다."

— **스콧 프루**^{Scott Prugh},
SCG International의 CTO

“『업무 시각화』는 디지털 혁신과 관련된 모든 이가 반드시 읽어야 할 책이다. 이 책에서 설명하는 토대는 개인과 팀, 조직 수준에서 반드시 이해해야한다. 아직 읽지 않은 사람들이 있다면 여러분의 디지털 혁신을 이끌어주는 지침서로 이 책을 활용하도록 하자. 당장 오늘 시작해보자!

— **믹 커스튼**^{Mik Kersten},
Tasktop의 CEO이자 『프로젝트에서 제품으로』(에이콘, 2022)의 저자

“누군가 시간 도둑질(일명 완전 범죄)을 바로잡을 때가 됐다. 도미니카는 시간에 관해 비합리적인 결정을 하게 만드는 수많은 이유를 보여줄 뿐만 아니라, 대응할 수 있는 방법을 제공한다. 관리자 역할을 처음 맡을 때 이 책을 참고하면 좋을 것이다!”

— **줄리아 웨스터**^{Julia Wester},
린 컨설턴트이자 EverydayKanban.com의 블로거

“『업무 시각화』는 혁신적인 변화에 관한 것이든 거버넌스나 위험, 컴플라이언스에 관한 것이든 상관없이 어느 때보다도 우리가 지금 당장 나눠야할 대화이다.”

— **존 윌리스**^{John Willis},
Red Hat 글로벌 혁신 오피스의 고위 임원(Sr. Director Global Transformation Office)

"프로세스를 간결하게 만드는 방법을 다룬 가장 실용적인 책. 여러 회사를 코칭하며 쌓은 도미니카의 깊이 있는 경험을 제대로 확인할 수 있다. 이는 독자가 낭비를 찾아내고 제거하는 다양한 활동을 하며 깨달을 수 있을 것이다. 도미니카의 말을 빌리자면 낭비를 찾아내고 제거하는 것은 교활한 시간 도둑을 현장 검거하는 것이다. 일요일에 이 책을 읽는다면 월요일부터 실행해보고 싶어질 것이다!"

— **마크 슈워츠**Mark Schwartz,

전 미국 시민권 및 이민 서비스 CIO이자

『The Art of Business Value』(IT Revolution Press, 2016)와

『IT 리더의 자리』(에이콘, 2021)의 저자

"『업무 시각화』는 업무에 생명을 불어넣는다. 업무 시각화는 고객 가치 전달을 지연하고 직원들의 에너지 소진을 부추기는 너무나 많은 진행 중 업무와 잦은 방해로 질식되기 직전인 조직들에 있어 실용적이면서 실행 가능한 지침이다. 업무 시각화는 재능 있는 직원들의 시간과 능력을 존중하는 성과가 뛰어난 모든 조직의 서재에 반드시 있어야 할 책이다."

— **에이미 베틀**Aimee Bechtle,

AWS(Amazon Web Services)의 중부 대서양,

캐롤라이나 엔터프라이즈 솔루션 아키텍트 부서장

"많은 사람이 바쁘다는 사실을 명예 훈장처럼 여긴다. 이 책에서 도미니카 드그란디스는 숨어 있는 진행 중 업무WIP, Work-In-Process를 어떻게 시각화하는지 보여주며, 시각화가 일을 완료하는 능력에 미치는 영향을 명확하게 설명한다. 일단 숨어 있는 일을 볼 수 있게 되면 시간, 에너지와 생산성을 훔치는 진행 중 업무의 이면을 깊이 파고들어 대응 전략을 세울 수 있다. 이 책은 바쁜 일에서 한 걸음 물러나 실제 문제를 볼 수 있게 도와준다."

— **크리스 헤플리**Chris Hefley,

Retrium의 최고 매출 책임자(Chief Revenue Officer)

2판 서문

『업무 시각화』의 주요 목적은 팀(특히나 IT 운영 팀)이 상충하는 우선순위와 의존도, 방치된 업무, 불길한 너무나 많은 진행 중 업무와 관련된 문제를 헤쳐 나가는 데 도움을 주는 것이었다.

2017년에 1판이 출간된 이후로 너무나 많은 일이 일어났다. 업무 흐름과 더불어 제대로 관리되지 못한 가치 흐름이 사람들과 비즈니스에 미치는 영향에 관해 더 많이 배웠다.

여기서는 새롭게 배운 내용 중 여러분이 이 책을 살펴보는 데 도움이 될 만한 내용들을 다룰 것이다. 또한 1판의 일부 내용도 바로잡을 것이다.

먼저 더 많은 주목이 필요한 주요 관심 영역을 살펴보자. 바로 기술과 비즈니스 리더 간의 파트너십 결여를 인정하고 이에 대처할 필요성이다. 여러분이 내부 팀의 통제 하에 업무 흐름을 최적화하는 것은 비교적 쉬운 일일 수 있다. 하지만 상호 간의 신뢰와 파트너십 없이 회사(비즈니스) 수준에서 의미 있는 개선을 이뤄내는 것은 쉽지 않은 여정이다. 의미 있는 개선을 위해서는 비즈니스 리더들로부터 진정한 승인과 지원을 받는 더 폭넓은 커뮤니티가 필요하다.

비즈니스 관계

1판에서 간단하게 다뤘던 분야 중 하나는 기술 팀과 비즈니스 팀 간의 정렬이었다. 이 주제는 더 많은 관심을 받을 가치가 있다. 1판에서는 비즈니스 팀 사람들과 반드시 협력하고 비즈니스 관점을 완전히 이해해야 하는 필요성을 설명하지 않았다. 회사가 더 나아지길 원한다면 기술은 비즈니스와 전략적 파트너가 돼야 한다. 균열이 있는 관계에서 벗어나 공동의 책임

11

뿐만 아니라 공동의 목표와 상호 간의 존중, 진정한 협업으로 진전하기 위해서는 꾸준한 관심이 필요하다.

비즈니스가 운영되는 맥락을 더 잘 이해하면 이해할수록, 기술이 전략적 파트너로서 자리잡을 기회를 식별하는 데 있어 비즈니스 리더들에 대한 주요 플레이어로서의 역할을 더 잘할 수 있다.

여러분은 본인의 회사에 대한 이해도를 점검해 볼 필요가 있다. 진정으로 비즈니스를 이해하고 있는지 스스로에게 물어본 다음 아래의 질문들을 살펴보자.

- 우리는 고객들을 위해 어떤 문제들을 해결하고자 하는가?
- 이러한 문제들을 구체적으로 어떻게 해결하는가?
- 우리는 경쟁자들과 어떤 식으로 다르게 문제를 해결하는가?
- 우리의 증거는 무엇인가? 우리의 신뢰성을 어떤 식으로 검증하는가?
- 같은 산업군의 다른 회사들과 우리 회사의 재무적 성과는 어떤 식으로 비교되는가?
- 우리 고객들이 다른 선택사항 대신 우리 제품이나 서비스를 선택하는 이유가 무엇인가?

이러한 질문들을 통해 여러분의 비즈니스 핵심을 이해할 수 있다. 여러분이 상대하는 비즈니스 담당자들은 비즈니스 성과를 이끌어내야 할 책임을 지닌다. 따라서 이러한 질문들이 바로 여러분의 비즈니스 이해관계자들이 매일 신경 쓰는 것들이다. 비즈니스 맥락에 대한 이해가 결여된 기술자들은 궁극적으로 가치를 창출하지 못할 계획에 투자할 위험이 있다. 여러분의 비즈니스를 연구한다면 비즈니스 리더들로부터 신뢰를 얻고 비즈니스 목표를 공동으로 작성하고 이러한 목표의 우선순위를 정하는 더 나은 위치에 설 수 있다.

계속 노력해도 진전이 없다면 잠시 멈춰서 비이성적인 고집의 가능성을 고려해봐야 한다(다른 방향을 제시하는 충분한 증거가 있음에도 잘못된 상황을 버리지 못하는 것을 말한다). 어느 시점에 비즈니스 파트너십이 타당해 보이지 않는다는 생각이 들면(비즈니스 파트너십을 향해 혼자 계속 전진하는 것이 너무 어렵다면) 다른 곳에서 파트너십을 찾아야 할 시점일 수도 있다. 여러분의 회사에서 지원을 전혀 찾을 수 없다면 회사 밖에서 비슷한 생각을 지닌 커뮤니티를 찾아보자. 바로 데브옵스 엔터프라이즈 서밋DevOps Enterprise Summit과 같은 커뮤니티 말이다. 여러분을 환영한다. 우리 커뮤니티야말로 진정한 재미가 넘치는 곳이다.

모든 것을 다 하기

미국에서 가장 큰 보험 회사 중 하나에서 변화가 일어나는 가운데 제품 팀은 '모든 것을 다 하기'라고 불리는 실험을 제안했다. 실험의 이름을 이렇게 냉소적으로 지은 것은 의도적이었다. 지금까지 내가 여러 산업군에 걸쳐 목격한 테마의 속성을 잘 설명하는 이름이기 때문이다. 금융과 보험, 운송에 이르기까지 새로운 업무 방식을 구현하기 위한 자원 확보에는 엄청난 노력이 필요하다.

변화는 시간이 걸린다. 팀에게 무언가를 하도록 승인하는 것만으로는 충분치 않다. 또한 팀이 정규 근무 시간에 변화를 시도할 수 있도록 시간이 할당돼야 한다. 앞에서 언급한 보험 회사의 사람들 중 일부는 기대치를 만족시키기 위해 하루에 16시간씩 일하고 있었다. 경영진이 변화에 동의하고 혁신을 위한 예산에 동의했다고 하더라도, 팀이 기존 업무를 하느라 새로운 도구와 프로세스를 익힐 여유가 제공되지 않는다면 '모든 것을 다 하기'는 너무나 많은 인지 부하를 팀에게 더할 것이다. 이로 인해 저항과 퇴사가 발생할 수 있는데, 이것은 1판의 결론에서 논의했던 J 커브J curve 효과 때문이다.

여러분이 상충하는 우선순위로 고생 중인 가운데 '모든 것을 다 하기'를 진행한다면, 비즈니스의 가장 중요한 사항들에 미치는 영향을 이해할 수 있도록 메트릭을 사용해서 상황을 개선할 수 있다. 비즈니스를 위해 여러분이 가치를 측정해서 전달하는 것은 더 건강하고 더 회복성이 좋은 파트너십을 만드는 데 방해가 되는 요인들에 대처하기 위한 유용한 방법이다.

다른 사람들이 너무 오래 걸린다고 불평을 한다면 기술 부서 리더는 실제로 업무를 처리하는 데 오래 걸린다는 것을 다른 사람들도 잘 이해할 수 있도록 보여주는 위치에 있어야 한다. 이는 '모든 것을 다 하기'가 좋은 전략이 아니라는 것을 나타내는 데 도움이 된다. 판매 부서 부서장(또는 어느 누구든)이 업무 처리가 너무 오래 걸린다고 불평을 하면 실제로 업무 처리가 얼마나 오래 걸리는지 측정해서 보여주는 것이 이치에 맞다. 속도(흐름 타임flow time)의 측정은 이러한 항의에 대한 데이터에 기반한 대화를 시작하고 사려 깊은 반응을 제공하는 데 도움이 된다. 여러분이 부딪힐 수 있는 항의의 예시를 표 1에 정리했다. 또한 이에 따른 추천 응답과 유용한 메트릭도 함께 적어두었다.

이런 대화가 적대적으로 보일 수도 있다. 하지만 이는 파트너십을 구축하기 위한 논의에 필수적이다. 모든 좋은 항의는 고려할 만한 목표가 있다. 비즈니스 리더로부터 항의가 들어왔을 때 해당 항의에 대처할 준비가 돼 있어야 하고 다른 사람의 관점에서 봐야 한다. 두 사람이 각자의 의견을 들고 논의에 참여할 수 있다. 결과적으로 그들은 원래 각자의 의견보다 더 나은 안을 가지고 돌아갈 수 있을 것이다. 공동의 목표로 전진하기 위해 각기 다른 관점을 피드백으로 받아들여야 한다.

표 1. 핵심 메트릭을 활용해 항의에 대비하기

항의	응답	핵심 메트릭
"업무 처리가 너무 오래 걸립니다."	"실제 기능 구현이 얼마나 오래 걸리는지 확인할 수 있는 자료입니다."	**흐름 타임**(flow time): 속도를 측정한다. 측정 시계는 작업을 시작할 때 움직이기 시작하고 고객이 해당 가치를 소비할 수 있을 때 멈춘다.
"기능이 충분히 전달되지 않았습니다."	"팀의 능력(리소스)이 요구보다 대개 부족합니다. 팀이 상충하는 운선순위로 인해 제약을 받고 있습니다."	**흐름 속도**(flow velocity): 처리량을 측정한다. 처리량은 특정 시간 동안 완료된 항목의 개수를 말한다. 이는 능력을 측정하는 데 유용하다.
"이걸 외주 처리해야 합니다."	"해당 작업을 외주 처리하는 것은 업무 흐름에 더 많은 의존도를 높일 가능성이 있습니다. 이는 의사소통을 지연시켜 효율성에 영향을 줄 수 있습니다."	**흐름 효율성**(flow efficiency): 대기 시간(wait time) 대비 활동 시간(active time)의 비율을 말한다. "가치 흐름의 모든 대기 시간을 정확하게 반영하기 위해 도구 세트에 더 많은 대기 상태를 필요로 한가요?"라는 합리적인 질문이 발생한다.
"우리는 더 많은 기능을 전달해야 하는데 여러분은 아키텍처를 리팩토링만 하고 있습니다."	"자동차를 운전할 때 엔진 오일을 가끔 교환해야 합니다. 그렇지 않으면 차가 움직이지 않습니다."	**흐름 분배**(flow distribution): 각기 다른 작업 항목 유형의 분배를 말한다. 예를 들어 30%는 기능 구현, 60%는 결함 수정, 10%는 부채 해결에 할당할 수 있다.
"올해 로드맵에 세웠던 모든 계획을 완료하지 못할 위기에 처했습니다."	"너무 많은 일을 한 번에 하려는 것은 더 낮은 품질과 더 느린 전달을 초래할 수 있습니다. 그것이 바로 스티브 잡스가 애플에서 많은 훌륭한 아이디어를 버린 이유입니다. 덕분에 그들은 더 적은 아이디어들을 정말 잘 해낼 수 있었습니다."	**흐름 부하**(flow load): 시작했지만 끝마치지 못한 업무의 양을 말한다. 일부 완료된 진행 중 업무(WIP)가 많으면 비용이 많이 들어간 것이다.

모범 사례

어떤 사람들은 못마땅하겠지만 나는 처음 개념을 접했을 때부터 모범 사례에 대해 회의적이었다. 하지만 어느 때보다도 새로운 아이디어가 필요한 상황임에도 요즘에 많은 팀이 모범 사례를 구현하고 따르고자 노력 중이다. 출간된 결과물(모범 사례)이 따라야 할 올바른 접근법이라는 가정은 흥미로운 주제이다. 나 역시 이 책에서 실천법과 지침을 제안한다는 점을 고려할 때 모범 사례에 대한 나의 회의적인 시각은 역설적이라는 점을 인정한다.

사람들은 무언가를 읽으면 해당 사항을 모범 사례로 받아들이는 듯 하다. 하지만 모범 사례라는 명칭은 부적절하다. 이를 다른 식으로 표현해보자. 무엇을 할 것인지에 관한 대화에서 '모범 사례'라는 용어를 제거하자(혹은 분별력 있게 해당 용어의 사용을 줄이자).

이 책은 좋은 사례를 제공한다. 해당 사례를 더 개선할 수 없는 모범 사례로 여기지 말고, 여러분의 도구 상자에 있는 선택 가능한 도구로 여기자. 모범 사례가 새롭게 등장한 더 나은 사례로 대체되는 경우가 흔하다. 빠른 기술과 프로세스 변화와 개선 필요성으로 인해 조직의 모범 사례가 유지되는 시간은 그리 길지 않다. 여러분이 지닐 수 있는 최선의 기술 중 하나는 계속해서 변화하는 최신 동향에 발맞추는 법을 배우는 것이다.

우리는 다양한 사고와 다양한 업무 방식을 필요로 한다. 모범 사례(무언가를 처리하는 최고의 방법)가 존재한다는 생각에 갇히게 되면 신선한 관점이나 개선을 본질적으로 잘못된 아이디어로 치부할 위험이 있다. 이는 상황이 너무나 빨리 변하고 영향이나 원인 파악이 쉽지 않은 시대에서 문제가 된다. 새롭고 신선한 아이디어를 가지고 인식 가능한 경계의 끝에서 문제를 바라보는 것은 혁신과 실험을 하고자 하는 조직에 있어 도움이 될 수 있다.

우리 팀에 이러한 사람들이 있다는 점에 있어 축복을 받았다고 생각한다. 우리 팀원들은 나에게 새로운 아이디어와 개념을 많은 열정을 갖고 소개해준다. 다양한 사고와 각기 다른 관점이 고려할 만한 허용 가능한 아이디어로 받아들여지는 것이 중요하다. 사람들이 새롭고 신선한 아이디어에 에너지와 열정을 갖는다는 것은 좋은 일이다. 한 분야에 100% 투자하는 것은 위험하기 때문이다. 다양한 의견과 아이디어를 가진 열정적인 사람들이 무엇을 필요로 하는지 고려해보자.

모범 사례가 아니라면 나쁜 사례라는 가정은 애초에 싹을 없애야 한다. 사례는 언제나 변한다. 우리는 정적인 세상에 살지 않는다. 모범 사례를 '오늘의 사례'나 '이번 주의 사례' 혹은 '2022 사례'와 같이 모범 사례를 제외한 다른 이름으로 불러보자.

수정

『업무 시각화』 1판에서 몇 가지 잘못된 일부 세부사항이 있었다. 예시로 계획에 없던 업무Unplanned Work가 있다. 모든 유형의 업무가 계획에 없을 수 있기 때문에 계획에 없던 업무는 실제 그 자체로는 업무 항목 유형이 아니라는 점을 인정한다. 결과적인 중단과 문맥 전환으로 인해 계획에 없던 업무는 여전히 시간 도둑이다. 하지만 나는 계획에 없던 업무를 더 이상 특정 업무 항목 유형으로 간주하지 않는다. 계획에 없던 기능이 있을 수도 있고 계획에 없던 기술 부채, 계획에 없던 보안 취약점, 계획에 없던 결함이 있을 수도 있다. 이는 실험적인 업무 유형과 비슷하다. 기능과 결함, 위험, 부채와 관련해서 실험이 있을 수 있다. 여러분이 업무를 계획되지 않은 업무 혹은 실험으로 기록해두고 싶다면 해당 항목들이 메트릭에서 잘 보이도록 여러분의 도구 모음에서 태그나 플래그를 붙이는 게 좋다.

또한 시각에 관해 더 많이 배웠다. 색상이나 형상, 질감 외에도 시각에는 더 많은 것이 존재한다. 눈은 뇌에서 두개골 외부에 위치한 유일한 두 부분이다. 눈은 신경계의 일부이고 우리가 공간과 시간 상에서 어디에 위치했는지 인식하는 방식이다. 우리의 시각은 심리적 안전과 매우 밀접하다. 사람들이 카메라를 켜지 않은 온라인 회의는 다른 이들이 우리 말에 어떤 식으로 반응하는지 알기 어렵다. 사람들이 동의해서 머리를 끄덕이고 있는가? 아니면 내 말에 반대해 눈을 찌푸리고 있는가? 우리는 사람들이 이야기하는 동안에는 적어도 카메라를 켜야 한다.

그림 27의 약속선line of commitment 역시 계획 오류로 인해 다시 한번 생각하게 됐다. 계획 오류는 계획과 예측이 현실 가능성 없게 최선의 시나리오와 가까운 경우를 말한다. 사람들은 대개 비현실적인 낙관론을 근거로 결정을 내린다. 이득을 과대평가하고 비용을 과소평가한다. 결과적으로 사람들은 예산이나 시간을 초과하거나 기대 수익을 전달할 수 없거나 심지어 완성 불가능한 계획을 추구한다. 우선순위 변화로 인해 약속선을 지나거나 심지어 취소되거나 완료됐어도 사용되지 않는 업무의 가능성이 우리가 생각하는 것보다 높다고 생각한다. 작은 배치batch 크기와 빠른 피드백으로 인해 하나의 요청을 완성하는 데 필요한 결정들이 전통적인 약속선을 훨씬 넘도록 지연될 수 있다. 아이디어들이 실험으로서 위치한다면 약속선의 가치는 사실상 무의미해 보인다. 약속선은 그저 시간이 얼마나 남았는지 측정하는 지점이 될 것이다. 우리는 어느 지점에서 시간이 얼마나 남았는지 측정해야 하지만 일단 업무가 약속선을 지나면 재평가하지 않는다는 나의 서투른 의견을 철회한다(166쪽 참고).

여러분이 이 책의 나머지 부분을 읽으면서 위의 사항들을 명심하길 바란다. 시간을 내줘서 감사하다.

- 도미니카 드그란디스,
우딘빌, 워싱턴(Woodinville, Washington),
2021년 12월

추천사

앰브로즈 비어스의 명언으로 만든 인터넷 밈[1]에 따르면 스타 기업가든 일반 사람이든 하루 24시간을 동일하게 가졌다고 주장하는 것을 볼 수 있다.

나는 그 잘난 체하는 말을 무시하고, 절대 그렇지 않다고 말하고 싶다. 많은 스타 기업가는 사실 주당 100시간 이상 초인적으로 일하지만, 그들은 우리 같은 평범한 사람보다 더 유리하다. 매일 사용할 수 있는 시간은 동일할 수 있지만, 그 시간을 얼마나 통제할 수 있는지는 매우 다르다. 테슬라Tesla 사의 CEO인 일론 머스크Elon Musk는 진행 중 업무가 너무 많아지면, 업무를 위임하거나 우선순위를 바꾸거나 또는 쉽게 거절할 수 있는 권한이 있다. 심사숙고해서 세운 전략이 여러 가지 변화로 인해 더 이상 조직의 요구에 맞지 않을 때, 페이스북의 최고운영책임자COO, Chief Operating Officer인 셰릴 샌드버그Sheryl Sandberg는 전략의 방향을 충분히 바꿀 수 있다. 그리고 아마존의 CEO 제프 베조스Jeff Bezos는 상충하는 우선순위에 직면했을 때, 어떤 프로세스에 따라 명확한 우선순위를 결정해야 하는지 번잡한 절차를 신경 쓸 필요가 없다.

이런 일이 일어날 때(그리고 자주 이런 일을 맞닥뜨리면) 일반적인 사람은 억만장자와는 매우 다른 상황을 마주하게 된다.

내 마음대로 할 수 있는 회사와 업무 전반을 폭넓게 지원해주는 직원이

---

1   인터넷 밈(Internet meme)이란 대개 모방의 형태로, 인터넷에서 사람과 사람 사이에 전파되는 생각, 스타일, 행동 따위를 말한다(https://ko.wikipedia.org/wiki/인터넷_밈). – 옮긴이

없는 상황에서, 어떻게 프로세스의 품질이나 정신 건강을 해치지 않고 일할 수 있을까? 생산성을 높이고 멀티태스킹 신화를 영원히 지속하려는 문화에서 우리의 노력과 에너지가 가장 크게 발휘될 수 있도록, 시간과 업무의 흐름을 어떻게 극대화할 것인가? 가장 중요한 건 그 모든 일을 하고도 어떻게 내 삶을 위한 시간을 남길 수 있을까?

시간 절약, 시간 사용, 시간 낭비. 돈을 사용하는 방식과 시간을 사용하는 방식이 동일하다는 것을 대화의 틀로 잡았다. 시간은 겉으로 보기에는 '무료'지만, 우리가 가진 가장 귀중한 자원이다. 하지만 개인, 팀, 또는 조직에게 시간은 결코 충분하지 않다.

마감일을 경험해본 사람이라면 파킨슨의 법칙Parkinson's Law을 확실히 이해하고 있을 것이다. 다시 말해 업무는 마감 시간에 맞춰 늘어난다. 솔직히 마감일 전에 제대로 업무를 끝냈던 적이 마지막으로 언제였던가?

이 문제는 당신 혼자만 겪고 있는 것이 아니다.

끊임없이 일하는 것처럼 보이지만, 정확히 무엇을 하고 있을까? 몇 주 동안 매일 지쳐서 집으로 돌아가면서도, 해야 할 일을 어떻게 줄여야 할지 모르겠다면서 일이 많다고 한탄만 하고 있지는 않은가? 미스터리하게도 빨랫감에서 자주 없어지는 양말처럼 잃어버린 시간은 어디로 가는 걸까? 누가, 아니 무엇이 사람들의 시간, 집중력, 에너지를 훔치는가?

시간을 활용하거나 '지키려는' 시도는 근대에 들어서서 일어난 일이 아니다. 선사시대 사람은 달의 변화를 추적했다. 수메르인은 지금도 여전히 사용하는 60진법을 만들었는데, 시간을 분 단위로 나누고 다시 초 단위로 나누는 데 60을 사용했다. 이집트인은 오벨리스크를 사용해 태양 때문에 생긴 그림자 길이를 계산했다. 구름이 가득하거나 밤이 되면 태양을 이용해서 시간을 측정할 수 없었고, 페르시아인과 그리스인은 시간의 경과를 측정하기 위해 물의 흐름을 살펴보는 대안을 제시했다.

이러한 고대의 시간 추적 도구는 언제 농작물을 심고 수확할지, 언제 물건을 사고 팔지 그리고 언제 먹고 잠잘지에 대한 가장 초기 형태의 일정 관리법을 마련했다.

빨리 시간을 현대로 돌려보자. 현대의 모든 '편의성'에도 불구하고, 효율적인 시간 관리는 많은 사람에게 힘든 싸움, 즉 돈키호테가 풍차 거인을 무찌르기 위해 달려드는 것 같은 소모전이 됐다. 정보화 시대가 도래하면서 언제나 네트워크 접속이 가능해진 대신, 24시간 내내 기대치를 충족시켜야만 한다. 역설적으로 말하자면 휴대전화나 이메일, 화상 회의 같은 기술(표면적으로는 삶을 더 편하게 만드는 도구)이 사람들을 노예로 만들고 있다. 스스로 결정할 수 있는 수많은 선택 사항과 결합된 업무의 혼란스러운 상황은 사람들에게 과중한 부담을 주고, 주의를 산만하게 하고, 시간과 집중력을 훔쳐가고, 궁극적으로는 효율성을 저해한다.

우리는 복잡한 것에 집착하는 경향이 있지만, 특별한 결과를 낳은 것은 시간을 측정하려고 단순하게 구현했던 가장 초기의 단순한 해결책이다. 하늘, 태양, 막대기와 모래가 고대인에게 시각적이고 실행 가능한 피드백을 제공한 것처럼 도미니카가 이 책에서 제안하는 방법 역시 눈으로 보기 쉽다.

눈에 보이는 것을 더욱 잘 관리할 수 있는 건 당연하다. 업무를 눈으로 볼 수 없으면 선택이 모호해진다. 사람들은 자신의 수용량을 제대로 알지 못하며, 다른 사람들에게 수용량을 확실하게 전달할 수 없다. 그 결과 정신적 과부하가 일어나고 스트레스로 이어지며, 이미 진행하고 있는 업무를 복잡하게 만든다. 근본적으로 진행 중 업무를 증가시키기 때문에 우선순위를 정하고 의사결정을 내리며, 품질을 지키고 업무를 완료할 수 있는 능력을 떨어뜨린다.

도미니카의 시각화 방법과 진행 중 업무를 제한하는 전략은 인지 부하를 파악하고, 팀 구성원 간의 기대를 맞추며, 집중력을 고취시키고, 맥락에 맞게 업무를 배치한다. 그리고 실시간으로 문제를 표면에 드러내 해결책을 만들게 하며, 품질을 향상시킬 수 있는 분명한 방법을 제공한다. 명쾌한 설명과 깊은 통찰력이 담긴 제안의 효용성은 아무리 강조해도 지나치지 않다.

북미 북서쪽 해안인 세일리시 해$^{Salish Sea}$의 군도를 탐험하는 요트를 타고 일주일을 보내면서 오직 '아일랜드 타임'^{2}에 의지한 채 '시간 도둑'에 대한 글을 쓰는 건 확실히 아이러니하다. 이번 휴가에는 처음으로 일부러 시계를 집에 두고 왔다. 시간을 확인하는 대신 야생 동물과 주변의 바다 경관을 충분히 즐기는 쪽을 선택했다. 흰머리수리와 송골매는 오래된 숲과 해안선이 만나는 험준한 절벽 위로 높이 날아간다. 수달은 먹이를 찾아 해초를 헤치며 유리 같은 파도 사이를 우아하게 나아간다. 바위가 있는 해변을 따라 수많은 바다사자가 태양 아래에 나뒹굴고, 근처 외딴 해변에서 바다표범들이 새끼들을 돌보고 있다. 멀리서 빈둥거리는 보트 무리는 친숙한 풍경이며, 얼마 지나지 않아 오카스^{orcas}의 주민들이 카메라를 흔드는 (현지인들에게 '파파라치'란 애칭으로 불리는) 청중들을 위해 수정처럼 맑은 옥색 물 위에서 공연하는 모습을 볼 수 있었다.

나는 태평양 북서쪽의 보석 상자 같은 산 후안 제도$^{San Juan Islands}$에서 시계 볼 생각을 거의 하지 않았다.

이것이 바로 도미니카의 책이 중요한 이유다. 사람들을 혹사시키는 문화, 생산성 vs 효율성에 대한 강박, 살아가는 것이 아니라 현재를 버티는 우리의 기본적인 방식, 이런 것들은 그야말로 부자연스럽고 건강하지 못하며 지속 가능하지 않다. 개인, 팀, 조직의 이익을 위해서 말이다.

도미니카가 제시하는 사려 깊은 관찰과 쉽게 해볼 수 있는 기법은 건강하고 지속 가능하며, 개선 가능한 업무의 선순환을 이끌어내는 습관을 만드는 데 도움을 주는 첫 번째 단계다. 이를 통해 업무는 더 명확해지고, 스트레스가 낮아지며, 집중력이 향상되고, 더 나은 의사결정을 하며, 업무량을 관리할 수 있게 돼 더 많은 성취감을 경험할 수 있다. 단순히 생산성을 추구하기보다 우리의 삶을 온전히 누리는 데 필요한 여유를 제공한다.

엄밀히 따지면 사람들은 '스타 기업가'와 마찬가지로 하루라는 시간을

---

2 아일랜드 타임(island time)은 속도가 매우 느리거나 여유가 가득한 것을 비유하는 말이다. – 옮긴이

갖고 있지만, 한정된 시간을 무엇을 위해 사용하는지 깨닫게 해주는 업무 시스템이 필요하다. 이를 통해 사무실을 나설 때 완전한 삶을 만들 수 있는 기회가 생긴다.

사실 시간은 신성한 것이며, 또 그렇게 대해야 한다. 업무를 시각화하고 맡은 일의 양을 제한하자. 그 흐름에 주의를 기울이고, 정말 중요한 것을 반영할 수 있는 사려 깊은 업무 시스템을 구축하자. 숨 쉬고, 생각하고, 배우고, 성장하고, 즐기고, 사랑하며 살아가길 바란다.

우리가 건강하게 살 수 있는 것은 건강하게 일을 하고 있기 때문이다. 도미니카가 제공하는 지혜가 건강한 존재로 거듭나기 위한 첫 번째 단계라고 확신한다. 당신도 도둑맞는 시간을 줄이고 더 많은 아일랜드 타임을 계획할 수 있을 것이다.

— **토니안 드마리아**Tonianne DeMaria,
워싱턴주 오카스 아일랜드,
2017년

차례

들어가며: 업무와 흐름

대학 졸업 후 빌드 엔지니어로서 첫 번째 업무는 빌드를 볼 수 있게 하는 것이었다. 설명하자면 어떤 파일이 어떤 컴퓨터와 어떤 환경에서 어떤 버전으로 옮겨갔는지 추적하는 작업이다. 그 일을 시작한 지 3개월이 지났을 즈음이었다. 소스코드 저장소에서 모든 코드를 가져와 실행파일로 컴파일한 새로운 기능을 다른 사람(분석가, 개발자, 테스터 및 기타 관심 있는 사람)이 볼 수 있는 곳에 설치하고 있었다. 하지만 빌드는 컴파일되지 않았고, 새벽 2시에 혼자 사무실에 앉아 깨진 빌드를 수정하고 있었다. 피곤한 탓인지 계속 실수를 저지르다 결국 일을 완료하지 못한 채 집으로 돌아갔고, 앞으로의 경력을 진지하게 고민했다. 기술 직군은 누가 봐도 야근이 많은 편이었다. 잠깐 눈을 붙인 후, 사무실로 돌아가서 여러 개발자 간의 코드 의존성을 추적해 결국 빌드 작업을 마쳤다.

소프트웨어를 통합하고, 빌드하고, 출시하는 동안 의존성을 추적하는 데에 얼마나 많은 시간을 할애했는지 정확히 모르지만, 정말 많은 시간을 사용했다고 확신한다. 만약 빌드나 깨진 환경 때문에 생긴 문제를 해결할 때마다 1분에 1달러씩 받았더라면 꽤 짭짤한 비상금이 생겼을지도 모른다. 몇 시간이든 며칠이든 심지어 몇 개월이든 측정 단위와 상관 없이 지연된 업무는 비용이 발생한다. 피할 수 있는 문제로 시간을 낭비하면 비용이 드는 것은 둘째치고 속상하다. 인생은 짧고, 낭비한 시간은 결코 되찾을 수 없다.

SF 영화 〈인 타임In Time〉에서 시간은 돈이다. 사람들은 음식, 집, 교통수단 그 밖에 상상할 수 있는 모든 것을 사기 위해 몇 분, 몇 시간 그리고 며칠을 번다. 길거리의 강도는 시간을 모두 훔쳐서 사람을 죽인다. 기억에 남는 장면을 하나 꼽자면, 주인공 월 살라스가 부자인 헨리 해밀턴의 목숨을 구해준 부분이다. 월과 헨리가 안전한 장소에 도착했을 때, 헨리는 월에게 자신은 105살이며 살아가는 것에 지쳤다고 말한다. 헨리는 28살짜리 월

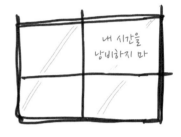

에게 100년 동안 무엇을 할지 묻고, 월은 '절대 낭비하지는 않을 것'이라고 되받아친다. 월이 잠든 사이 헨리는 다리 위까지 갈 수 있는 몇 분을 제외한, 전 재산 100년을 월에게 넘겨준 후 "내 시간을 낭비하지 마."라는 메모를 남긴 채 다리 위에서 생을 마감한다.[1]

디스토피아 SF 영화 속 휘갈겨진 메모는 우리 현실의 상징이다. 시간은 곧 인생이니, 현명하게 써야 한다.

현대 근로자는 끊임없는 요청에 숨이 막혀 죽을 지경이다. 개발자에서 IT 운영 인력에 이르기까지 점점 늘어나는 요구 사항에 대응하기가 매우 힘들다. 대학을 졸업하고 처음 다닌 직장은 보잉Boeing 사였다. 하와이에 있는 히컴Hickam 공군 기지에서 소프트웨어 구성 관리 책임자로 일했으며, IBM 메인프레임에서 빌드와 배포 작업을 진행했다. 그 후로 오랜 시간이 흘렀지만 상황은 크게 바뀌지 않았다.

다른 팀 사람들은 "모든 컴파일이 잘 됐는가?",

1 　2011년에 개봉한 SF 영화로 앤드류 니콜이 감독을, 아만다 사이프리드, 저스틴 팀버레이크가 주연을 맡았다. 21세기 폭스 사에서 제작했다.

"언제쯤 품질 보증 환경에 배포되는가?", "혹시 마지막 변경 사항을 하나 더 적용할 수 있는가?" 등 빌드 상태를 알고 싶어서 줄을 설 정도였다. 그럴 때마다 "번호표를 뽑아와라. 최대한 빨리 일하고 있는데, 이런 방해가 빌드를 10분 더 지연시킨다."라고 말하고 싶었다. 당시에는 깨닫지 못했지만 개발자와 테스터가 빌드 상태를 알기 위해 찾아온 것이 훨씬 더 큰 문제의 신호였다.

내 일정표는 하루 종일 회의로 꽉 차 있었다. 저녁이나 주말이 돼야 겨우 방해받지 않고 일할 수 있었다. 새로운 일을 시작한 지 4개월이 지났을 때부터 밤을 새우며 산더미 같은 일을 따라잡기 위해 빠르게 일했다. 다음 날 아침 6시 30분, 프로그램 관리자가 도착했을 때 그는 내가 일찍 도착했다고 생각했으며, 잠깐 눈을 붙이기 위해 집에 다녀왔다는 이야기에 달가워하지 않았다. 수면 부족은 그때 당시 생각하지 못했던 또 다른 적신호였다. 이후 몇 년 동안 기술 분야에서 일한 후에 난 맹렬한 영웅 행위(밤늦게까지 일하고, 겸직을 하며, 계속해서 많은 업무량을 따라잡는 것)를 계속할 수 없다는 점을 깨달았다. 매일 겨우 4시간만 자면서 버티는 상태로는 좋은 품질을 보장할 수 없다.

스스로에게 과부하를 줄 뿐만 아니라, 팀에도 과부하가 걸린다. 이것이 IT 분야의 일상적인 현실이다. 보통 하던 일을 중단하고, 다른 프로젝트에서 일을 시작한다. 항상 방해를 받기 때문에 한 가지 일에 집중해서 제대로 일을 처리할 수가 없다. 문맥 전환context switching은 자리 잡고 앉아 일에 충분히 집중할 수 있는 능력을 손상시킨다. 결과적으로 업무의 품질이 좋기를 바라지만 불행히도 만족스럽지 않다.

문제는 우리가 고장 난 프로세스에 맞춰 일하고 있다는 것이나. 회사는 건강하면서도 지속 가능하게 업무를 처리하는 방식 대신에 근로자들이 항상 바쁘게 움직여야 하는 낡은 방법을 계속해서 유지하고 있다. 이런 구식 프로세스는 잘 작동되지 않지만 누구도 이 문제에 대해서 이야기하려 하지 않는다. 이것을 사무실의 코끼리[2]라고 한다. 근로자들이 모든 일을 제시간에 완료할 수 있다면 아무런 문제가 없겠지만 절대 흔하지 않은 일이다.

요청의 양(요구 사항)과 사람들이 요청을 처리해야 하는 시간(그들의 수용량)은 늘 불균형을 이룬다. 이 때문에 새로운 업무를 시작하기 전에 이미 진행하던 일을 완료하도록 집중할 수 있는 당김 시스템pull system이 필요하다. 칸반Kanban은 현재 업무량을 무시하고 업무를 밀어 넣는 대신, 업무를 할 수 있을 때 작업자가 업무를 끌어오는 시각적 당김 시스템이며 제약조건을 기반으로 한다. 요구사항과 수용할 수 있는 능력은 균형이 자주 깨지므로 제시간에 작업을 끝내는 것은 거의 불가능하다. 칸반 같은 시스템은 사람들이 업무 수요의 균형을 유지하도록 돕는다.

이 책은 먼저 칸반의 기초를 다루고, 그 다음으로 업무를 시각화하는 과정으로 진행될 것이다. 칸반이 업무와 문제를 시각화하고, 업무 흐름의 효율성을 개선하기 위한 접근 방식이라는 것을 알아야 한다. 칸반은 밤늦게까지 불을 밝혀 일하지 않고도 일을 효율적으로 끝낼 수 있도록 돕는다.

> "칸반의 목적은 문제를 수면 위로
> 끌어올리는 것이다."
> - 오노 다이이치(Ohno Taiichi)

2000년대에 나는 빌 게이츠가 소유한 시애틀의 이미지 라이선스 회사인 코비스Corbis에서 일하며 빌드와 구성 관리 팀을 관리했다.

내가 속한 팀은 2개의 프로토타입과 7대 서버 환경을 관리했고, 2005년에는 규모가 4배로 확장돼 8개의 시제품, 25대 서버 환경을 다루며 엔지니어링 부서에서 명성을 얻었다. 17개의 데이터베이스를 관리했으며, 각각은 밀접하게 결합되고 매우 의존적인 구조 안에 수동으로 구성돼 있었다.

---

2 사무실의 코끼리(Elephant in the room)는 아주 중요하지만 다들 말하기 껄끄러워하는 것을 말한다. - 옮긴이

회사에서는 두 개의 새로운 메인 시스템을 동시에 개발하기를 요구했고, 둘 중 하나를 먼저 배포하기를 원했다. 기존 시스템과 두 개의 새로운 시스템 사이의 의존성이 급증했다. 내 역할은 25대의 서버를 구축하고 관리하는 것에서 200대의 서버를 구축하고 관리하는 규모로 발전했다.

변경 사항을 처리할 수 있게 소스 제어^{source control}에 브랜치를 추가해서 장기간 유지하며 관리했다. 소스 제어는 개발자가 코드를 안전하게 보관하려고 체크인하는 시스템이다. 끔찍한 해결책이긴 했지만, 여러 팀이 서로의 변화를 방해하지 않도록 도와줄 수 있었다. 병합하지 않고 오래 남겨둔 브랜치는 코드를 격리해서 쌓는 곳이기 때문에 이미 제품에 배포된 코드에 미칠 영향을 알 수가 없었다. 그건 마치 새로 입양한 늙은 고양이와 원래 키우던 더 나이 많은 고양이가 서로 발을 벌리고 껴안기를 바라는 것과 같다. 설정하고 유지할 서버가 200대 이상이 되면서 구성 관리가 강화됐다. 시제품 환경으로 실제 사용 환경 데이터를 복원하는 데는 적어도 2주가 걸렸고, 6주마다 '병합^{Merge}의 날'을 계획해 많은 개발자의 시간을 소비했다.

우리 팀의 평판은 나빠졌고, 개발자들은 빌드가 너무 오래 걸렸다고 불평했다. 그들의 불평은 불쾌한 일이었고, 빌드와 배포 소요 시간을 나타내는 메트릭을 수집함으로써 그들이 틀렸음을 증명하기 시작했다.

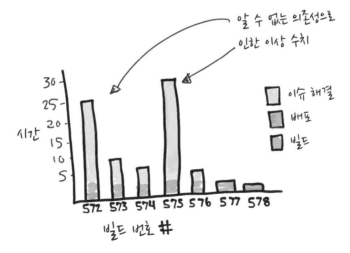

그림 1. 그렇게 오래 걸리지 않는 빌드

메트릭을 살펴보니 마치 진흙 덩어리[3]처럼 구조를 설계한 것이 전체 환경의 배포 및 유지에 문제를 발생시켰음을 알 수 있었다. 또한 수동 스모크 테스트smoke test(웹사이트 기능이 여전히 작동하는지 확인하는 테스트)가 개발자와 테스터가 최신 변화를 볼 수 있는 시간을 지연시켰으며, 자동화 테스트가 없어서 문제를 일찍 발견하기 쉽지 않았음을 지적했다. 수동 스모크 테스트는 일반적인 방법이었다. 이 두 가지 문제는 실제 이슈가 아니라서 꽤 빨리 해결됐지만, 개발자와 테스터가 불만을 갖는다는 사실은 변하지 않았고, 그들의 관리자도 마찬가지였다. 직접 개발을 하지 않는 팀에 있는 상황은 즐겁지 않았으며, 개인적인 친분과 관계 없이 팀 간의 장벽은 높았다. 이런 상황이 나쁜 시스템으로 인해 발생하는 문제다.

CFO가 ERPEnterprise Resource Planning 시스템을 SAP이라는 또 다른 ERP 제품으로 대체하기로 결정하면서 나는 나쁜 시스템을 경험해야 했다. ERP 시스템은 계획, 구매, 재고, 판매, 마케팅, 재무 및 인사 관리 등 다양한 분야를 통합하는 관리 정보 시스템이다. SAP은 세계 4위의 소프트웨어 회사인 SAP AG가 개발한 자체 ERP 시스템이다.

상사가 "이봐, 자네가 어차피 빌드와 배포 팀을 관리하고 있으니 SAP Basis 팀도 함께 관리하는 건 어떤가?"라고 물었고, 난 바보처럼 그러겠다고 대답했다. 다시 생각해봐도 그 당시 왜 그런 형편없는 결정을 내렸는지 모르겠다. 난 SAP을 사용한 경험이 전혀 없었고, 책임져야 할 업무 목록에 SAP을 추가함으로써 한정된 시간에 해야 할 일이 너무 많아지는 바람에 아무것도 제대로 할 수 없었다. 멀티태스킹은 일의 진행을 망치는 좋은 방법이다. 이 책을 읽는 독자라면 경험해봤으리라 확신한다.

당시에는 이 상황이 나쁜 시스템의 신호라는 사실을 알지 못했다. 내가 마주한 건 훌륭한 성과를 내지 못하고 다른 옵션을 고려하기 시작하는 불

---

3   'A big ball of mud'는 특정한 구조가 없는 소프트웨어 시스템을 말한다. 소프트웨어 엔지니어링 관점에서 바람직하지 않지만 비즈니스의 압박이나 개발자의 이직 등에 의해 일반적으로 발생한다. 일종의 안티패턴이다. https://en.wikipedia.org/wiki/Big_ball_of_mud – 옮긴이

행한 직원뿐이었다.

난 이력서를 업데이트했다.

2006년, 소스코드를 관리하기 위해 여러 도구를 분석하고 비교하는 데 많은 시간을 보냈다. 우리 팀은 팀 파운데이션 서버TFS, Team Foundation Server를 선택했다. 결국 코비스는 빌 게이츠의 소유 회사이기 때문에 마이크로소프트의 영향권에 있었고, TFS를 설치해 구성 및 유지보수와 더불어 SAP을 배우고, 매주 새로운 지원자를 인터뷰하며, 새로운 운영 프로세스 시행을 도왔다. 이 과정을 통해 이전에는 6개월마다 출시하던 개선 사항을 2주에 한 번씩 전달할 수 있게 됐다.

사용자 인터페이스UI, User Interface 개발자인 드웨인 존슨Dwayne Johnson은 작은 변경 사항을 자주 전달하는 것의 중요성을 인식하고, 일정한 주기에 따라 작은 개선을 해야 한다는 아이디어를 공유하기 시작했다. 드웨인은 2개월마다 UI 버그를 수정하는 프로세스를 시작했다. 당시에는 단지 프로세스를 하나 더 추가한 것뿐이었지만 실은 매우 중요한 일이었다. 규칙적인 주기cadence로 점진적이고 반복적으로 개선하는 것은 전통적인 폭포수waterfall 개발을 대체하는 애자일agile이었다. 애자일 방법은 우리의 프로세스에 스며들었고, 더 나은 방식으로 일하는 것을 고민하게 됐다.

2006년 4월 마이크로소프트의 스코틀랜드 출신인 동료가 코비스에 나타났다. 데이비드 J. 앤더슨David J. Anderson은 코비스의 애자일 변화에 대한 이야기를 쓰는 대가로 제약 이론TOC, Theory Of Constraints을 업무에 적용하는 방법을 가르쳐주기 위해 매달 방문했다. TOC는 목표를 달성하는 데 가장 중요한 제한 요인(제약 조건)을 찾아낸 후, 더 이상 제한 요인이 되지 않을 때까지 체계적으로 개선하는 방법이다. 그의 저서 『Agile Management for Software Engineering』 (Prentice Hall, 2003)을 읽으면서 교차 기능, 협업 및 시간 제약 활동에 중점을 둔 애자일 개발 유형인 기능

주도 개발FDD, Feature Driven Development을 할 수 있을 것이라는 생각에 무척 흥분됐다. 대런 데이비스Darren Davis는 자신의 블로그 〈The Secret History of Kanban〉에 데이비드의 방법은 "프로세스에서 명시적인 추정을 배제하고, 소프트웨어가 언제 완료될지를 판단할 확률적인 수단을 제공하려고 데이터에 의존했다."[4]라고 썼다. 데이비드는 운영 리뷰를 진행하고, 진행 상황을 측정하는 것이 얼마나 중요한지 설명했다. 측정해야 하는 대상을 알게되자 상황이 완전히 달라졌다. 잔소리는 효과가 없었지만 사이클 타임cycle time(작업을 수행하는 데 걸리는 시간)을 측정하고, 해당 데이터를 경영진에게 보여준 것은 효과가 있었다. 덕분에 회사의 경영진에게 영향력을 행사해 팀원 추가 채용 승인을 받아냈다.

기업의 위기 상황에서는 너무나 당연한 것을 고려하지 못하기도 한다. 다들 너무 많은 프로젝트가 있음을 느끼고 있었지만, 측정하기 전까지는 업무를 완료하는 데 걸리는 실제 시간을 알 수 없었다. 어느 시점이 되자 업무를 진행하는 시간보다 대기하고 있는 시간이 더 많다는 것이 확실해졌다. 업무 승인을 기다리며 대부분의 시간을 보냈다. 일을 시작(혹은 완료) 할 수 있도록 다른 팀이 맡은 부분을 끝내기를 기다렸고, 집중해서 일을 끝낼 수 있도록 방해받지 않는 시간이 오기를 기다렸다. 매일, 매주, 매월 그런 시간을 기다렸다. 그렇게 기다리는 동안 또 다른 작업을 새로 시작했는데, 모두가 알다시피 리소스 활용이 기업의 목표라면 구성원이 늘 바쁘게 일해야 하기 때문이다.

케이트 머피Kate Murphy가 「생각할 시간이 없다No time to think」라는 기사에 썼듯이 현대 사회에서 가장 큰 불만 사항 중 하나는 무리한 일정을 세우고, 지나치게 전념하며, 과도하게 확장한다는 것이다. 모임에서 사람들에게 어떻게 지내는지 물어보면 "완전 바빠.", "말도 안 되게 바빠." 혹은 "바

---

4   Darren Davis, "The Secret History of Kanban by Darren Davis(Guest Post)," Northwest Cadence, https://www.nwcadence.com/blog/the-secret-history-of-kanban-by-darren-davis, February 19, 2015

빠서 미치겠다."라고 상투적으로 대답한다. "괜찮다."는 사람이 아무도 없다.[5] 이런 상황은 매일 볼 수 있다. 집중이 필요한 순간, 가령 회의가 시작되길 기다리는 동안 사람들의 휴대전화가 울린다. 야망이 가득한 사람들에게 바쁨은 중독이 될 수 있다. 하지만 바쁨이 성장이나 개선, 가치와 동등한 것은 아니다. 바쁘다는 건 보통 한꺼번에 너무 많은 일을 해서 모두 형편없는 결과가 나온다는 것을 의미한다. 때로는 공원을 산책하고, 스스로 생각할 시간을 갖는 것이 하루를 보내는 가장 좋은 방법이다. 하지만 만약 엔지니어가 단순히 생각하는 것만으로 15분 동안 한가하게 앉아 있는 것은 경악할 일이다.

코비스에서 한 번에 너무 많은 일을 했던 이유를 살펴보면 흥미로운 사실을 알 수 있다. CFO는 새로운 금융 시스템을 구현하고자 했다. 글로벌 마케팅 부서의 상무는 이런저런 것을 원했고, 미디어 서비스 부서의 부사장은 그런저런 것을 원했다. 세일즈 책임자는 요런조런 것을 원했다. 그리고 임원들은 당장 원하는 것이 이뤄지길 원했다. 결과적으로 사업의 우선순위가 조직 전반에 걸쳐 충돌했지만, 그건 단지 비즈니스 측면이었다. 엔지니어링 측면에서는 모든 비즈니스 요청을 구현해야 할 뿐만 아니라 자체 개선 업무와 유지보수 업무도 해야 했다. 심지어 제품 생산에 문제가 생기면 다른 일을 다 제쳐두고 생산 문제를 해결해야 했다. 어찌됐든 생산이 언제나 최우선순위이기 때문이다. 오랫동안 유지해 온 여러 브랜치의 코드를 보고 있으면 우선순위가 상충된다는 것을 알 수 있었다. 너무 많은 업무를 동시에 처리하는 것이 어떤 결과를 낳는지 시각적으로 확인할 수 있는 유일한 수단은 복잡하게 얽혀 있는 브랜치 안의 코드 뿐이었다. 보이지 않는 업무는 관리하기 어렵다. 보이지 않는 업무로 인해 사람들은 마음의 여유가 없다는 사실을 알아차리지 못한다. 여유가 없다 보니 생각할 시간조차 없다.

---

5   Kate Murphy, "No Time to Think," The New York Times, http://www.nytimes.com/2014/07/27/sunday-review/no-time-to-think.html, July 25, 2014

코비스에서 8년을 보낸 후, 2008년 9월 42명의 정리해고 대상자 중 한 사람이 됐다. 뭔가 다른 일을 시도하기로 결정했고, AT&T 모바일의 프로그램 관리 팀으로 회사를 옮겼다. 하지만 코비스에서 사람들이 린 칸반 접근 방식을 활용하도록 만들었던 내게, 시간 보고서에 근거한 폭포수 접근 방식(이전 단계의 모든 부분이 완료될 때까지 업무를 기다리는 전통적인 소프트웨어 개발 방식)으로 돌아가는 것은 너무 큰 퇴보였다. 결국 2010년 7월에 퇴사를 했다.

2011년 1월, 데이비드 앤더슨은 '데이비드 J. 앤더슨 앤 어소시에이츠 David J. Anderson & Associates'에서 IT 운영을 위한 칸반이라는 새로운 과정을 연구하고 가르치자고 제안했다. 당시에 유럽은 칸반 실행에 있어 미국을 선도했고 2월부터 영국, 스웨덴, 독일에서 연구를 시작했다. 3월에 보스턴에서 첫 베타 워크숍을 열었고, 나는 보스턴 마이크로소프트 뉴잉글랜드 연구 개발 센터의 'DevOpsDays Boston 2011'에 참석해 강연을 했다.

원래 이 자료는 학생들이 칸반보드를 설계할 때 워크숍에서 참고할 수 있게 도와주려는 목적으로 쓰기 시작했다. 여기서 설명할 내용은 시간을 절약해주는 참고 자료로 발전했다. 자료에는 내가 린, 칸반, 흐름 실천법flow practice을 업무에 직접 적용하며 배운 것뿐만 아니라 선구자들의 이론과 방정식, 통계도 엄선해 담았다. 예를 들어 린을 설명할 때 니클라스 모디그 Niklas Modig와 파 알스트롬Pär Åhlström의 정의를 선호하는데, 『This is Lean』이라는 환상적인 책에서 린은 '적시생산방식과 시각적 관리의 핵심 원칙을 가진 흐름 효율 전략'으로 정의돼 있다.[6]

사람들은 경쟁력을 갖추기 위해서 비즈니스 가치를 개발 부서에 전달하려는 수요가 높다는 것을 알고 있다. 또 잘하고 있는 것과 잘못 하고 있는 것을 명확하게 볼 수 있을 때, 최선을 다할 수 있다는 것을 알고 있다. 이것은 명백한 사실이지만 계속해서 이를 무시하고 있다.

6   Niklas Modig, Pär Åhlström, 『This is Lean: Resolving the Efficiency Paradox』(Stockholm: Rheologica Publishing, 2016), Introduction

기술 업계의 속도는 둔화될 기미가 보이지 않는다. 신규 고객을 확보하고, 기존 고객의 이탈을 막을 수 있도록 새로운 기능을 초고속으로 제공해야 한다. 오늘날 많은 회사는 살아남는 것이 우선이기 때문에 위에서 설명한 명백한 사실들을 볼 수 없을 뿐이다. 우리가 일하는 방식을 향상시키고 싶다면 지금이 가장 적절한 시기라는 뜻이다. 그렇다면 이 게임에서 우리는 어떻게 한 단계 더 발전 할 수 있을까?

대답은 쉽고 간단하다. 엄청난 돈이 들지도 않으며 천재나 전문가를 고용할 필요도 없다. 모든 것에 무턱대고 "예"라고 말하는 게 아니라 가장 중요한 것에 신중하게 "예"라고 말하면 된다. 그리고 그것을 시각적으로 보여주면 된다.

다음과 같이 5가지 업무 흐름 시스템을 설계하고 사용하라.

1. 업무 시각화
2. 진행 중 업무 제한
3. 업무 흐름 측정 및 관리
4. 효과적인 우선순위 선정(도전 과제일 수도 있지만 이 책과 함께 풀어나가자).
5. 피드백과 측정 항목을 통해 배운 것을 기반으로 조정

이 책에서 다루는 내용은 다음과 같다.

• 시간을 훔치는 다섯 도둑을 찾아내는 방법
• 업무를 시각화하고 흐름을 최적화하기 위해 시간 도둑을 드러내는 방법
• 피드백과 측정을 사용해 업무가 실제로 어떻게 진행 중인지 확인하는 방법

- 문제를 일으키는 관행을 찾는 방법
- 경영진의 의사결정에 영향을 미치는 방법

이 책의 전반에 걸쳐 설명한 예시는 모두 실제 경험과 시간을 도둑맞은 사람들의 경험에 바탕을 두고 있다. 일부는 회사의 민감한 내용이 포함돼 있어서 가명을 사용했다. 또한 성공하기 위해 반드시 다뤄야 하는 체계적인 조직적 문제를 살펴볼 것이다. 에드워즈 데밍이 말했듯이 나쁜 시스템은 매번 좋은 사람을 괴롭힌다.[7]

이 책은 업무의 속도와 효율성을 높이기 위해 린, 칸반, 흐름 방법론을 사용하는 방법을 설명하고 지침과 비즈니스 근거를 제공한다.

이 책의 모든 내용을 각자가 처한 상황에 적용하지 못할 수도 있다. 특별히 IT 업계에만 내용을 국한하지 않았으며, 비 IT 업계에도 적합한 좋은 사례를 제시해뒀다. 본인에게 알맞은 내용을 선택하고, 그 외는 다른 조직이나 경쟁사의 문제를 파악하는 데 사용하기 바란다. 2부의 각 장은 업무를 시각화하고, 업무 흐름 효율성을 높이며, 표면적인 문제를 해결하는 일련의 활동을 단계별로 진행하는 워크숍이 포함돼 있다. 앞 장의 내용을 토대로 구성했기 때문에 각 장을 순차적으로 읽기를 추천한다.

이 책의 개념을 다른 사람들에게 설명하기는 쉽지만 이 책에서 제안하는 방법을 적용하기는 어려울 수 있다. 사람들은 변화를 어렵게 느낀다. 따라서 업무 흐름 설계를 시작하기 전에 먼저 업무를 빨리 완료하지 못하게 막는 것이 무엇인지 꼭 살펴봐야 한다. 일단 현재 업무 부하를 만들어낸 상황을 면밀히 파악하고, 여기서 얻은 통찰력과 상황 인식을 통해 문제를 해결할 수 있을 것이다. 이제 시작해보자!

---

7 W. Edwards Deming, John Hunter 인용, "A Bad System Will Beat a Good Person Every Time", The W. Edwards Deming Institute Blog(https://blog.deming.org/2015/02/a-badsystem-will-beat-a-good-person- every-time/), February 26, 2015

PART **1**

도둑질은 물론 범죄이고, 매우 무례한 행동이다.
— 레모니 스니켓(Lemony Snicket),
『레모니 스니켓의 위험한 대결 3, 눈물샘 호수의 비밀』(문학동네, 2002)』

시간을 훔쳐가는 다섯 도둑

만일 지갑을 도둑맞았다면 금세 눈치챌 수 있다. 사무실 보안 키가 없어졌다면 회사에 도착했을 때 알 수 있다. 그리고 냉장고를 열었을 때 도시락이 없어졌다면 동료에게 혹시 도시락을 봤는지 물어볼 것이다. 그렇다면 왜 사람들은 지갑, 보안 키, 도시락보다 가치 있는 것을 잃어버려도 눈치채지 못할까? 소중한 시간을 잃고 있는데도 말이다.

날마다 사람들은 다른 사람과 비교해 자신만 시간이 모자란 것 같다고 불평하지만 모든 사람의 하루는 똑같이 24시간이다. 일반 사람들의 문제는 시간을 도둑맞을 위험에 처해 있지만 시간을 보호하지 않는다는 점이다. 시간 도둑이 매일매일 소중한 시간을 훔쳐가는 것을 방치하고 있다.

그렇다면 시간 도둑들은 도대체 누구인가?

시간을 훔쳐가는 다섯 도둑은 당신이 일을 완료하지 못하게 막는다.

1. **너무 많은 진행 중 업무(WIP)** – 시작했으나 아직 완료되지 않은 진행 중 업무. 때로는 부분적으로 완료된 업무라고 한다.
2. **알려지지 않은 의존성** – 업무를 끝내기 전에 어떤 일이 발생할지 도무지 예상할 수가 없다.
3. **계획에 없던 업무** – 업무를 완료하거나 더 나은 전환점에 도달하기 전에 중단시켜 방해한다.
4. **상충하는 우선순위** – 서로 경쟁하는 프로젝트와 업무. 가장 중요한 일이 어떤 것인지 확신할 수 없을 때 더욱 악화된다.

5. **방치된 업무** – 부분적으로 완료된 다음, 후속 업무가 진행되지 않고 있다.

이 다섯 도둑은 당신과 업무 사이에 아주 편안하게 숨어 있다. 시간 도둑들은 모든 범죄 현장에 단서를 남긴다. 일을 끝내려면 도둑을 잡아서 그들이 저지른 범죄를 폭로해야 한다. 일단 도둑을 잡아서 은밀하게 펼쳐놓은 범행의 잔해를 파헤쳐봐야 한다. 다섯 도둑에게 자비를 베푸는 대신 도둑들이 어두컴컴한 곳에서 저지르는 범죄를 막고, 시간 통제권을 되찾아 지금 우리에게 가장 중요한 문제를 개선할 수 있다.

바쁘게 살면 삶이 황폐해질 수 있음을 주의하라.

— 소크라테스(Socrates)

너무 많은 진행 중 업무(WIP)

토요일 오전 9시, 어느 건물의 지붕 위

한 남자가 별채의 지붕을 철거하는 일을 포함해 그의 '허니 두 리스트honey-
do list'(그의 할 일 목록을 말하며, 배우자의 막강한 영향력이 반영됨)[1] 실행에 착
수한다. 수년간 이 남자의 할 일 목록에는 가전 제품에서 정화조 시스템에
이르기까지 모든 걸 수리하는 작업이 포함돼 있었다. 할 일 목록을 통해 송
전선을 매설하고, 약 27미터 높이의 삼나무를 베어낸 후 바닥을 뚫고, 난
방, 배관, 전기 및 지붕을 단계적으로 설치해서 오두막과 차고를 만들었다.

최근에는 지진을 대비해 속이 비어 있는 타일을 개량했다. 나는 이 남자
의 조수이며, 테이프 측정 담당자, 안전 검사
관, 철거 및 정리 요원 역할도 겸임하고
있다(그러나 결코 여기에만 머무르지는 않
는다). 하루는 7×10미터나 되는 별채
의 낡은 서까래 해체 작업을 돕는 와중
에 (나는 땅에 있었고, 그는 지붕 위에 있었

---

1   허니 두 리스트(honey-do list): 배우자의 요청 목록을 가리키는 관용적 표현으로, 주로 가정에서 필요한
    유지보수 작업 등을 부탁할 때 사용한다. – 옮긴이

다) 무심코 12미터 뒤쪽에 5×7미터 크기의 온실을 짓자고 말했다. 사랑하는 내 남편이 7미터 높이의 썩은 지붕 위에서 믿을 수 없다는 듯 날 바라보며 말했다. "여보, 나 바쁜 거 안 보여?"

기술 분야에서만 일이 넘쳐나는 것은 아니다. 탁월한 사람들은 어디에서나 긴 할 일 목록을 받는다. 무엇이든 뚝딱 만들어내거나 고칠 수 있는 능력자에겐 그만큼 많은 할 일 목록을 들이미는 배우자가 있다는 것이 문제다. 그리고 할 일 목록에 있는 일들은 거절하기도 어렵다(7미터 높이의 썩은 지붕 위에 있지 않는 한).

사람들은 다양한 이유로 거절하기를 힘들어한다. 단순하게는 자신에게 부탁하는 사람을 좋아하기 때문이다. 사무실에서도 마찬가지다. 네트워크 엔지니어인 션Sean은 중요한 일에 조언해 주기 때문에 난 션이 좋은 사람이며, 무언가를 필요로 할 때 기꺼이 도와줄 것이라고 말한다. 하지만 카를로스Carlos는 정말이지! 이미 2주 전에 이 포트 변경을 알고 있었으면서 금요일 오후 5시가 돼서야 나한테 말을 하다니! 속으로는 "정말 도와주기 싫어!"라고 외치게 된다.

그래서 난
비난받거나
해고당하지 않는다

"왜 소화하기 힘들 정도로 초과 업무를 맡고 있나요?"라는 질문에 사람들은 대체로 다음의 여섯 가지 이유를 말한다.

1. **우리는 요청을 한 사람을 좋아한다** - 이는 앞에서 내가 언급했던 부분이다.

2. **우리는 팀에 소속된 사람이다** - 나는 팀을 실망시키는 사람이 되고 싶지 않다.

3. **굴욕감 느끼기를 두려워한다** - 나는 비난받거나 해고되고 싶지 않다. "예"라고 말하는 것이 거절하기보다 더 쉽다(특히 상사에게). 일부 문화권에서는 관리자의 요청을 거부하는 것이 위험할 수 있다.

4. **새롭고 반짝이는 것을 좋아한다** - 복잡하고 매력 없는 일을 완료하기 위해 고된 업무를 하는 것보다 새로운 일을 시작하는 것이 더 재미있다.

5. **시작하기 전까지는 요구 사항이 얼마나 큰지 알 수 없다** - "그래, 문제 없어. 몇 시간 안에 끝낼 수 있어." 하지만 일은 훨씬 더 오래 걸린다.

6. **우리는 사람들을 기쁘게 하고 싶다** - 나는 존경받고 존중받고 싶어서 대부분의 요청에 "예"라고 답한다.

캐나다 온타리오주 워털루대학교의 사회심리학자이자 경영학과 교수인 바네사 본스Vanessa Bohns는 "거절이 힘든 이유는 우리가 다른 사람들과 연결돼 있어야 한다는 근본적인 동기에서 비롯된다. 우리는 사람들을 거부하지 않으려 하고 사람들이 우리를 나쁘게 평가하지 않길 바란다. 그래서 다른 사람들에게 비춰질 인상을 관리한다."[2]라고 말한다. 반대로 무언가를 지시할 때, 특히 다른 사람을 압도하는 권력을 갖고 있는 경우에는 자신이 다른 사람들에게 미치는 영향력을 거의 깨닫지 못한다.

교과서적인 용어로 '너무 많은 진행 중 업무WIP, Work-In-Progress'는 요구 사항의 규모가 팀이 소화할 수 있는 업무량을 초과하는 경우를 말한다. 팀이 일에 빠져 숨이 막힌다고 말하는 다소 재미없는 표현인데, 일정이 거의 꽉 차 있기 때문에 이런 말을 사용한다. 하루 종일 분 단위로 일정이 가득 차 있다(혹은 리소스 활용률이 100%로 완전히 할당된다). 가장 탁월한 사람이 가장 많은 일을 맡는다. 예를 들어 환경 구성(웹 사이트 기능 및 기타 기능이 제대로 작동하지 않는 서버 구성 관련 문제), 신규 팀원 채용, 리뷰 검토 등 뛰어난 사람에게 주어지는 모든 업무를 살펴보면, 정규직 한 사람 몫의 일을 추가로 수행하고 있다는 것을 알 수 있다. 과식했을 때 소화 기관이 증상을 알려주듯이 '너무 많은 진행 중 업무' 도둑의 공격을 당하면 수많은 회의

---

2   Vanessa Bohns, "Why Is It So Hard to Say No?," Jeremy Hobson이 인터뷰함, Here and Now(https://www.wbur.org/hereandnow/2014/03/31/saying-no-psychology), March 31, 2014

에 떠밀려 오후 6시가 될 때까지 그날 해야 할 일을 시작조차 할 수 없다.

팀의 능력을 초과하는 진행 중 업무가 중요한 이유

팀의 능력을 뛰어넘는 너무 많은 진행 중 업무는 여러 가지 이유로 중요하다. 가치 제공의 지연, 비용 증가, 품질

더 많이 거절하고, 진행 중 업무를 줄여라

저하, 우선순위 상충, 짜증을 내는 직원 등 많은 문제가 발생할 수 있다. 이전 업무를 완료하기 전에 새로운 업무를 시작하면 진행 중 업무가 증가하고, 모든 업무가 오래 걸린다. 업무를 완료하는 데 시간이 너무 오래 걸리고, 더 빠르게 가치를 만들어 내지 못해 잠재적인 손실이 발생할 수 있다. 이것을 사이클 타임^{cycle time}으로 측정할 수 있다. 사이클 타임은 업무 항목 work item이 진행 중 업무 상태에 머무른 시간이다. 게다가 진행 중 업무가 너무 많아서 더 빨리 실현될 수 있는 비즈니스 가치가 지연될 수 있다. 이것은 지연 비용률^{CoD, Cost of Delay}로 알려져 있다. 가치 및 긴급성에 대한 정보를 전달하는 데 사용되는 개념으로, 고객이 우리의 제품을 다음 달이 아니라 이번 달에 바로 구매하는 것처럼 원하는 결과를 얻는 데 시간이 미치는 영향을 측정한다.

개발 진행 중인 버전에 새로운 요구 사항이 포함돼 예상치 못한 개발 작업이 추가되고 새로운 기능의 전달이 늦어지면, 새로운 기능에 대한 지연 비용이 발생한다. 이것은 느린 피드백, 이익 감소, 잠재 고객을 잃는 것을 의미한다. 새로운 기능을 고객에게 전달하는 중에 방해를 받아서 전달할 수 없게 되거나, 요구 사항이 추가될수록 고객은 하염없이 기다리게 된다. 너무 오래 기다린 고객은 다른 곳에서 구매하게 되고, 일단 고객이 실망한 뒤 신뢰를 회복하지 못하면 고객을 잃게 된다. 어쩌면 고객들이 조금 더 기다리게 되더라도 추가된 요구사항을 반드시 반영했어야 할 가치가 있었을지

도 모른다. 하지만 그 시기와 가치를 정말 확신할 수 있는가?

이 책에서는 고객을 두 가지 유형으로 정의한다.

외부 고객: 조직 외부에서 제품 또는 서비스를 구매하거나 사용하는 사람들. 그들이 다른 회사의 더 나은 서비스로 이동하면 매출이 줄어들고, 당신의 회사 페이스북Facebook 또는 아마존Amazon 페이지에 좋지 않은 리뷰를 작성하게 될 것이다.

내부 고객: 조직 내에서 무언가 실행하기를 요청하거나 당신의 작업을 기반으로 일하는 사람들. 제품개발 팀은 제품이나 플랫폼의 취약점을 발견하는 보안 엔지니어의 고객이고, 직원은 피드백을 제공하는 관리자의 고객이다. 내부 고객은 진행 중 업무에 영향을 미친다. 예를 들어 헬프 데스크에서 일하는 사람은 회계관리 담당자가 자신의 로그인 비밀번호를 잊어버려서 컴퓨터를 사용할 수 없다며 찾아왔을 때 진행 중 업무가 증가한다. 마케팅 팀의 진행 중 업무는 테크니컬 에반젤리스트technical evangelist가 새로운 기술을 전파하기 위해 콘퍼런스에 참가할 때 증가한다. 플랫폼 운영의 진행 중 업무는 서드파티 공급 업체를 통해 새로운 통합을 구축할 때 증가한다.

진행 중 업무는 사이클 타임의 주요 지표다. 동시에 처리되는 항목이 많을수록 의존성과 인터럽트가 난무하는 상태가 돼버린다. 후행 지표trailing indicator 또는 지행 지표lagging indicator는 업무의 결과에 집중돼 업무를 진행하면서 얻은 성과 데이터를 측정한다. 리드 타임lead time(처음 요청한 시간부터 요청을 완료하는 데 걸리는

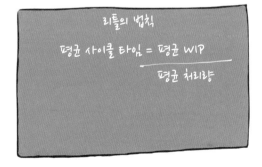

리틀의 법칙

평균 사이클 타임 = 평균 WIP / 평균 처리량

경과 시간), 사이클 타임 및 처리량(일정 기간 동안 완료된 수)과 같이 기술과 비즈니스에서 측정한 대부분의 메트릭은 후행 지표다. 즉, 업무가 완료될 때까지는 그 업무가 얼마나 오래 걸릴지 알 수 없다.

진행 중 업무의 양과 사이클 타임은 상관관계가 있다. 이는 리틀의 법칙 little's law이라 불리며, 완료된 업무의 평균 사이클 타임은 진행 중 업무와 처리량의 비율로 계산된다. 진행 중 업무는 이 계산식의 주요 요소다. 고속도로가 막히기 시작하면 직감적으로 목적지까지 시간이 더 오래 걸릴 거라 예상하는 것과 마찬가지다. '너무 많은 진행 중 업무' 도둑은 다른 모든 시간 도둑들의 두목이다. '너무 많은 진행 중 업무' 도둑은 다음과 같은 경우에 시간을 훔친다.

문맥 전환이 일어날 때: 컴퓨터에서 문맥 전환[3]이 일어날 때 현재 실행 중인 프로세스의 상태가 저장돼, 일정이 다시 잡히면 상태가 올바른 위치로 복원될 수 있다. 컴퓨터에서는 초당 수백 개의 문맥 전환이 일어나기 때문에 실제로는 CPU가 서로 다른 작업을 고속으로 바꾸거나 회전할 때, 사용자는 여러 작업이 동시에 수행된다고 생각하기 쉽다. 토드 와츠Todd Watts는 그의 블로그에 게시한 「데브옵스를 사용한 문맥 전환의 악영향의 해결」에서 문맥 전환으로 인해 발생하는 추가 비용이 운영체제OS와 응용 프로그램 성능에 부정적인 영향을 미친다고 설명했다.[4] 문맥 전환은 많은 양의 데이터 변경이 따라올 수 있기 때문에 운영체제에서 가장 비용이 많이 드는 작업 중 하나다.[5]

---

3   context switching: 하나의 프로세스가 CPU를 사용 중인 상태에서 다른 프로세스가 CPU를 사용하기 위해 이전의 프로세스 상태(context)를 PCB(Process Control Block)에 보관하고, 새로운 프로세스의 상태를 적재하는 작업을 말한다. – 옮긴이

4   Todd Watts, "Addressing the Detrimental Effects of Context Switching with DevOps", DevOps Blog, Software Engineering Institute at Carnegie Mellon University(https://insights.sei.cmu.edu/devops/2015/03/addressing-the-detrimental-effects-of-context-switching-withdevops.html), March 5, 2015

5   "Context Switching", OSDev.org(http://wiki.osdev.org/Context_Switching), December 29, 2015

사람도 컴퓨터처럼 여러 작업 사이에서 문맥 전환할 때 추가 비용이 발생한다. 그러나 사람은 컴퓨터보다 훨씬 더 많은 추가 비용이 발생한다. CPU에서는 모든 정보 레지스터와 OS별 데이터를 포함하는 데이터 구조 및 프로세스를 재시작하는 정확한 지점을 쉽게 재조정할 수 있지만 인간의 두뇌에서는 자동으로 재조정되지 않는다. 컴퓨터는 문맥 전환이 일어날 때에도 프로그램을 통해서 몰입할 수 있다.

몰입은 집중된 동기 부여의 개념으로, 본인이 하는 일에 완전히 빠져드는 것이 특징이다. 문맥 전환이 빈번하면 사람은 몰입할 수 없다. 몰입은 생산성과 만족도가 높은 최상의 상태이며, 몰입에 성공하려면 본질적인 동기 부여와 창조성이 솟아나는 공간에 있어야 한다.

몰입하려면 직면한 과제에 집중해야 한다. 이메일, 음식, 동료, SNS 등으로 방해받게 되면 몰입은 일어나지 않는다. 상용 서비스의 유지보수와 새로운 기능의 제공 같은 여러 가지 작업을 해야 한다면, 우선순위에 따라 작업을 전환한다. 진행하던 일에 인터럽트가 발생하면, 다시 시작할 때는 중단했던 지점이 아니라 처음부터 다시 해야 한다. 몰입하기 위해서는 "방해하지 마세요."라고 말할 수 있는 용기가 필요하다.

고객이 오랫동안 기다릴 때: 몰입에는 일정 수준의 효율성이 필요하다. 효율적인 몰입은 고객의 대기 시간을 최우선으로 고려해야 한다. 프로젝트를 완료하기 전에 새 프로젝트가 시작되면 업무량이 늘어나 더 많은 리소스, 혹은 더 많은 인력이 필요하게 된다. 고객 관점에서 이미 시작한 업무를 마무리하지 않고 새로운 업무를 우선시하는 것은 비효율적이다. 예를 들면 블로그에 칸반을 주제로 글을 작성한 후, 다음 단계로 마케팅 팀에서 편집 작업을 해야 하는데 이를 기다리지 않고 데브옵스를 주제로 새 글을 작성하기 시작하는 것과 같다. 마케팅 팀의 편집자가 작업을 시작하면 문맥 전환을 할 수밖에 없다.

품질관리가 어려울 때: 너무 많은 진행 중 업무로 인해 품질관리가 어려워진다. 코비스에서 새로운 SAP 기본 팀을 관리하는 역할을 추가로 맡았을 때, 내 발등을 내가 찍는 꼴이 됐다. 주 업무를 하면서 새로운 팀을 구성하는 와중에 복잡한 메인프레임 제품을 배워야 했다. 17년 전 대학을 졸업하고 입사한 첫 직장 이래로 메인프레임에 대해 공부한 적이 없었고, SAP은 전혀 모르는 상태였다. 해야 할 일이 많았지만, 맡은 모든 일을 내 선에서 끝내고 싶었기 때문에 SAP을 충분히 공부할 시간이 없었다. 결과는 뻔했다. 팀도 SAP도 맡은 다른 업무도 모두 적절하게 해낼 수 없었다. 결국 나로 인해 팀은 엉망진창이 됐고, 내 스스로도 짜증나는 상태가 됐다.

구성원들이 짜증을 낼 때: 문맥 전환은 사람을 짜증나게 만든다. 성공적으로 일을 처리할 만큼 충분한 시간을 가질 수 없고, 업무나 새로운 기술을 배울 틈을 주지 않는다. 미국의 심리학자 해리 할로우Harry F. Harlow는 다니엘 핑크Daniel Pink의 저서 『드라이브』에서 "숙련은 달성하는 것보다는 그 자체를 추구한다는 데 즐거움이 존재하는 것이다. 우리의 손아귀에서 항상 벗어나 있다는 사실이야말로 숙련의 매력이다."[6]라고 말한다. 인터럽트가 발생하기 전에는 깊게 파고들 시간이 없고, 시간을 들여 무언가를 충분히 숙련하기 어렵다.

인터럽트는 깊은 생각에 빠지는 것을 방해한다. 영국 BBC에서 방영한 TV 드라마 〈셜록(Sherlock)〉의 주인공 셜록 홈즈Sherlock Holmes는 깊게 생각하기 위해 '마음의 궁전mind palace'에 간다.[7] 이것은 loci(라틴어로 위치라는 의미)라는 정신적 기법으로, 셜록은 기억을 특정 지점에 저장

---

6   『드라이브(창조적인 사람들을 움직이는 자발적 동기부여의 힘)』, 다니엘 핑크 지음, 김주환 옮김, 청림출판, 2011

7   〈Sherlock: The Hounds of Baskerville〉, Paul McGuigan 감독, Mark Gatiss 각본, 2012년 1월 8일 BBC 방영(「셜록」시즌2, 2화 바스커빌의 개들, 사건을 해결하기 위한 실마리를 머릿속에서 정리하는 장면이 나온다.) - 옮긴이

해 둔다. 그 후 정신적인 지도인 기억 은행을 여행하며 보관해 둔 기억을 인출한다. 마음의 궁전에 기억을 저장하려면 혼란과 방해가 없어야 한다. 다른 사람들이 방해하면 셜록은 신경질을 낸다. 내 생각에도 깊은 생각에 빠져있을 때 방해받는 것은 솔직히 짜증스럽다. 데이비드 록David Rock은 자신의 저서인 『일하는 뇌』에서 시간 도둑들은 깊은 생각의 영역을 좋아한다고 말했다. 사람들이 깊은 생각을 하는 중에 방해를 받으면 다시 그 생각의 지점까지 돌아가는 데 20분이나 걸릴 수 있기 때문이다.[8]

주변 사람에게 5분만 내달라고 자주 말할 때: 누군가 "5분만 시간 내줄 수 있어?"라고 물으면, "예"라고 말한 덕분에 야근까지 하게 된다. 이런 식으로 방해를 받는 것은 사람을 귀찮게 만들고 지치게 하는데, 심지어 스스로 같은 방식으로 방해하기도 한다. 나조차도 5분만 내달라는 요청에 쉽게 "예"라고 대답한다. 사실 사람들은 "예"라고 말하면서 많은 엔돌핀을 얻는다(상냥하지 않은 사람들도 대부분 "예"라고 대답하고 싶어 한다).[9] 하지만 항상 "예"라고 말하는 것은 생산적이지 않을 뿐더러 야근과 주말 근무를 계속하게 만든다. 칸반은 이런 사람들에게 일을 끝낼 수 있는 자유를 준다.

칸반은 신호 카드를 의미하는 일본어로, 어떤 일을 할 수 있는 상태인지 알려주는 방식이다. 백로그backlog에서 카드를 당겨와서 진행 중 영역으로 옮기면, 카드를 당겨온 사람은 해당 업무를 수행할 수 있다.

진행 중 영역에 있는 카드의 수는 칸반보드에서 진행 중 업무의 양을 나타낸다. 그림 2의 보드에는 4개의 진행 중 업무가 있다. 진행 중 업무를 제한하는 것은 칸반을 당김 시스템으로 운영할 수 있게 해주는 중요한 요소다. 진행 중 업무가 완료되면 다른 업무를 진행할 수 있는 수용량

8　『일하는 뇌(사무실 전쟁 속에서 살아남는 업무지능의 과학)』, 데이비드 록 지음, 이경아 옮김, 랜덤하우스 코리아, 2010

9　『Envisioning Information』, Edward R. Tufte, Graphics Press, 2013 capacity이 표시되고, 다른 업무를 진행 중으로 당겨올 수 있게 된다. 업무의 흐름은 진행 중 업무 제한 및 당김 정책pull policy을 기반으로 보드 전반에 걸쳐 이뤄진다. 진행 중 업무 제한이 적절하게 설정되면 시스템에 과부하가 걸리지 않는다. 진행 중 업무 제한은 "아니요, 지금은 더 많은 업무를 수행할 수 있는 여력이 없습니다."라고 말할 수 있는 것이다. 진행 중 업무 개수를 줄이는 것을 제한이 아닌 자유라고 생각하자. 진행 중 업무를 적절하게 제한하는 것은 지속 가능한 업무량을 유지시켜준다.

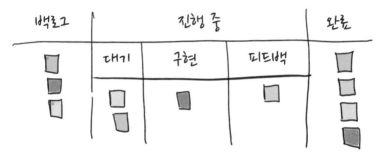

그림 2. 대기/구현/피드백 보드

친한 동료의 요청에 "그렇게 할게요."라고 하는 순간, 백로그에 있는 다른 요청보다 동료가 요청한 업무의 우선순위를 높이게 된다. 데이터 시각화 솔루션 회사인 태블로Tableau의 WebOps 관리자인 댄 윗브룩Dan Weatbrook은 이것을 'born-in-doing'이라고 부른다.[10] 시간 도둑이 이전에 시작한 요청에서 시간을 훔치기 때문에 백로그에 있는 요청이 진행되기까지 오래 걸리거나 진행되지 못하게 만든다.

앞에서 다룬 너무 많은 진행 중 업무를 발생시키는 이유는 다른 도둑에게도 영향을 미친다. '너무 많은 진행 중 업무' 도둑은 시간을 훔치는 도둑의 두목이며, 다른 도둑은 두목의 아이디어를 훔친다. 이제 시간 도둑이 서

---

10 Dan Weatbrook, 저자와 개인적 대화에서 발췌, 2015

로 어떻게 상호작용하는지 자세히 알아볼 차례다. 지금까지 시간 도둑의 두목에 대해서 알아봤고, 이제 그 다음 도둑인 '알려지지 않은 의존성'으로 넘어가자.

요점 정리

- 사람들은 얼마나 바쁜지를 고려하지 않고 "예"라고 말하는 경향이 있다.
- 너무 많은 진행 중 업무는 제시간에 업무를 완료할 수 없게 하고, 품질관리를 어렵게 하며, 비용을 증가시키고, 직원들을 짜증나게 만든다.
- 진행 중 업무와 사이클 타임은 연관 관계가 있다. 진행 중 업무가 많다는 것은 유휴 상태인 업무 항목이 많음을 의미한다.
- 시간을 낭비하는 문맥 전환은 너무 많은 진행 중 업무의 결과물이다.
- 일정이 꽉 찼다면 추가 업무 요청에 "아니요"라고 말하는 법을 배워야 한다.

알려지지 않은 의존성

연 매출 230억 달러 규모의 회사에서 일하는 친구가 있다. 최근 그 친구의 회사에서 B팀이 새로 개발한 기능을 배포했는데, 이 기능이 기존 A팀의 제품을 손상시켰다. A팀의 제품을 사용하는 고객은 새로운 A부품을 구매하기 위해 어쩔 수 없이 5백만 달러를 지불해야 한다. 문제는 고객이 A팀과 B팀이 만든 부품을 모두 사용했다는 것이다. A팀의 제품을 정상적으로 동작시키기 위해 B팀이 만든 부품이 필요한데, 노후한 B부품을 대체하기 위해 이미 천만 달러를 지불한 상황이었다.

이 회사는 스스로 고객과의 관계에 큰 재앙을 만들었다. 두 제품 팀이 각자 개발하는 제품에 대해서 서로 이야기하지 않았기 때문에 시장 점유율이 크게 떨어졌다. A팀은 B팀이 출시하는 새로운 버전의 소프트웨어에 자신의 팀이 만든 제품이 종속되는지 알지 못했다. 두 팀은 서로 손가락질하며 비난하기 시작하고 임원의 자리가 위태로워졌다. 서로 연관돼 있는 팀들이 중요한 정보를 서로 알지 못하면 매우 비싼 대가를 치르게 된다. 알려지지 않은 의존성이 있을 때 이런 일이 발생한다.

의존성dependency을 정의해보자. 내 관점에서는 세 가지 종류가 있다.

1. **구조**^{architecture} **의존성**(소프트웨어, 하드웨어 모두) – 한 영역의 변경으로 다른 영역이 손상될 수 있다(예: 기능이 중지됨).
2. **전문 지식 의존성** – 어떤 일을 하려면 특정 노하우가 있는 사람의 조언이나 도움이 필요하다.
3. **활동 의존성** – 특정 활동이 완료될 때까지 다른 일을 진행할 수 없다.

만약 상사가 온종일 회의 때문에 바빠서 오늘 안에 콘퍼런스 참석을 승인 받지 못한다면 관리자에 의존성을 갖게 된다. 또 다른 예시는 업무를 진행하기 전에 테스트 환경이나 데이터베이스의 복원을 기다리는 것이다.

긴밀하게 결합된 소프트웨어 구조는 '알려지지 않은 의존성' 도둑의 가장 큰 희생자다. 데이터베이스에서 테이블을 삭제하기로 한 결정이 다른 팀에게 부정적인 영향을 줄 수 있을 때 '알려지지 않은 의존성' 도둑은 큰 도둑질에 성공한다. 이것이 소프트웨어 코드의 의존성이다.

전문 기술자들이 '알려지지 않은 의존성' 도둑에게 크게 당할 위험에 처해 있다. 한 개발자가 보안 전문가의 피드백을 기다리며 "이 코드에 알아채지 못한 취약성이 있나?" 궁금해 한다. 그러나 보안 전문가는 데이터베이스를 어떻게 해킹했는지 찾아내느라 바쁘다. 다른 개발자가 "테스트 환경의 데이터가 잘못됐는지 체크 좀 해줄 수 있나요?"라고 데이터베이스 구조 설계자에게 질문했다. 하지만 데이터베이스 구조 설계자는 보안 전문가를 도와주느라 바쁘다. 전문 기술자가 팀에 한 명뿐이라면 여러 방면으로 병목을 일으키게 된다. 전문가의 기술은 수요가 많기 때문에 사람들이 필요할 때 사용할 수 없는 경우가 많다. 이럴 때 '알려지지 않은 의존성' 도둑은 기쁨에 차서 슬며시 웃고 있을 것이다.

서드파티 공급업체의 작업처럼 통제할 수 없는 변경 사항 때문에 유사한 문제가 발생하기도 한다. 주요 클라우드 공급업체인 아마존 EC2^{Amazon Elastic Compute Cloud}, 마이크로소프트 애저^{Microsoft Azure}와 구글 컴퓨트 엔진 ^{Compute Engine} 같은 서비스는 고객에게 99.95%의 가동 시간을 보장하는 서비스 레벨의 계약 정책을 제공한다. 이 정책은 한 달에 22분간의 다운타임을 허용하는 셈이다. 클라우드 공급업체가 다운되면 당신의 서비스도 다운되고, '알려지지 않은 의존성' 도둑은 당신을 비웃을 것이다. 클라우드를 이용해 서비스를 제공하기로 승인했다면, 이로 인한 의존성을 예상했을 것이다. 하지만 서비스 다운타임이 발생할 시기를 미리 알 수 있을까? 다운타임이 발생했을 때 데이터 센터에서 봉차트를 사용해 원인을 알아내고 클라우드 공급자가 서비스를 재개한 것을 알지 못한 채 직접 문제를 해결하겠다며 얼마나 많은 시간을 소모했는가? 다운타임이 발생한 것이 클라우드 공급자의 문제라고 해도 계약으로 합의된 제약 사항이므로 어쩔 수 없다. 아마 시간 크레딧으로 보상받겠지만, 장애 발생으로 손실된 데이터를 복구하는 데 얼마나 많은 시간을 추가적으로 사용하게 되는가? 만약 팀에서 이런 식으로 문제를 해결한 시간을 합산하면 얼마나 많은 시간을 도둑맞은 걸까?

의존성이 중요한 이유

> 모든 의존성은 지연되거나 늦을 수 있는
> 가능성을 두 배로 만든다.
> - 트로이 마게니스(Troy Magennis)

트로이 마게니스는 워싱턴 D.C에서 열린 '애자일 2015 콘퍼런스'에서 의존성에 대해 이야기했다. 트로이는 기본적인 불린 로직boolean logic(모든 값이 참이거나 거짓)을 사용해 입력할 수 있는 조합 중 제시간에 결과가 전달되는 경우는 단 하나뿐임을 보여줬다. 하나의 의존성을 제거하면 지연될 수 있는 조합의 절반이 제거된다. 만약 모두 완료해야 제공할 수 있다면, 의존성을 제거할 때마다 제시간에 결과물을 전달할 가능성이 두 배로 늘어

난다.[1]

예제를 살펴보자. 만약 무언가를 제공하는 데 2개의 입력값이 필요하다면, 경우의 수 4개 중 제시간에 결과물을 전달하는 경우는 단 하나뿐이다. 결과물을 전달하는 하나의 경우는 2의 n제곱 공식에서 나오는데, 2진법 순열의 전체 개수를 계산하는 것이다.

이는 재미있는 수학 계산이 된다. 2진수는 0과 1로 구성된다. 순열은 여러 가지를 배열할 수 있는 방법이다. 2진수 순열은 2진수의 배열이다. 2^n은 2의 n제곱이다. 입력값이 2개일 때 n=2이므로 2×2는 4 또는 2^2이 된다.

어떻게 작동하는지 보기 위해 아래로 모두 써 보자. 입력값이 2개일 때 4가지의 결과가 나온다.

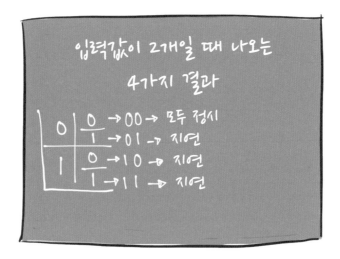

만약 무언가를 제공하기 위해 3개의 입력값이 필요하면, 제시간에 제공할 확률이 8번 중 한 번이 된다.

---

1 Troy Magennis, "Entangled: Solving the Hairy Problem of Team Dependencies," Agile Alliance conference video(https://www.agilealliance.org/resources/sessions/entangled-solving-the-hairy-problem-of-team-dependencies/), August 5, 2015

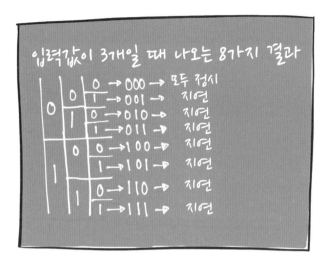

입력값이 3개일 때 나오는 8가지 결과

제공 의존성의 입력값을 한 개 제거하면, 제시간에 제공할 수 있는 가능성이 두 배로 늘어난다(8번 중 한 번에서 4번 중 한 번으로). 그렇더라도 모든 것이 제시간에 제공될 가능성은 늘 한 번만 있을 것이다.

개별적으로 이동하는 4명의 사람이 함께 저녁식사를 하기 위해 근사한 레스토랑을 예약했다고 상상해 보자. 4명이 모두 도착하기 전에는 테이블에 앉을 수 없다고 한다면 조합 가능한 16가지의 결과가 발생한다.

즉 사람들이 정시에 오거나 오지 않을 16가지의 조합이 생긴다. 15가지의 결과는 적어도 1명이 늦게 도착하고, 오직 한 가지 경우만 모두가 정시에 도착한다. 의존성은 불균형한 결과를 가져온다. 4개의 의존성이 있으면 당신은 25%의 확률이 아니라 93%의 확률(16가지 경우 중 15가지)로 자리에 앉을 수 없다. 16번 중 15번은 누군가가 늦을 가능성이 더 크다. 근사한 레스토랑은 포기하고 당장 햄버거나 먹자.

그림 3은 3가지 의존성의 수학적 계산을 차트로 시각화한 것이다. 제시간에 레스토랑의 자리에 앉을 수 있는 확률이 12.5%가 된다는 사실을 잘 알 수 있다. 만약 한 가지 의존성이 더 늘어난다면 제시간에 자리에 앉을 확률은 1/16 혹은 6%가 된다. 그들이 업무량이 다소 적은 운영 부서에서

근무하지 않는 한 제시간에 도착할 만큼 일찍 퇴근할 수 없을 것이다.

'알려지지 않은 의존성' 도둑은 다음 상황에서 시간을 훔쳐간다.

- 프로젝트 관리자가 모든 구성원을 찾아다니며 조정해야 할 일이 많을 때
- 업무에 필요한 사람이 바빠서 대응할 수 없을 때
- 코드/개요/계획의 일부분이 변경되면서 예기치 않게 다른 일에 영향을 줄 때

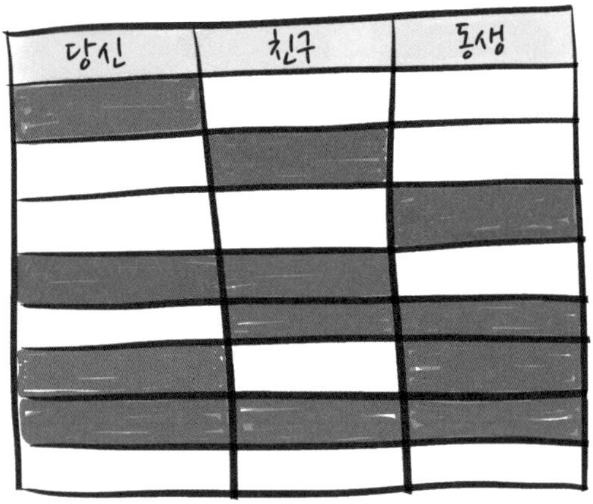

그림 3. 3가지 의존성 차트

같은 회의실로 피자가 두 판 이상 배달될 때 주의해야 한다. 두 판의 피자를 시키는 팀은 약 5~7명이 함께 일하는 팀이다. 두 판의 피자를 나눠 먹을 수 있는 팀을 '피자 두 판 팀'이라고 한다. 만약 3개의 '피자 두 판 팀'이 서로의 의존성을 논의하는 공동 회의를 한다면 높은 조정 비용이 필요하다. 15~21명이 많은 시간을 낭비할 수 있다. 15명 전원이 동의하는 것이 얼마나 어려운지 생각해 보라. 조정 비용이 많이 필요하다는 것은 수많은 사람의 시간과 노력이 필요하다는 의미다. 결국 필요할 때 적임자가 제대로 업무를 할 수 없게 된다.

소규모 팀은 빠르게 움직일 수 있다. 효과적으로 의사소통하고 협업하는, 작고 응집력 있는 그룹을 능가하는 것은 없다. 문제는 의존성이 여러 팀에 걸쳐 있을 때 발생한다. 한 팀이 다른 팀의 기능과 호환되지 않는 변경 사항을 만들었을 때, 결과적으로 파괴적인 영향력이 발생한다. 이 장의 시작에서 언급한 230억 달러 매출 규모의 회사에서도 마찬가지다. 개별 팀의 실적을 작은 그룹으로 나눠 성과를 높이려고 할 때, 알려지지 않은 의존성의 숨겨진 위험이 기다린다.

팀 간의 의사 소통은 어렵다. 의존성이 많은 '피자 두 판 팀'들이 서로의 코드를 건드리지 않기 위해(서로 다른 팀의 코드 브랜치가 합쳐져 있기 때문에) 조정 시간을 많이 소모하면 작은 팀의 장점이 줄어든다.

마지막으로 '너무 많은 진행 중 업무' 도둑의 속성인 값비싼 문맥 전환과 방해 때문에 치른 값을 기억하자. 집중하지 못하며 일하는 것은 높은 품질의 지식 업무를 방해하는 가장 큰 장애물 중 하나이며, 해마다 거의 1조 달러가 낭비된다.[2]

요점 정리

- 팀들이 서로 중요한 정보를 알지 못하면 비싼 대가를 치른다.
- 많은 사람이 겪을 수 있는 일반적인 의존성에는 구조, 전문 지식, 보류된 활동이 있다.
- 모든 의존성은 지연될 가능성을 증가시킨다. 가능하다면 시간과 돈을 절약하고, 다른 복잡성을 회피하기 위해 의존성을 줄여라. 반대로 당신이 찾아내고 제거한 모든 의존성은 제시간에 제공할 수 있는 가능성을 두 배로 만들어준다.

---

2   Maura Thomas, "Your Team's Time Management Problem Might Be a Focus Problem," Harvard Business Review(https://hbr.org/2017/02/your-teams-time-management-problem-might-be-a-focus-problem), February 28, 2017

- 조정 비용이 높으면, 그 일에 필요한 사람이 제대로 일할 수 없다. 전문가의 경우도 마찬가지다. 전문 기술에 대한 수요가 많으면 그들이 적시에 일할 수 없다.
- 팀 간에 의존성이 있으면 개별 팀이 자신들의 성과를 위해 행동하게 만들고, 이는 회사 전체의 실적을 저해할 수 있다.

> 코드는 우리가 예측할 수 없는 방법으로, 계획과
> 전혀 다른 방식으로, 의도한 것보다 더 오랫동안
> 사용될 것이다.
>
> – 조슈아 코먼(Joshua Corman)

계획에 없던 업무

화요일 아침, 미국의 한 다운타운

고위 비즈니스 임원은 자사 제품과 다른 소프트웨어 애플리케이션 간의 통합에서 사업 가치를 찾았다. 새로운 서비스를 통합하기 위해 서드파티를 고용하고, 제품개발 팀에 영향을 주지 않기로 약속한다.

외주 팀이 통합을 설계하지만 사용자가 빠르게 늘어나는 것을 간과해 데이터베이스에 과부하가 발생한다. 데이터베이스 서버는 반란을 일으키고, 시스템 경고를 보내주는 문자가 폭주한다. 운영 팀은 진행하던 우선순위 높은 업무를 중단하고, 폭발하기 직전의 데이터베이스 문제를 해결해야 한다. 두 시간 후 이슈는 해결되고, 사람들은 높은 우선순위의 업무로 복귀하며, 이슈가 일어나기 전의 상태로 돌아간다. 이는 고위 비즈니스 임원도 의도치 않은 상황이다.

사람들은 갑작스러운 이슈로 인해 진행하던 중요한 업무에서 이탈하게 되고, 계획에 없던 업무는 사람들을 당황시켰다. 고위 비즈니스 임원이 의도했던 것과는 전혀 다르게 상황이 흘러갔고, 우선순위가 높은 업무와 지연될 상황에 처해 있는 업무에 악영향을 끼치고, 우선순위가 높은 업무에 투자했던 시간은 무의미해졌다. 이렇듯 계획에 없던 업무는 계획된 업무를 지연시키며 시스템의 불확실성을 증가시키고 예측성을 감소시킨다.

때로는 전략적 변화가 필요할 때 계획에 없던 업무가 나타난다. "모든 고객층을 대상으로 하는 마케팅은 중단하고 대기업에 집중하자"라는 식으로 기존 계획의 방향을 바꾸기도 한다. 하지만 계획에 없던 업무는 불필요한 재작업이나 긴급 업무의 요청으로 자주 나타나기도 한다. 실패로부터 비롯된 재앙이다. 실패 요구failure demand는 너무 뻔하게 실패한 요구를 말하는데, 계획에 없던 업무 도둑의 주요 타깃이다. 하지만 다른 팀에서 발생한 의존성 때문에 당신의 요청을 처리하지 않는 것이 더 큰 위험이 될 수 있다. 요청은 두 팀의 공동 리더에게 전달되고, 마치 먹이사슬의 단계처럼 해당 업무의 책임자에게 전해져서 책임자의 점심식사가 중단되거나 지연될 수 있다(그나마 다행인 건 그 사람의 점심식사는 냉장고에 있다는 점이다).

분명하게 정리하자. 모든 일이 미리 계획돼 있어야 한다고 말하는 것이 아니다. 복잡한 프로젝트를 계획하면서 모든 것을 미리 알 수 있다고 믿는 것은 무책임한 일이다(심지어 망상일 수도 있다). 우리는 무엇을 모르는 상태인지 알지 못한다. 실행하다 보면 문제를 해결할 새로운 정보가 나오기 때문에 때로는 방향 전환이 필요하다. 애자일의 주요 가치는 계획을 따르기보다 변화에 잘 대응하는 것이다. 인생은 불확실하고, 변화는 불가피하다. 이것이 열역학 제2법칙이다.

계획에 없던 업무가 중요한 이유

계획에 없던 긴급한 업무는 가치를 만들어내는 일에서 시간을 훔쳐간다. '2016 State of DevOps Report'의 설문 결과에서 성과가 높은 사람은 계획한 업무에 28%의 시간을 더 할애할 수 있다고 한다.[1] 계획에 없던 업무가 많을수록 가치를 창출하는 시간이 감소하기 때문에, 계획에 없던 업무

---

1   2016 State of DevOps Report, Puppet Labs(https://puppet.com/resources/whitepaper/2016-state-of-devops-report)

는 품질의 척도로 간주된다. '모두 힘을 모으자All hands on deck'
는 생각은 성능을 저하시키고, 변동성을 증가시키는 경향
이 있다.[2]

앞에서 언급했듯이 계획에 없던 업무는 계획한 업무
에서 시간을 훔친다. 그러나 계획에 없던 업무의 우선
순위가 올라가는 상황이 합리적이며 필요한 때가 있
다. "웹사이트에 아무도 로그인할 수 없는데 확인해
주세요."라는 요청이 발생했을 때, 문제를 해결하기 위
해 진행 중 업무를 중단할 수밖에 없다. 예상할 수 없는
요구 변동으로 인해 적시에 제품을 전달할 수 있는 가능성
이 낮아진다.

긴급한 사안 때문에 사람들이 가치를 만들어내는 노력에서 벗어나게
되면, '계획에 없던 업무' 도둑은 당연하다는 듯이 시간을 훔쳐간다. 예기
치 않은 화재 훈련부터 자주 사용하는 프로그램의 오작동에 이르기까지
모든 상황에서 나타날 수 있으며, 이는 일상 업무에 불확실성과 변동성을
높인다. 이런 방해 때문에 어떤 일은 예상보다 더 오래 걸릴 것이다. 업무
가 자주 지연된다면 '계획에 없던 업무' 도둑이 시간은 물론, 예측성까지
훔칠 가능성이 있다(예: 실패 요구나 전략적 방향 전환).

현실은 상호의존성이라는 거미줄 위에서 일하는 것이다. 상호 작용의
복잡성은 누구도 원하지 않는 상황을 지속적으로 만들어낸다. '계획에 없
던 업무' 도둑은 변화와 불확실함을 만드는 복잡한 세상의 중심이다.

계획에 없던 업무는 그 자체로도 문제지만 여러 가지 다른 문제도 일
으킨다(너무 많은 진행 중 업무: 문맥 전환, 인터럽트, 업무 지연 그리고 비용 승
가 등). 웹사이트의 기능 오류 수정처럼 계획에 없던 업무가 일상의 업무에

---

2   "All hands on deck"은 옛날 카리브 해안에서 범선이 풍랑을 맞았을 때 모두 갑판으로 나와서 배를 구하
    자는 표현이다. 보통 "모두 힘을 모으자!"라는 표현으로 활용한다. 이 경우는 모두의 힘을 모아 만든 사고
    를 의미한다. - 옮긴이

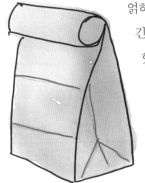

얽히면 업무량이 증가한다. 인터럽트가 자주 발생해 긴급하고 계획에 없던 업무가 더 많아질수록, 계획했으나 부분적으로만 완료한 업무가 더 많이 쌓이게 된다. 계획에 없던 업무와 너무 많은 진행 중 업무의 관계는 꼬여 있고, 서로 종속돼 있으며, 예상하지 못한 일더미가 쫓아갈 수 없을 만큼 쌓이게 된다. 쌓여가는 일을 처리하지 못하는 상황이 계속되고, 계획된 일들을 완료해야 한다는 책임감에 괴로워진다. 과도하게 일하는 습관은 결국 역기능과 불균형을 일으키므로 '계획에 없던 업무' 도둑이 만들어내는 문제를 가능한 한 자주, 그리고 빠르게 발견하고 해결하는 방법을 배우는 것이 중요하다.

계획에 없던 업무는 위험과 불확실성을 증가시키고, 예측성을 감소시키며 사기를 떨어뜨린다. 하지만 마냥 누워서 '계획에 없던 업무' 도둑이 우리 주위를 배회하게 둔다는 의미는 아니다. 도둑과 맞서 싸울 수 있는 방법이 있다.

업무를 시각화하는 일은 '계획에 없던 업무' 도둑과 싸우기 위한 중요한 무기이며, 칸반의 핵심이다. 칸반은 이 책을 통해 계속해서 돌아볼 시스템이다. 칸반카드는 전통적으로 보기 힘든 모든 종류의 정보를 보여준다. 칸반카드는 칸반보드 위에 놓이며 칸반보드는 "어떤 일을 진행하고 있는가?", "작업이 어떤 상태인가?", "누가 어떤 일을 하는가?"의 질문에 답을 준다. 모든 필수 정보는 보드에 시각화되기 때문에 구성원들에게 어떤 일이 일어나는지 물어보지 않아도 되며, 업무의 투명성을 높이기 위해 보여주기식으로 꾸며진 주간 상태 보고서를 기다리지 않아도 된다.

요점 정리

- 계획에 없던 업무는 시스템을 예측하기 어렵게 만든다.
- 계획이란 모두 예측성과 기대에 대한 것이다. 계획에 없던 업무는 기대를 짓밟아버린다.
- 실적이 좋은 회사는 실적이 좋지 않은 회사보다 계획에 없던 업무로 소모하는 시간이 적다.
- 때로는 계획하지 않은 긴급한 업무에 집중하기 위해 현재의 프로젝트를 중단하는 선택을 할 수밖에 없다.
- 계획에 없던 업무는 계획한 업무에게서 시간을 훔친다.
- 계획에 없던 업무는 눈으로 보기 어렵지만 시각화할 수 있다. 칸반은 업무를 시각화해 계획에 없던 업무를 처리하고 예측을 돕는다.
- 계획에 없던 업무 요청이 들어올 것을 대비해 요청을 수용할 수 있는 자원과 능력을 계획한다.

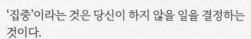

'집중'이라는 것은 당신이 하지 않을 일을 결정하는 것이다.

– 존 카멕(John Carmack)

상충하는 우선순위

성공한 게임 회사의 IT 운영 엔지니어 41명이 일하고 있는 방을 상상해 보자. 엔지니어들은 똑똑하며, 몰입해 일하고, 좋은 보수를 받는다. 때로는 사무실에서 서로 장난감 총을 겨누고 뛰어다니는 장난스러운 분위기다. 모든 것이 성공적으로 보이지만 뒤로 물러나서 그 방을 조금만 더 관찰하면 무언가 문제가 있다는 것을 알 수 있다.

팀은 스탠드업Stand up(팀원들이 일을 진행하는 데 방해되는 것은 무엇인지 협의하려고 서로 체크인하는 회의)을 매일 엉망으로 진행했는데, 협의보다 잡담을 더 많이 했다. 운영 조직의 부서장은 선생님에게 불려 교무실에 다녀오는 것처럼 CEO의 사무실에 간 것에 대해 시니컬하게 농담한다. 사람들은 근심 가득한 얼굴로 두 명의 프로젝트 관리자에게 다가간다. 걱정하는 사람들은 프로젝트 상태를 업데이트해야 하는 비즈니스 제품 책임자다. 프로젝트 관리자가 진행 중인 프로젝트의 가시성을 얻기 위해서는 사람들을 만나는 것이 유일한 방법이지만, 두 명의 관리자는 용량 계획과 하드웨어 조달로 인해 바쁘다. 수많은 업무 목록은 포스트잇, 메모장, 작업 일정표에 기록된다. 즉 업무에 관한 중요한 정보가 여러 도구에 흩어진 상태로 관리되고 있다.

프로젝트 관리자는 72인치 벽걸이 TV 앞에서 매일 스탠드업 회의를 진행한다. 장애물 때문에 진행이 차단된 업무와 방해를 받고 있는 이슈를 명확하게 구분해 달라고 운영 팀에 요청한다. 프로젝트 관리자는 프로젝트의 장애물을 제거하는 업무를 돕고, 제품 책임자에게는 정확한 상태 업데이트를 준비할 수 있기를 바란다. 그러나 프로젝트 관리자가 운영 엔지니어에게 업무에 방해를 받는 사람이 있는지 물어보면 운영 팀 사람들은 서로 공허한 눈으로 쳐다보고 침묵한다. 사람들은 문제를 겪는 팀원을 지목하고 싶지 않기 때문에 아무말도 하지 않고, 프로젝트 관리자는 방해를 만들어내는 근본 원인을 보지 못한다.

잘못된 스탠드업을 하는 조직에서 흔히 볼 수 있는 상황이다. 엔지니어는 프로젝트 관리자로부터 명확한 우선순위를 얻기 위해 노력하고, 프로젝트 관리자는 운영 엔지니어로부터 명확한 상황을 알기 위해 노력한다. 두 가지 상황의 공통분모는 명확하지 않은 우선순위다. 보이지 않는 업무와 우선순위는 엔지니어, 프로젝트 관리자 그리고 비즈니스 담당자가 효과적으로 업무를 진행하는 데 필요한 우선순위 선정을 방해한다. 결국 업무를 시각화해야 한다는 것으로 돌아간다.

하지만 대다수의 사람들은 실제 진행 상황을 눈으로 확인하는 것을 혼란스러워 한다. 정말 바쁘게 일하는 것처럼 보이지만 아직 프로젝트의 기능 개발을 완성하지 못한 팀은 빨간 불 상태다. 수많은 프로젝트가 90%만 완료됐다는 것은 회사에 좋지 않은 소식이다. 영업 부서에서 고객에게 기능을 판매하기 위해서는 고객이 해당 기능에 접근할 수 있어야 한다. 기능은 고객이 사용할 수 있어야만 가치가 있다.

지금까지 이야기했던 일일 스탠드업 회의로 돌아가자. 벽걸이 TV 왼쪽 상단에 운영 팀에게 가장 높은 우선순위의 4가지 업무(용량 확장, 장애 복구, 보안 및 사이트 안정성) 목록이 있다. 일의 우선순위가 주어지면 팀에서 수행해야 하는 업무를 우선순위화 할 수 있다.

41명의 엔지니어로 구성된 팀이 진행하는 33개의 프로젝트 중 절반 이상이 최우선순위로 확인됐다. 하지만 어느 누구도 팀이 동시에 너무 많은 프로젝트를 떠맡고 있음을 지적하지 않았다. 그리고 어느 누구도 업무가 대기 상태에 머무는 시간과 누가 해당 업무를 수행할 수 있는 상태인지 보여주는 메트릭에 주의를 기울이지 않는다. 말이 안 되지만 모든 프로젝트가 지금 완료돼야 한다는 뜻이다. 팀은 이 모든 업무를 완료하기 위해 온 힘을 쏟고 있다고 믿지만, 아직 33개의 프로젝트가 미완성으로 남아 있고, 새로운 프로젝트는 진행 중인 프로젝트가 끝나기 전에 시작된다.

우리는 모두 다양한 상황에서 이런 문제를 겪게 되는데 우선순위를 어떻게 매기는지 아무도 모르는 중학교 그룹 프로젝트나 관리자가 모든 일을 '어제'까지 완료해 달라며 마감 시간을 불합리하게 설정한 프로젝트 등이 있다. 그 외에도 가치 수준에 따라 업무를 진행하지 않고 할 일 리스트에 있는 업무를 한 번에 몰아서 멀티태스킹하려 할 때처럼, 일상적으로 이런 문제를 겪는다.

추적할 수 없는 막대한 양의 의존성, 긴 사이클 타임 및 습관적인 초과 근무의 부정적인 영향은 단기적으로 눈에 잘 보이지 않는다. 그러나 결국 네트워크 오류, 시스템 보안의 간과 및 제공 날짜의 지연 때문에 모두 불편한 상황에 처한다. 여기서 필요한 것은 팀이 능력을 갖추기 전까지 이러한 프로젝트 중 일부를 진행할 수 없다는 사실을 인정하는 것이다.

상충하는 우선순위가 중요한 이유

*"생산성이란 워커홀릭이 되어
바쁘게 보내거나 밤늦게까지 일하는 것이 아니다.
그것은 업무를 우선순위화하고 필사적으로
당신의 시간을 지키는 것이다."*

- 마가리타 타르타코프스키(Margarita Tartakovsky)

'상충하는 우선순위' 도둑은 사람들이 어떤 일을 해야 하는지 동의하지 않 거나 불확실할 때 환희에 차 비웃는다.

팀이 아주 오랫동안 보고서를 작성하고 있다고 해보자. 시간이 오래 걸 릴 뿐만 아니라 경영진이 원한 시점보다 6개월 뒤에나 보고서가 전달됐다. 팀의 업무 부하를 조사해보니, 팀에서 진행하는 업무 중 13개가 초기 계획 단계initiative였고, 이것은 전체 팀원의 수보다 많다. 더군다나 우선순위 회의 는 매주 한 시간 이상 소요됐다. 만약 팀의 초기 계획 단계에서 해야 할 업 무를 7개로 줄인다면 사람들은 우선순위 회의를 짧게 할 수 있고, 더 집중 해서 일할 수 있다. 진행 중 업무량을 줄이면 자신이 중요하게 생각하는 업 무의 우선순위를 높이기 위해 경쟁하는 경우가 줄어들기 때문에 더 효과 적으로 우선순위를 정하는 데 도움이 된다. '너무 많은 진행 중 업무' 도둑 이 모든 도둑의 두목이라는 점을 잊지 말자. '너무 많은 진행 중 업무'의 원 인 중 한 가지는 적절한 우선순위를 매기지 못하는 것이다.

만약 사람들이 효과적으로 우선순위를 정하지 못한다면, 한 번에 너무 많은 업무를 하려고 하고, 모든 업무는 더 오래 걸리게 된다. 따라서 너무 많은 진행 중 업무는 긴 사이클 타임과 같은 의미며, 고객에게 가치를 전달하는 데 시간이 오래 걸리게 만든다. 행복한 고객(내부 고객이건, 외부 고객이건)이 우리의 미래를 밝게 비춰주며, 지갑을 두둑하게 만들어준다. 더 길어진 사이클 타임은 고객에게 중대한 피드백을 받을 수 있는 기회를 지연시키고, 더 많은 도둑질이 발생할 수 있는 틈을 만들어준다.

해야 할 모든 업무가 1순위라면 그 어떤 업무도 1순위가 아니며, 모든 업무가 너무 오래 걸린다. 미국의 법률 전문가인 로스 가버Ross Gaber는 "많은 것이 중요할 수 있지만, 오직 하나만이 중요해야 한다."고 말한다.[1] 오늘날 비즈니스에서 최고의 가치는 새로운 일을 시작하는 대신, 다른 누군가가 무언가를 끝내도록 돕는 것일 수 있다.

'상충하는 우선순위' 도둑은 당신이 사람들에게 아래와 같이 말할 때 시간을 훔치고 있다.

- 내 일은 언제 끝나죠?
- 내 일이 최우선순위에요!
- 만약 내 일이 _____까지 끝나지 않으면...

상충하는 우선순위의 또 다른 척도는 우선순위를 논의하는 회의에 시간을 허비하고 있다는 것을 깨닫는 것이다. '상충하는 우선순위' 도둑은 '계획에 없던 업무' 도둑과 절친이다. 그리고 계획에 없던 업무와 마찬가지로, 우선순위가 상충할 때 오래전부터 계획한 일들이 처리되지 못한 채 쌓인다. 오늘의 최우선순위 업무가 어제의 최우선순위 업무를 대체할 때, 시간 도둑들 중 두목인 '너무 많은 진행 중 업무' 도둑이 가장 큰 문제가 된다. 시간 도둑들이 계속 나타나서 시간을 도둑질한다면, 팀이 계획한 일에 대한 신뢰성이 떨어질 것이다.

---

1 『원씽(복잡한 세상을 이기는 단순함의 힘)』, 게리 켈러, 제이 파파산 지음, 구세희 옮김, 비즈니스북스, 2013

요점 정리

- 사람들에게 가장 중요한 것을 알리자.
- 상충하는 우선순위는 무엇이 최우선순위인지 확신이 서지 않을 때 발생한다. 우선순위가 명확하지 않으면 너무 많은 진행 중 업무로 이어지고, 더 긴 사이클 타임으로 이어진다.
- 동일한 인력과 자원을 놓고 경쟁하면 업무의 흐름을 차단하고, 부분적으로만 완료된 업무를 증가시킨다.
- 우리의 우선순위와 다른 사람의 우선순위는 자주 충돌한다.

방치된 업무

코비스에서 일할 때, JDE^{JD Edwards}라는 ERP 애플리케이션을 사용했는데, 우리가 사용하는 버전은 아주 오래되고 성능도 형편없었다. 데이터를 백업하거나 데이터베이스 복원을 수행하기 위해 JDE를 오프라인으로 설정하면 미지급금과 미수금 기능에 영향을 끼치고, 벤더로부터 새로운 JDE로 업그레이드를 적용하면 시스템 환경에 맞춰 정의한 데이터베이스 테이블이 손상됐다. 많은 IT 업체가 그러하듯 여기저기 흩어져있는 위험을 지금 당장 피하기 위해 근시안적 관점에서 애플리케이션을 업그레이드하지 않았고, 10년이 넘어 더는 유지보수를 지원하지 않는 버전을 계속 사용했다. JDE 구축 및 배포 프로세스의 수동 작업은 배포 중에 구성 파일을 덮어쓰는 일이 일상적으로 발생하고, 이 과정에서 새로운 주문이 소실됐다. 결국 모든 사람이 JDE 서버에 손대기를 두려워했고, SAP으로 대체하기 전까지 10년 동안 방치됐다. 오래된 소프트웨어는 오래된 차와 비슷해서 정기적으로 오일을 교환해야 하고, 차량의 기능이 정상적으로 동작하도록 튜닝해야 한다. 오래된 소프트웨어 그 자체는 문제가 아니다. 자동으로 진행되는 빌드, 테스트, 배포 프로세스에 포함되지 않은 채 유지보수가 되지 않는 오래된 소프트웨어가 문제다.

레거시 시스템의 유지보수는 가장 방치되기 쉬운 업무의 유형 중 하나다. 오래되고 약한 시스템은 부식되고, 기술 부채technical debt가 증가함에 따라 예측할 수 없게 된다.[1] 격리된 시스템의 엔트로피는 시간의 흐름에 따라 항상 증가한다. 수리하거나 교체하지 않으면 시스템은 결국 폭발해 장애물이 되거나 중요한 업무를 지연시킨다. 시간과 에너지를 소모시키고, 사람들을 중요한 업무에서 멀어지게 한다. "고통스럽다면(그렇지 않을 때까지) 더 자주 하라"는 말처럼 유지보수를 자주 하는 것이 시스템 전체 수리처럼 어려운 일을 줄여준다. 이 원칙이 시스템 유지보수에 적용될 때까지 방치된 업무는 계속 문제를 일으킬 것이다. 중요한 유지보수 업무 앞으로 새로운 요청이 계속해서 들어오면, 방치된 업무는 학교 점심시간에 식당에서 외면당한 아이처럼 혼자 있게 된다.

근시안적으로 생각하는 사람들이 귀중한 자산을 보호하는 일보다 새로운 일에 우선순위를 두는 것을 지켜보던 '방치된 업무' 도둑은 시스템에 기술 부채를 몰래 쌓는다. 금융 부채와 마찬가지로 기술 부채도 이자가 생긴다. 소프트웨어 버그를 수정하고, 새로운 기능을 개발하는 데 필요한 추가적인 노력과 자원이 기술 부채의 이자다. 상충하는 우선순위와 방치된 업무도 절친이다(이쯤에서 패턴을 눈치챘으리라 생각한다). 일을 성공적으로 수행하기 위해서는 사람들의 이목을 끌거나, 예산과 자원을 얻어야 하는데, 방치된 업무는 마치 더 이상 지원하지 않는 10년 된 버전을 사용하는 JDE 구성과도 같이 이목을 끌지도 예산과 자원을 얻지도 못한다. 코비스에는 노후되고 방치된 시스템의 구성 파일이 잘못된 인스턴스를 가리켰을 때 실패 요구가 발생했다. 이것은 심각한 유지보수 문제이며, 문제를 해결하기 위한 업무가 많아지는 원인이다.

---

1 현 시점에서 더 오래 소요될 수 있는 더 나은 접근 방식을 사용하는 대신 쉬운(제한된) 솔루션을 채택함으로써 발생되는 추가적인 재작업의 비용을 반영하는 소프트웨어 개발의 한 관점이다. – 옮긴이
https://ko.wikipedia.org/wiki/%EA%B8%B0%EC%88%A0_%EB%B6%80%EC%B1%84

만약 어떤 유형의 업무가 가장 방치되는지 확인해야 한다면, 그것은 지연된 유지보수, 버그, 기술 부채 및 테스트 없는 코드를 포함한 품질 개선과 관련된 작업일 것이다(마이클 페더스Michael Feathers가 정의한 레거시 소프트웨어).[2] 제품을 출시할 때 시간과 비용을 먼저 고려하는 경우가 많다("일단 테스트를 건너 뜁시다. 우리는 이걸 출시해야 해요. 나중에 다시 테스트합시다."). 항상 '바쁘다'는 점을 강조하는 최근의 기업 문화는 어리석다. 업무는 사람들이 '바쁠 때' 방치된다. 그러나 바쁜 사람들은 가치를 전달하지 못하기 때문에 높은 생산성을 보여주지 못한다.

업무 현황판의 두 가지 주요 영역에는 피드백 대기 중 업무와 중요하지만 급하지 않은 업무가 포함된다. 세 번째 요인은 도널드 라이너슨이 말한 '좀비 프로젝트'다.[3] 좀비 프로젝트는 겨우 살아 있는, 가치가 낮은 프로젝트를 말한다. 좀비 프로젝트는 먹잇감을 찾기 위해 어슬렁거리지만 그 누구에게도 관심을 받지 못하며 돈, 자원, 사람을 갈망한다.

관심에 굶주린 프로젝트가 높은 가치를 가진 프로젝트의 에너지와 시간을 빨아먹는데도 사람들은 좀비 프로젝트를 고집하고 유지한다. 좀비 프로젝트는 발견 즉시 제거해야 인터럽트를 줄이고 중요한 업무를 더 빠르게 제공할 수 있다.

어떤 사람들은 들어간 시간과 돈을 잃는 것에 대한 두려움 때문에 이미 시작한 프로젝트를 없애는 것을 어려워한다. 대부분의 사람은 프로젝트에 투자하면 할수록 포기하기 더 어려워진다. 심지어 미래 가치에 근거를 둔 더 합리적인 결정이 있는데도 말이다. 이것이 '매몰 비용의 오류sunk cost fallacy'다. 도널드 라이너슨은 자신의 저서 『The Principles of Product Development Flow』에서 경제적 이익과 비교해 프로젝트를 완료하는 데

---

2 『레거시 코드 활용 전략』 마이클 C. 페더스 지음, 심윤보, 이정문 옮김, 에이콘출판사, 2018

3 Donald G. Reinertsen, 『The Principles of Product Development Flow: Second Generation Lean Product Development』, p. 152, Celeritas, 2009

필요한 점진적인 투자만을 고려하라고 제안했다.[4] 업무 대기열에서 가치가 낮은 업무를 없애고 나면, 부가가치가 높은 업무만 진행할 수 있게 된다. 즉 좀비 프로젝트를 없애는 것이 옳지만, 정말 필요한 상황이라면 되살릴 수도 있다. 가장 중요한 것은 중요하지 않은 일 때문에 하던 업무에서 벗어나지 않는 것이다.

방치된 업무의 원인이 좀비 프로젝트뿐만은 아니다. 기업은 기술 부채를 해결하는 것보다 새로운 기능 개발을 우선시하는 경우가 많다. 그들은 수익 보호 업무 대신 수익 창출 업무를 선택한다.

기업이 기대하는 대로 되는 일은 거의 없다. 이미 새로운 프로젝트를 진행하는 엔지니어가 이전에 진행했던 미완료 프로젝트의 마지막 단계에서 발견된 문제를 해결해야 하는 상황처럼 말이다. 새로운 업무는 이미 파이프라인에 들어가서 부분적으로 완료된 업무보다 빠른 속도로 시작되기 때문에, 업무는 쌓이고 더 오래 걸린다('너무 많은 진행 중 업무' 도둑이 이번에도 살금살금 들어온다). 업무를 마치는 데 걸리는 시간이 늘어나기 시작하는 상황은 마치 러시아워의 교통량 같다. 고속도로를 빠져나가는 자동차보다 진입하는 자동차가 더 많을 때 운전자는 더 오랜 시간 운전해야 한다. 그리고 고속도로의 정체처럼 끊임없이 이어지는 방해 때문에 업무 흐름이 멈출 수 있다.

방치된 업무가 중요한 이유

결국 중요한 업무는 긴급해지거나 사람들을 혼란스럽게 만들고, 방해의 원인이 될 때까지 방치된다. 방치된 업무는 망가지기 쉽다. 이는 오래되고 썩은 과일처럼 사치스러운 낭비인 셈인데, 비싼 과일을 사와서 조리대 위에 올려놓기만 하면 공간을 낭비하고, 방치해서 상하면 나쁜 냄새가 난다.

---

4   Donald G. Reinertsen, 『The Principles of Product Development Flow: Second Generation Lean Product Development』, p.47, Celeritas, 2009

이런 상황은 누구도 원하지 않는다.

중요한 업무를 미뤄서 결국 시급한 일이 됐을 때 '방치된 업무' 도둑은 당신의 시간을 훔친다. 이는 마치 결혼 기념일을 맞아 근사한 외식을 계획하면서, 내년 결혼 기념일 식사를 위해 올해는 건너뛰기로 결정하는 것과 같다. 어떻게 될까? 기념일을 미룬 대가로 배우자에게서 잔소리를 한 번 듣는다고 치면, 방치된 업무로 인해 듣는 잔소리는 두 배가 될 것이다.

업무가 얼마나 오랫동안 방치돼 있는지 살펴보는 것은 오래된 업무(좀비 프로젝트를 생각해보자)와 우선순위를 경쟁하는 새로운 프로젝트 사이의 관계를 이해하는 데 유용하다. 다른 도둑들과 마찬가지로 '너무 많은 진행 중 업무' 도둑이 '방치된 업무' 도둑을 응원하고 있다.

요점 정리

- 중요하지만 방치된 업무를 처리하지 않으면, 결국 긴급한 업무가 된다.
- 팀이 단기적 우선순위 때문에 중요한 일에서 멀어지는 동안 보이지 않는 기술 부채가 쌓이는 것을 경계해야 한다.
- 좀비 프로젝트를 인정하자. 좀비 프로젝트가 높은 가치의 프로젝트를 완료하는 데 미치는 영향을 따져보고, 좀비 프로젝트를 더 집중해 진행하거나 제거하자.

PART 2

시간은 우리가 가장 원하는 것인데도 엉망으로
사용한다.

– 윌리엄 펜(William Penn)

시간 도둑을 드러내는 방법

학교와 사무실을 화이트보드로 도배하는 데는 이유가 있다. 사람들은 시각을 통해 다른 모든 감각을 합친 것보다 더 많은 정보를 얻는다. 뇌의 1천억 개 뉴런 중 20%가 시각 정보를 분석하는 데 사용된다.[1] 시각-공간 학습자는 뭔가를 생각할 때 주로 이미지를 떠올린다. 심리학자이자 고급 발달과정 연구소Institute for the Study of Advanced Development 설립자인 린다 크레거 실버맨Linda Kreger Silverman의 연구에 따르면 인구의 3분의 2가 시각-공간 학습을 선호한다.[2] 좌뇌는 순차적이고, 분석적이며 시간지향적이다. 우뇌는 전체를 이해하고, 종합적이며 공간의 움직임을 이해한다. 시각-공간 학습자의 경우 우뇌가 활성화되지 않으면 주의력이 낮아지고 학습능력이 부족해진다.

신체 노동은 눈으로 볼 수 있는 것과 다르게, 지식 업무는 대뇌 피질에서 일어나기 때문에 어떻게 진행되는지 눈으로 볼 수 없다. 대뇌 피질에서 신호는 뉴런을 통과해 신경계로 이동하는데, 이 과정을 통해 인간은 사고할 수 있다. 문제를 해결하고 시스템을 설계하는 아이디어는 다른 사람들의 눈에 보이지는 않지만 세상에 존재하고 있다. 창의적인 문제 해결이나 새로운 아이디어를 개념화하는 모든 정신적인 노동을 마우스로 클릭하거나 보드 마커로 그려서 물리적으로 보여줄 수 있다면 얼마나 환상적이겠는가("보세요. 팀장님. 저 정말 일하고 있죠?"). 쉽지는 않지만 이해

---

1 Colin Ware, 『Information Visualization: Perception for Design』, p. 2, Morgan Kaufman, 2000
2 Linda Kreger Silverman, 『Upside-Down Brilliance: The Visual-Spatial Learner』, DeLeon Gifted Development Center(www.gifteddevelopment.com), 1999

관계자들의 아이디어, 지식 업무의 상태 그리고 관련 문제를 시각적으로 접근하기 쉽게 만들고, 기술 업무를 시각화하는 것은 가능하다.

시각을 활용하면 문제를 명확히 할 수 있고, 의사결정이 쉬워진다. 인간의 두뇌는 시각으로 인지한 것에서 패턴과 구조를 찾도록 설계됐기 때문에 시각화는 업무를 개선할 수 있는 가장 기본적인 방법 중 하나다.

업무를 눈으로 볼 수 없을 때 관리하기 어려운 것은 당연하다. 하지만 우리는 중요한 것을 따로 생각하고 일상적인 것은 무시하는 경향이 있다. 일상적인 것들은 너무 본질적이라 존재하는지 알아차리지도 못한다. 이것이 단순함의 환상이다.

용어를 변경해 '당연한 것'을 '우아한 그림'이라고 해보자. 아름다운 그림은 업무 흐름을 묘사하고 의사소통을 개선해 유용함을 제공한다. 직관적인 그림은 실용적이고 적절해서 시선을 끄는 재미가 있다. 그림이 훌륭할수록 가치가 높아진다. 우아한 그림은 감각에 호소하고 구경꾼들의 시선을 사로잡는다.

2부에서는 흐름 기반 시스템flow based system을 설계하기 위해 실제 상황의 문제, 예제, 연습을 공유한다. 흐름 기반 시스템은 우선순위의 명확성과 위험의 가시성, 너무 많은 업무의 공격으로부터 사람들을 해방시킬 것이

다. 3부에서는 성공하기 위해 해결해야 할 조직 전체의 이슈를 살펴본다.

업무를 시각화하고 흐름을 원활하게 함으로써 다섯 도둑이 일으키는 중요한 문제를 효율적이면서 효과적으로 해결하고 관리하는 시스템에 초점을 맞출 것이다. 이것이 '린 칸반 흐름Lean kanban flow'이다. '들어가며'에서 언급했듯이, 이 책의 나머지 부분은 린, 칸반 그리고 흐름 방법론을 사용해 업무 흐름이 빨라진 것을 보여주는 방법을 안내하고 비즈니스

측면에서의 장점을 다룬다.

2.1장은 칸반을 처음 도입하기 위해 사용법을 배우거나, 기초 지식을 복습하고 싶은 독자를 위한 부분으로, 칸반의 기본이 탄탄하다면 2.2장으로 건너뛰기를 권한다. 2.2장은 린 칸반 흐름 접근법을 사용해 시간 도둑을 드러내고 업무 흐름을 최적화하는 방법을 설명한다.

모든 예제는 특정 상황에 적용되지 않을 수도 있다. 예제들을 린 칸반 흐름의 뷔페라고 생각하고 각 상황에 맞는 방법을 가져다 실행하자. 그 외의 예제는 다른 조직이나 회사에서 무엇을 다루는지 이해하는 데 사용하길 바란다.

미리 말하지만 실행 결과는 모든 조직과 모든 참가자의 수준에 따라 다르다. 이 책의 실천법을 습득한다면 업무 흐름을 빠르게 파악할 수 있으며, 가치를 더 빠르게 전달할 수 있고, 예측성을 높여주며, 일하는 공간을 더 즐거운 장소로 만들어 결과적으로 만족감을 얻게 될 것이다.

이제 시작하자.

배움은 의무도, 생존도 아니다.
– W. 에드워드 데밍(W. Edwards Deming)

너무 많은 진행 중 업무

그림 4는 브리티시 컬럼비아대학교 소프트웨어공학과 교수인 필립 크루첸 Philippe Kruchten의 그림이다(손으로 그리고 다른 색을 사용해 수정했다).[1] 이것은 눈에 보이는 업무와 눈에 보이지 않는 업무 사이의 중요한 차이점을 강조하는 훌륭한 그림이다. 이 그림을 빠르게 훑어보기만 해도 의미 있는 메시지를 얻을 수 있다. 눈으로 볼 수 있는 언어처럼 그림을 통해 긍정적/부정적 가치와 눈에 보이는 일/눈에 보이지 않는 일의 상관관계를 알 수 있다. 파란색으로 강조된 '구조'는 긍정적 가치다. 노후되고, 특정 사용자에게 맞춰 변형되고, 취약한 JDE 구현이라면 노란색의 '기술 부채' 영역에 들어갈 것이다.

그림 4는 훌륭한 시각화 방법이다. 시각화에 필요한 4가지 요소는 구조, 유용성, 관련성 및 정직성이다. 사람들은 업무를 시각화해 보기 편하고, 정확하고, 의미있고, 빠르게 파악할 수 있기를 원한다.

일단 업무의 가시성을 확보하면 도구를 사용해 업무의 흐름을 방해하는 문제를 관리할 수 있고, 예상치 못한 업무 흐름의 문제가 발생할 때 해결 방법을 찾을 수 있다.

---

1 Philippe Kruchten, "What Colour is Your Backlog"(https://pkruchten.files.wordpress.com/2012/07/kruchten-110707-what-colours-is-your-backlog-2up.pdf), presentation, July 7, 2011

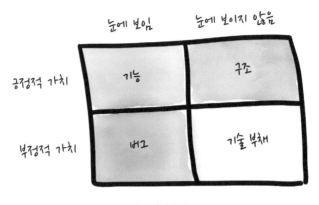

그림 4. 가시성 사분면

시각 정보 전달의 영향을 볼 때 인구의 3분의 2가 시각-공간 학습자라는 점도 고려해야 한다. 가시성이 중요한 이유는 대부분의 사람들이 어떤 것을 생각할 때 단어보다 그림을 떠올리기 때문이다. 이는 단순히 학습 방식 선호도의 차이를 넘어, 시각-공간 학습자는 청각-순차 학습자와 다른 뇌조직을 갖기 때문인데, 사람들은 듣는 것보다 보는 것으로 더 쉽게 학습한다.[2] 잠재적으로 당신의 동료가 될 수 있는 사람들 중 3분의 2는 일의 흐름과 우선순위를 볼 수 없을 때 혼란스러워한다. 업무를 눈에 보이도록 만들면 자신의 두뇌가 동작하는 방식에 따라 일하게 되므로 팀의 능률을 올릴 수 있다.

이번 장은 업무를 눈에 보이도록 만들기 위한 시작점이다. 칸반보드를 만드는 여러 가지 관점 뿐만 아니라 업무의 전체 맥락에서 시각화가 왜 중요한지 이해하는 데 도움이 되는 다양한 아이디어와 개념도 이야기한다. 이 장의 목표는 업무 요청(나를 포함한 모든 사람들이 요청한 업무의 양과 종류)을 시각화하는 것이 업무의 수요를 보여주는 아주 간단한 방법임을 알려주고, 시간 도둑의 문제를 해결하기 시작하는 것이다. 시작하기만 해도

---

2   Linda Kreger Silverman, 「Upside-Down Brilliance: The Visual-Spatial Learner」, DeLeon Gifted
     Development Center(www.gifteddevelopment.com), 1999

당장 문제를 해결할 수 있다.

칸반보드는 그림 5처럼 '할 일, 진행 중, 완료'라는 놀랍도록 단순한 핵심 요소로 구성됐기 때문에 바로 시작할 수 있다. 단순한 칸반보드가 얼마나 천재적인지는 그 자체로 설명할 수 있다. 어떤 업무를 시작하길 원하고to do, 해당 업무를 진행하고doing, 업무를 끝낸다done. 이러한 직관적인 형태의 보드는 누구나 쉽게 만들 수 있다. 원한다면 모든 업무에 적용할 수 있다.

보기 어렵거나 전혀 보이지 않는 업무 부하 또한 한눈에 볼 수 있게 체계화한다. 매우 단순하고 설명 없이도 충분히 업무 전반에 대한 정보를 얻을 수 있는 보드가 사무실에 걸려 있다고 상상해 보자. 근처에 앉아 있는 누군가에게 질문해서 방해하지 않고도, 사무실 벽에 걸린 보드를 보고 진행 중인 일과 업무 상태를 알 수 있다.

다음은 칸반보드의 예시다.

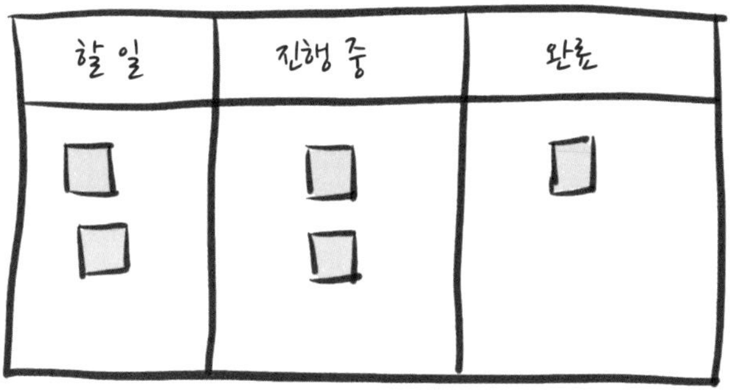

그림 5. 할 일, 진행 중, 완료 보드

대부분의 보드는 할 일, 진행 중, 완료(혹은 같은 의미를 갖는 이름의 열)라는 최소한의 요소로 구성된다. 각각의 열은 업무 상태를 나타낸다. 업무는 다시 업무 항목 카드로 표현한다. 그림 5에서 파란 사각형은 업무 항목 카드를 표현한 것이다.

그렇다면 실제 업무에서는 이런 종류의 칸반보드를 어떤 방식으로 운영하는가?

먼저 몇 가지 사항을 고려해야 한다. 예를 들어 할 일 목록이 톨스토이의 전쟁과 평화처럼 길고 복잡해 보인다면 "정말로 이 보드에 모든 것을 넣어야 해?"라는 질문을 던질 수도 있지만, 아주 좋은 질문은 아니다. 그 질문을 "어떻게 다듬어야 해?"로 바꾸자. 어떤 항목은 우선순위가 너무 낮기 때문에 '할 일' 열에 포함시킬 필요가 없다. 중요한 일에 집중할 수 없게 시선을 분산시키기 때문이다. 또한 가장 우선순위가 높은 3~5개의 항목을 완료한 시점에 다음 우선순위가 변경될 수 있다.

그렇다면 어떤 할 일 항목을 보드에서 지울 수 있을까? 무엇이 팀에 적당한 수준의 가시성과 다른 조직에게 적당한 수준의 투명성을 제공하는가? 정답은 '그때그때 달라요'이다. 팀에서 어떤 업무를 하고 있고, 가장 큰 골칫거리가 무엇인지에 따라 시각화할 대상이 달라진다. 팀과 회사의 비즈니스 가치에 영향을 주는 불확실성 역시 중요하게 고려해야 한다. 3부에서 불확실성과 비즈니스 가치를 다룰 예정이므로, 일단 팀이 진행하고 있는 업무와 팀이 고통받는 원인을 파악하는 데 집중하자.

보드에 무엇을 표현해서 보여줄지에 대한 기준은 작업 항목을 관리하는 데 드는 시간과 그에 따른 가치를 따져보는 것이다. 처리하는 데 15분이 걸리지 않는 작업은 항목 카드로 만들지 않는 규칙을 정하는 팀도 많다. 보통 그런 규칙에는 예외가 있는데, 경험이 쌓이면 어떨 때 규칙을 어겨도 되는지 알 수 있다.

내 경험상 위험성과 불확실성이 높을 때는 규칙을 깨야 한다. 10분이 걸린다고 해서 해당 업무가 중요하지 않다는 의미는 아니다. 여기 몇 가지 가이드라인이 있다. 다음 중 하나에 해당하지 않는 한, 10분짜리 업무를 추적할 필요는 없다.

1. **업무를 처리하는 방법을 오직 한 사람만 알고 있다('알려지지 않은 의존성' 도둑).** 업무를 시각화하는 것은 다양한 종류의 훈련이 필요하다.

2. 한 팀의 업무가 다른 팀에 영향을 미친다('알려지지 않은 의존성' 도둑). 1부에서 봤듯이 팀 간의 의존성 문제는 매우 비싼 값을 치른다. 팀 간의 의사소통 가치를 고려한다면, 보드에 카드를 생성하는 1~2분의 추가 비용은 매우 저렴하다.

3. **업무 대부분이 15분 혹은 그 이하로 소요되는 사람이 있다. 이것은 그 사람의 업무를 추적하지 않으면 눈에 보이지 않는다는 것을 의미한다('너무 많은 진행 중 업무' 도둑).** 어떤 사람이 진행하고 있는 수많은 업무가 눈에 보이지 않으면, 그 사람의 정상적인 업무량에 산더미 같은 일을 추가하기 쉽다.

이 가이드라인을 보드에 어떻게 적용할지, 언제 예외를 둬야 하는지 등의 요구사항에 대해 질문할 필요가 있다(아직 하지 않았다면 말이다). 예를 들어 어떤 종류의 업무를 하는가? 컴퓨터, 받은 편지함, 채팅창에는 어떤 종류의 요청이 뜨는가? 목록에서 업무 항목의 우선순위는 무엇인가? 즉 요청된 업무의 목적은 무엇인가? 팀마다 요구 사항이 다르기 때문에 대답도 모두 다를 것이다. 여러 팀이 수행하는 업무 예시는 다음과 같다.

각 팀은 서로 다른 업무를 수행하지만 가끔 겹칠 때도 있다. 제품개발 팀은 IT 운영 팀이 보안 문제를 해결할 수 있도록 돕는다. 마케팅 팀은 제품개발 팀이 출시하려는 새로운 기능의 테스트를 돕는다. 조직 간의 가시성은 2.3장에서 의존성 주제를 다룰 때 이야기한다.

코비스에서 일한 지 얼마 되지 않았을 때, 업무를 시각화하기 전까지는 끊임없는 업무량을 처리하느라 휴일, 주말, 새벽 3시까지도 일하기 일쑤였다. 심지어 통제

IT 운영 팀이 하는 일

○ 기술 부채 해결
○ 보안성 개선과 업그레이드
○ 플랫폼 유지보수와 업그레이드
○ 긴급 요청 수행
○ 일반적인 유지보수 업무
　(시스템이 잘 켜져있나 지켜보기)

밖에 있어서 처리할 수 없는 일의 목록도 머릿속에 있었다. 갑자기 들어온 요청, 사전 준비 없이 2시간 동안 진행된 비생산적인 회의, 오래된 프로젝트를 진행하는 동안 팀에 할당된 새로운 프로젝트 등. 어떤 상황이었는지 이해하리라 생각한다.

미친 듯이 일해도 근무 시간 내에 모든 요구사항을 완료할 수 없어서 (주로 나 자신에게) 짜증이 났다. 사실 밤새도록 일하며 영웅인 척하는 것은 쓸모없지만 나 이외에도 다른 모두가 각자 영웅인 척하며 일하고 있었다.

너무 많은 진행 중 업무와 상충하는 우선순위 그리고 일관성 없는 업무 흐름에 많은 부담을 느꼈고, 결국 조직의 건강 뿐만 아니라 사람들의 건강도 나빠졌다.

만약 모든 업무에 대한 가시성을 확보하고 그 영향을 받는 팀을 모두 알았다면, 시간 낭비를 막고 여러 팀이 서로 고통스럽지 않았을 것이다. 하지만 가시성을 확보하지 못했고, 우리의 시간은 보이지 않는 요구 때문에 계속 낭비됐다. 이것이 일의 완료를 가로막는 원인을 알아야 하는 중요한 이유다. 팀의 우선순위를 엉망으로 만드는 것이 무엇인가? 팀에 고통을 주는 원인이 무엇인가?

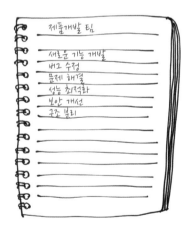

팀의 고통을 파악하는 활동은 2.1장 마지막의 수요 분석 연습demand analysis exercise(p.101)에서 다룬다. 전형적이고 절제된 업무용 표현 대신 속마음을 이야기할 수 있도록 허락된 자리이기 때문에, 사람들에게 만족스럽고 가치 있는 일이다(연습하는 동안 '사람에 대한 존중'이라는 린의 가치를 잊지 않길 바란다).

다음은 팀에 고통을 주는 원인의 예시다.

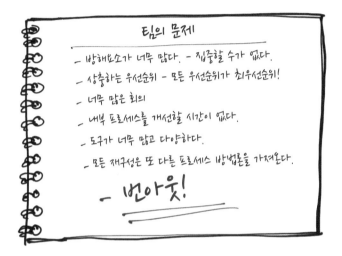

다음은 내가 진행한 수요 분석 워크숍에서 반복적으로 상위에 등장하는 요인이다(상충하는 우선순위 도둑을 소개한다).

- **너무 많은 인터럽트** – 일을 끝낼 수가 없다.
- **상충하는 우선순위** – 모든 것이 최우선순위의 일이다.

만약 이 두 가지 요인이 당신의 팀에도 고통을 준다면, 고통받는 것은 당신 뿐만이 아니라고 위로하고 싶다.

코비스에서 일하며 얻은 또 다른 교훈은 다른 팀의 고통, 특히 비즈니스 부서의 고통을 신중하게 고려해야 한다는 것이다. 이 말은 내부 고객의 고통을 줄여야 한다는 것인데, 내부 고객은 당신의 작업 결과에 영향을 받는 방식에 불만을 가진 사람들이다.

다음은 내부 고객의 고통을 시각화하는 것이 중요한 이유다.

1. 진행 중 업무를 제한하기 위해서는 내부 고객의 승인이 필요하다. 동시에 처리할 수 있는 업무 개수의 한계치를 초과하면 팀이 제어할 수 있는 것보다 더 많은 수요가 계속해서 들어온다. 그러면 업무 부하가 높아지고, 몰입해서 업무를 처리할 수 없게 돼 결국 불행해진다. 불행한 사람들은 문제를 해결할 방법을 찾는 데 함께 애쓰지 않는다. 내부 고객의 고통이 완화돼야 진행 중 업무의 수를 제한하는 데 동의를 얻기 쉽다.

2. 특정한 팀만 겪고 있는 문제는 아니다. 비즈니스 가치를 제공하기 위해 모든 팀에 걸친 업무 흐름을 최적화하는 시스템 사고 접근 방식으로 전체 시스템을 고려해야 한다. 한 팀만을 고려해 최적화하는 것은 회사의 전반적인 성과를 떨어뜨릴 수 있다. 건전한 조직에서는 불만을 가진 내부 고객을 적극적으로 찾으려 한다.

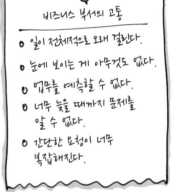

일단 업무 수요와 고통의 원인을 찾아내면, 다음 단계로 업무 항목 카테고리를 나누고 싶을 것이다. 모든 업무가 동일하지 않기 때문에 업무 카테고리를 만들면 여러 가지 유형의 업무를 알 수 있다. 다양한 유형의 업무는 긴급성 수준이 서로 다를 수 있다. 또한 다양한 유형의 업무들이 서로 다른 업무 흐름을 가질 수 있기 때문에 업무 카테고리를 명확하게 설명하는 것이 중요하다. 서로 다른 규칙이 필요하기 때문에 이를 명확하게 설명하는 것이 중요하다. 업무 카테고리를 만들면 시스템 상태가 건전한지 알 수 있다(우리뿐만 아니라 경영진도). 다양한 업무 유형의 메트릭을 만들 수 있는 데이터를 수집할 수 있기 때문이다.

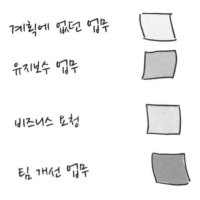

계획에 없던 업무

유지보수 업무

비즈니스 요청

팀 개선 업무

그림 6. 정리된 업무 항목 유형

업무 항목 유형의 카테고리는 요청자나 업무를 요청한 부서를 기반으로 나눌 수 있다. 업무의 우선순위를 정하는 방법이나 업무 흐름의 상태를 기반으로 할 수도 있다. 업무 항목의 유형을 분류하는 방법은 여러 가지가 있다. 적절한 데이터를 수집하고 문제를 해결하기 위한 가시성을 확보하려면 항상 무엇을 시각화할지 고려하는 것이 중요하다.

상사나 몇몇 사람들이 전체 팀의 업무 항목 카테고리를 결정하는 것은 피해야 한다. 실제 업무를 수행하는 사람들은 항상 아래의 두 가지 항목을 기준으로 업무 흐름 관리 시스템 설계에 참여해야 한다.

1. 실무자가 참여해서 전체 팀의 요구와 수요를 만족하는 카테고리의 적정 숫자와 유형을 결정하도록 돕는다.
2. 사람들은 무언가를 만들어내는 과정에 참여할 때 주인의식을 갖게 된다. 주인의식은 문제를 해결하고 원하는 결과를 얻도록 노력할 수 있는 동기를 부여한다.

카테고리의 수는 3개에서 7개 사이가 좋다고 생각한다. 그 이상이 되면 카테고리를 관리하기 어렵고, 각각 다른 규칙과 메트릭이 생기며, 잠재적으로 다양한 업무 흐름이 생길 수 있기 때문이다.

중요한 점은 운영 팀의 업무 카테고리는 팀의 요구사항과 문제(팀의 고통)를 기반으로 시각화된다는 것이다. 이 예시에서는 계획에 없던 업무가 쌓이고, 팀 개선 업무를 수행할 수용량이 부족하다.

업무 항목 유형 카테고리를 정의할 때, 팀 업무에 칸반보드를 효과적으로 사용할 수 있도록 돕는 설명문을 작성한다. 설명문은 팀 외의 관리자들과 다른 팀 사람이 보드를 볼 때 해석할 수 있게 도와준다.

일단 팀이 수행하는 업무 목록을 작성하고, 팀과 비즈니스 부서가 힘들어하는 원인을 확인한 뒤 업무 항목 카테고리를 만들면, 업무를 좀 더 상세하게 작성해 가시성을 높일 수 있다.

상세하게 작성한 정보는 업무 항목 카드 영역에 작성한다. 동료들과 함께 업무 항목 카드에 작성할 내용을 합의한다. 카드에 있는 정보는 "업무 흐름을 관리하는 데 필요한 데이터는 무엇인가?", "무엇을 측정할 것인가?"의 답이 될 수 있어야 한다.

이제 예시 목록이 있다. 완벽하지는 않지만 바로 적용해 볼 수 있다.

- 카드 ID
- 머리말
- 제목
- 상세 내용
- 담당자
- 코멘트
- 쿼리를 위한 꼬리표

- 가시성을 위한 아이콘
- 우선순위
- 하위 업무 또는 연결된 카드
- 요청일을 기반으로 한 날짜 표시

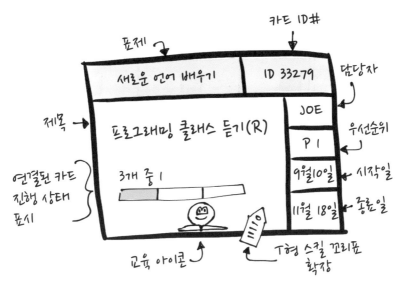

그림 7. 업무 항목 유형 예시

 업무 항목 카드를 설계하면 팀은 즉시 현재 진행 중 업무 카드를 생성해 보드에 붙일 수 있으며, 일하는 상황을 한눈에 볼 수 있다. 그림 8은 내부 요청(팀의 개선 업무)과 비즈니스 요청 간의 균형을 맞추고, '계획에 없던 업무'와 정기적으로 해야 하는 '유지보수' 업무들을 모두 지원해야 하는 상황에서 업무를 분류한 IT 운영 팀의 보드다. 이 보드에서 팀은 긴급한 요청을 완료했으며(노란색), 현재 1개의 비즈니스 요청(파란색)과 1개의 유지보수 항목(녹색)을 작업하고 있다. 할 일 열에서 다음으로 진행할 일은 팀의 개선 업무(주황색)와 비즈니스 요청(파란색)이다.

 일반적으로 진행 중 열을 더 세분화해야 한다. 그림 9에서 볼 수 있듯이 업무를 완료 열로 옮기기 위해 거치는 피드백, 테스트, 검증 작업을 표현하려면 진행 중 열을 나누는 것이 보통이다. 초기에는 보드를 의미 있게 변화시키기 위해 보드를 보는 사람들의 참여가 필요하지만, 보드를 운영하기 시작하면 실제 카드는 다른 상태인 것을 알 수 있다. 좀 더 자세히 보면 비즈니스 요청은 리뷰 중이며, 유지보수 업무는 아직 구현 중이다.

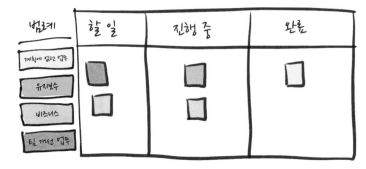

그림 8. 색상으로 표현된 할 일, 진행 중, 완료 보드

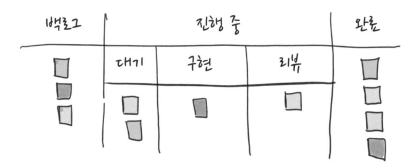

그림 9. 확장된 진행 중 열

할 일, 진행 중, 완료 보드에 몇 가지 업무 항목이 있을 때 실제로 시각화되기 시작한다(그림 10 참조). 팀이 시각화하기를 원하는 목록을 작성하고 투표를 해서 상위 2~3위에 오른 고통의 원인을 생각해보면 훨씬 도움이 된다. 고통을 주는 원인을 시각화하면 좀 더 쉽게 해결할 수 있다. 여러 가지 일을 동시에 하고 있는 사람은 팀의 고통에 대해 잘 알지 못했다. 오히려 전담 팀에 속해 있는 사람이 팀이 고통받는 원인을 가장 잘 알고 시각화가 필요하다는 것을 깨달았다.

시각화를 시작할 때 칸반보드에 너무 많은 요소를 넣어서 설계하는 것은 아무 의미가 없음을 명심하고 단순하게 유지하자. 보드를 사용하다 보면 좀 더 세분화해야 할 수도 있다. 일단 현재 업무를 보드 위에 시각화하면, 시범적으로 사용해본 후 수정하게 될 것이다. 이 시점에서 중단하면 안된다. 보드 설계가 안정화되려면 팀 성숙도에 따라 2~4주, 혹은 6주 정도가 걸린다.

보드가 안정화되기를 기다리는 동안 2.2장으로 넘어가서 다음 도둑을 잡자.

연습

수요 분석

🕐 **소요시간:** 30분~1시간

목적: 팀이 수행하는 업무 유형과 그 안에서 발생하는 문제를 찾아낸다(팀의 고통 원인과 비즈니스 부서의 고통 원인). 이 항목은 이후 예제에서 보드를 설계할 때 사용하는 항목이 된다.

준비물:
- 보드 마커
- 플립차트나 화이트보드

설명:
팀이 수행하는 다양한 업무의 유형을 목록으로 나열해보자.

99쪽에 있는 IT 운영, 마케팅, 제품개발 팀의 예시를 참고한다.

목록 작성이 완료되면, 일을 끝내지 못하게 가로막는 장애물을 나열하자. 101쪽과 103쪽에 나온 팀의 문제 예시를 참고해 작성할 수 있다.

인터럽트 목록을 상세하게 작성한다. 만약 업무가 지연되는 이유가 대립되는 우선순위 때문에 인터럽트가 지속해서 발생하는 것이라면, 그것도 작성하자. 만약 마케팅 팀의 업무가 지연되는 이유가 디자인 팀의 업무가 산더미같이 쌓였기 때문이라면, 그것도 작성한다. 평소에 속으로만 생각했던 내용을 꺼낼 시간이다. 남김없이 작성하자.

린 칸반 흐름 설계에서 이러한 병목 현상이 드러나면, 고통의 원인을 제거할 수 있다.

다음으로 고객과 비즈니스 부서의 고통의 원인을 나열한다. 영감을 얻기 위해 103쪽과 104쪽을 참고해도 좋다. 때때로 워크숍에 참석한 사람이 그들의 비즈니스 관리자는 모두 행복하다고 말하는데, 정말 헛소리라고 이야기해주고 싶다. 문제가 없는 것이 문제다.

업무 항목 유형 및 카테고리 구분하기

🕐 **소요시간:** 20~30분

목적: 서로 다른 업무 흐름, 우선순위 그리고 적용할 수 있는 메트릭을 지원하기 위해 다양한 종류의 업무를 분류한다.

준비물:
- 76x76mm 여러 가지 색상의 포스트잇
- 보드 마커/펜

설명:
보드 위의 카드를 통해 시각화할 업무 유형을 결정한다. 3~7가지 유형이 적당하다. 각 카드에 색상을 지정한다. 팀이 더 많은 카드 유형을 원한다면 동일한 업무 흐름을 갖는 포괄 카테고리를 만들고 꼬리표를 붙인 후, 아이콘을 사용해 구별할 수 있다. 보드를 사용할 때마다 각각이 어떤 의미인지 참조할 수 있는 범례를 만들자.

카드 디자인

🕐 **소요시간:** 20~30분

목적: 사람들에게 필요한 정보를 제공하는 데 유용하고 관련성이 높은 업무 항목을 설계한다.

준비물:
- 76x76mm 포스트잇
- 보드 마커/펜

설명:

카드에 담을 데이터를 찾아내고 데이터 필드를 만든다. 업무 관리를 위해 소프트웨어 도구를 사용한다면 데이터 필드가 자동으로 생성될 것이다. 만약 물리적인 보드를 사용한다면 시간을 도둑맞는 문제를 해결하기 위해 필요한 필드가 무엇인지 고민해야 한다.

업무 흐름 지도 작성

🕐 **소요시간:** 40~60분

목적: 현재 진행 중인 내용과 업무의 상태, 사업 가치의 흐름에서 잠재적인 중단과 지연 문제를 확인하기 위해 업무를 시각화한다.

준비물:
- 플립 차트나 화이트보드
- 여러 가지 색상의 76x76mm 포스트잇
- 보드 마커/펜

설명:

먼저 고통의 원인이나 시각화하고 싶은 정보 중 숨겨진 것이 있는지 스스로 확인한다. 재미있는 부분이다. 팀과 함께 큰 화이트보드 혹은 플립차트(만약 둘 다 없다면 벽이나 창문에 포스트잇을 붙여도 된다)에 옵션(백로그), 진행 중, 완료 3개의 열을 만든다. 필요한 경우 진행 중 열을 넓게 만들고 세분화해 더 많은 열로 나눌 수 있다. 기존의 업무를 보드에 붙이고, 가시성이 필요한 업무의 상태를 논의하자.

이제 시간 도둑들을 시각화하는 방법을 살펴보자.

1. 수요와 출처에 따라 업무의 다양한 유형을 나열한다.
2. 유형을 그룹화한다.
3. 어떤 유형이 가장 큰 문제를 일으키는지 토론한다. 왜 그것이 문제의 원인인가?

연습을 통해 만든 것이 2부에서 사용하는 칸반보드다.

NEW 가치 흐름 캔버스를 사용한 업무 시각화

🕐 **소요시간:** 60~90분

목적: 모든 업무와 팀 간의 업무 전달을 시각화해서 가치 흐름을 통해 업무가 진행되는 과정을 살펴보고, 현재 상황에 대한 공통의 이해를 달성하고 개선할 영역을 찾는다.

준비물:
- 뮤럴(Mural)과 같은 온라인 도구 또는 화이트보드
- 보드 마커, 포스트잇

설명:
여러분의 가치 흐름에서 발생하는 활동들의 표현을 그린다. 매출 발생 활동 외

에도 매출 보호 활동을 포함시켜야 한다는 점을 기억하자. 업무가 어떤 식으로 도착하고 영향을 받는 이들에게 어떤 식으로 소통되는지 나타낸다.

사람들을 초대해서 작업 흐름에서 업무 전달이 어떤 식으로 일어나는지 얘기해본다. 여기서 초대해야 할 사람들은 업무를 승인하고 우선순위화하고 빌드하고 테스트하고 전달하고 유지하는 데 필요한 활동들에 참여하는 사람들을 말한다. 다른 모든 사람들이 큰 그림을 볼 수 있도록 업무가 어디서부터 시작되는지 식별한다.

어떤 업무 항목 유형(사건(incident), 문제, 결함 등)이든지, 업무 항목을 식별하고 해당 항목 도착이 어떤 식으로 소통되는지 식별하기 위해 화이트보드나 뮤럴(Mural) 캔버스에 박스를 그린다.

전형적인 생산 문제가 어떤 식으로 도착하는지(발생하는지) 논의한다. 생산 환경이 안 좋거나 불안정하면 고객 만족과 비즈니스 영위에 가장 큰 위험을 야기하기 때문에, 생산 문제로 먼저 시작한다.

생산 업무 흐름 관련 질문들:

1. 생산 문제가 어떤 식으로 감지되는가? 생산 문제가 어떤 식으로 도착하는가?
2. 경고가 모니터링 도구를 통해 도착하는가? 누군가 다른 사람에게 이메일을 보내는가?
3. 누군가 사건이나 문제 업무 항목을 ITSM 도구에서 생성하는가?
4. 그 다음으로 무엇이 일어나는가?
5. 누가 무엇을 어떤 순서로 하는가?

기능 요구 업무 흐름 관련 질문들:

1. 업무가 어떤 식으로 도착하는가? 제품 개발 팀에 할당될 제품 포트폴리오를 위한 업무를 계획하는 제품 관리 조직이 있는가?
2. 여러분의 회사는 어떤 식으로 업무를 계획하고 관리하는가? 해야 할 일 목록을 관리하는 누군가가 있을 것이다. 스프레드시트로 관리할 수도 있다.
3. 영업 팀이 고객을 대신해 신규 기능을 소통하는가? 고객이 스스로 변경을 요청할 수 있는가?

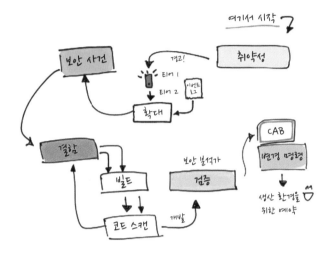

그림 10. 생산 문제 업무 흐름 예

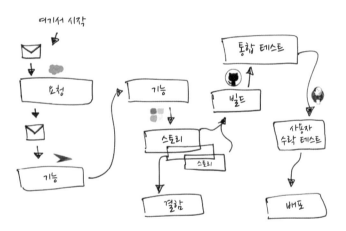

그림 11. 기능 요청 업무 흐름 예

여러분의 도구 집합의 보이지 않는 업무/대기 상태들과 업무 흐름 시각화를 개선하고 매끄러운 업무 전달을 가능케 하기 위해 어떤 변경을 해야 할지에 관해 논의해보자.

요점 정리

- 시각-공간 학습자는 단어보다는 그림으로 생각한다. 그들은 청각-순차 학습 자와 다른 뇌 조직을 갖고 있으며, 듣는 것보다 보는 방식으로 더 잘 배운다. 인구의 3분의 2는 시각-공간 학습자라는 사실을 기억하자.
- 인간의 두뇌는 시각을 통해 인지한 의미 있는 패턴과 구조를 찾도록 설계됐 기 때문에 시각화는 업무 개선에 있어서 가장 기본이다.
- 시각화는 비즈니스 부서의 고통과 숨어 있는 다른 정보를 보여줄 수 있다.
- 칸반보드처럼 도구를 사용해서 업무를 시각화할 수 있다.

> 멀티태스킹은 그저 한 번에 여러 가지 일을 망칠 기회에 불과하다.
>
> – 스티브 우젤(Steve Uzzell)

'너무 많은 진행 중 업무' 도둑 잡기

오전 8시 35분, 사무실

중간 평가용으로 만들고 있는 메트릭 리뷰 문서를 집중해서 바라보고 있는데, 화면 오른쪽 상단에 아주 작은 알림이 보였다. 알림이 깜빡이며 사라지기 전에 "5분 정도 시간 돼?"라고 묻는 리즈의 짧은 메시지를 봤다. 그래서 어떻게 했냐고? 난 그녀를 무척 좋아했기 때문에 그렇다고 대답했다. 우리는 좋아하는 사람들을 위해 일하는데, 이는 자신이 할 수 있는 능력보다 더 많은 일을 떠안는 다섯 가지 이유 중 하나다. 그 짧은 대화로 이미 꽉차 있는 하루 일정에 더 많은 일을 추가했다.

1부에서 언급했듯이, 다음의 다섯 가지 이유를 이해하고 인식하는 것이 중요하다. 첫 번째 이유는 매우 기본적인 것이다. 팀 구성원으로서 다른 구성원을 실망시키고 싶지 않다. 그리고 앞에서 설명했듯이 사람들은 "예"라고 말할 때 엔돌핀을 얻는다. 두 번째 이유는 공개적인 망신이나 해고의 두려움이다. 세 번째 이유는 사람들이 좋아하는 사람들을 위해 무언가를 한다는 것이다. 네 번째 이유는 사람들이 낙관적인 존재라는 사실과 관련이 있는데, 이는 실제보다 더 빨리 일을 끝낼 수 있다고 생각하게 만든다. 물론 대부분 생각한 것보다 시간이 더 오래 걸린다. 마지막 다섯 번째 이유는 새롭고 반짝이는 일을 시작하는 게 오래되고 매력적이지 않은 일을 끝내기 위해 고달픈 일을 하는 것보다 더 재미있기 때문이다.

이 다섯 가지 이유는 모두 '너무 많은 진행 중 업무' 도둑이 활용하는 도구의 일부분이다. 앞에서 말했듯이 '너무 많은 진행 중 업무' 도둑은 다른 도둑의 두목이다. 그 자체로도 충분히 나쁘지만 '너무 많은 진행 중 업무' 도둑은 다른 시간 도둑을 도와서 알려지지 않은 의존성, 계획에 없던 업무, 상충하는 우선순위, 방치된 업무에 의해 일어나는 문제를 악화시킨다.

너무 많은 진행 중 업무를 간략히 살펴보자. 너무 많은 진행 중 업무는 일이 완료되는 것보다 더 빠르게 새로운 일이 들어오는 것을 의미한다. 모두 시작했지만 아직 끝내지 못한 일, 즉 모든 일이 부분적으로 완료된 일이다. '너무 많은 진행 중 업무' 도둑은 사람들의 관심을 여러 가지에 분산시키기 때문에 시간과 돈, 그리고 양질의 업무를 해낼 수 있는 능력을 빼앗는다. 그 결과 다른 사람들은 원하는 것을 얻고자 할 때 예상보다 더 오래 기다려야 하고, 당신은 지연으로 인해 금전적 손해를 입는다. '너무 많은 진행 중 업무' 도둑은 일을 늦추는 게 아니라 일찍 끝내도록 몰입할 수 있는 시간을 빼앗는다. 결국 일을 완료하기 위해 벼락치기를 하기 때문에 기대하던 아름답고 훌륭한 제품이 나오지 않는다.

다음과 같은 상황이라면 진행 중 업무가 너무 많은 것이다.

- 문맥 전환이 흔하다.
- 이전 업무가 끝나기 전에 새로운 업무가 시작된다. 앞에 놓인 다른 많은 일을 다 끝내지 않았지만 "예, 할게요."라고 말하는 상황이다.
- 일을 방치하고 묵힌다.

본인이 자주 문맥 전환을 하거나 "5분 정도 시간 돼?"라는 질문을 받았을 때 그렇다고 답한다면 스스로 업무의 흐름에서 벗어나 멀리 돌아가는 꼴이 된다.

하지만 희망은 있다. 진행 중 업무를 추적하면 사람들이 일에 집중할 수 있고, '너무 많은 진행 중 업무' 도둑이 저녁 시간과 주말을 훔치지 못하게 막을 수 있다.

진행 중 업무를 추적할 수 있는 방법은 많다. 다음의 예시(그림 12)는 진행 중 업무를 드러내는 데 도움이 되며, 누가 업무를 요청했는지에 따라 3가지 주요 카테고리로 나눈다.

- 긴급 업무silver bullet[1]는 즉각적인 조치를 취하라는 긴급한 요청으로, 대개 경영진 위치에 있는 사람이 시작한다. 이 카테고리가 따로 있는 이유는 경영진이 생각하기에 매우 긴급한 우선순위가 있기 때문이다(실제로 긴급하든 긴급하지 않든).
- 새로운 기능이나 콘텐츠를 만들고 설계하는 비즈니스 요구사항은 비즈니스 부서가 홍보하고 관리, 추적하며 관여하는 IT 팀의 주요 업무다.
- 팀 업무는 IT 팀이 버그, 기술 부채, 보안, 플랫폼 업그레이드, 유지보수 같은 업무를 하는 것이다.

다시 말하지만 이것은 업무를 분류하는 한 가지 방법일 뿐이고, 잠시 후에 살펴볼 다른 방법도 있다.

업무를 카테고리별로 나누면 사람들이 업무 흐름을 더욱 효과적으로 시각화할 수 있게 되고, 팀과 팀 외부 사람들 간 의사소통의 필요성을 이해하는 데 도움이 된다. 팀 내에서 이러한 필요성을 깨닫고 해결하는 것은 비교적 쉽다. 이 작업은 팀 외부에서 해결하기 더 어려운데 관련된 사람에게 정보를 확실하게 주려면 추가적인 노력이 필요하기 때문이다. 그리고 긴급

---

1   Silver Bullet은 전통적인 제조업에서 모든 업무를 제치고 먼저 해결해야 하는 긴급한 업무를 뜻한다. 소프트웨어 개발에서는 '모든 문제를 해결하는 쉽고 단순한 해결책'이라는 의미로 쓰이지만 여기서는 제조업에서의 의미로 썼다. – 옮긴이

업무는 상사와 특별한 의사소통이 필요할 텐데, 최초로 업무를 요청한 사람이 임원쯤(혹은 먹이사슬의 최상위권의 사람)은 아닐지라도 상사의 상사일 가능성이 높기 때문이다. 만약 고위직이 아닐지라도 그들이 의견을 중시하는 사람일 것이다(우리는 공개적으로 망신당하거나 해고당하는 것을 두려워하기 때문에 경영진이 원하는 일을 한다).

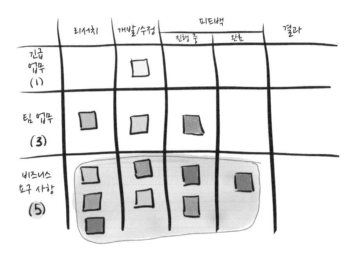

그림 12. 진행 중 업무 드러내기

수평선의 레인swimlane은 때때로 칸반보드에서 가시성을 높이거나 진행 중 업무 제한을 설정하는 방법으로 사용한다. 레인은 특정 종류의 업무를 위한 전용선이다. 많은 보드 상단에서 흔히 볼 수 있는 레인은 신속한 진행(여기저기에 긴급성이 있어서 신속하게 처리해야 하는 업무 항목)을 위한 선이다.

보통 진행 중 업무의 최대 개수를 칸반보드의 위쪽 열에 써 두고 동시에 너무 많은 업무를 진행하지 않도록 흐름을 관리하지만, 반드시 그렇게 해야만 하는 것은 아니다. 진행 중 업무 제한을 어떻게 도입할지는 해당 업무에 영향을 받는 사람들과 팀이 결정할 수 있다.

진행 중 업무 제한을 설정하는 방법이 몇 가지 있는데, 업무 항목 유형, 레인마다 또는 열마다 진행 중 업무를 제한하는 것이 일반적인 선택지다.

칸반을 처음 사용하는 사람은 더 이상 업무 과부하 상태가 되지 않도록 1인당 진행 중 업무 제한을 적용하기도 한다. 조금 더 발전한 팀은 큰 그림 수준에서 업무 흐름을 최적화하기 위해 진행 중 업무 제한을 팀 레벨로 설정한다. 이를 통해 개인 목표에 집중하는 대신 팀 목표를 향해 협업하는 데 도움이 된다.

시각화는 팀원들이 자신들이 하고 있는 업무를 투명하게 공개하고 업무를 함께 책임질 수 있도록 돕는다. 진행 중 업무 제한은 시스템에 긴장을 더한다. 사람들은 일을 끝내지 못하게 가로막는 문제를 쇄신하고 해결해야만 한다. 진행 중 업무 제한은 필요한 대화를 이끌어 낸다. 일부 구성원은 진행 중 업무 제한이 자신의 업무에 불편을 준다고 느낄 수 있지만, 한편으로는 진행 중 업무 제한 때문에 생긴 긴장감이 팀의 창의성을 발휘해 문제를 해결할 수 있게 만든다. 진행 중 업무 제한은 사람들이 무리한 업무량을 따라잡기 위해 애쓰지 않게 보호하고, 일을 완료하는 데 도움이 되는 규칙을 적용한다.

시스템에 필요한 긴장감을 조성하는 것이 진행 중 업무 제한이다. 사람들이 "안 돼. 지금은 하고 있는 일이 많아서 당장 그 일을 시작할 수 없어."라고 말할 수 있게 해준다. 즉 업무를 완료할 수 있게 하는 제약 요소인 셈이다. 레인이 3개 있는 간단한 보드(그림 12)는 각각의 레인에 자체 진행 중 업무 제한을 설정한다.

긴급 업무는 보통 경영진이 직접 요청한다. 이 레인은 때로 VP^{Vice President} 레인이라고 불린다. CIO^{Chief Investment Officer}와 VP는 일반적인 프로세스를 벗어나는 요청을 자주 하며, 그때마다 발생하는 혼란을 알아차리지 못한다. 긴급 업무의 요청과 처리 현황을 시각화하면 VP의 요청 때문에 발생하는 비용을 볼 수 있게 된다. 보이지 않는 진행 중 업무를 포함한 모든 업무에는 관련된 비용이 있으므로 시각화하자. 긴급 업무는 비용을 들일 만한 가치가 있을 수 있으므로, 임원들에게 "이 요청을 중요하게 생각해서 진행하지만, 한 번에 하나씩 완료될 겁니다."라고 말한다. 한 번에 하나의 긴급 업무를 처리하도록 제한하는 것은 한 가지 예시에 불과하다.

그림 12에서 팀의 업무는 수익을 보호하는 것으로 기술 부채를 청산하고, 보안을 강화하는 작업이다.

비즈니스 요구 사항은 수익 창출 업무다. 이 레인은 진행 중 업무 제한인 5를 넘었기 때문에 그림에서 분홍색 음영으로 표시했다. 분홍색 음영은 사람들이 한발 뒤로 물러서서 "무슨 일이야?"라고 질문하게 만든다. 다른 사람들의 시선 때문에 팀 스스로가 솔직해진다. 마치 다이어트를 하는 것과 같다. 당신이 디저트를 주문할 때마다 사람들이 지켜본다면 설탕을 덜 섭취하게 될 것이다.

누가 요청했는지에 따라 업무를 분류하면 내부, 외부, 또는 경영진에 관련된 의사소통의 가시성을 확보할 수 있음을 기억하자.

그림 12의 피드백 열에 있는 항목은 아직 끝나지 않았으며, 완료하는 데 더 오랜 시간이 걸릴 수 있음을 주목하자. 업무 흐름은 명확하고 즉각적인 피드백이 필요하다. 다른 사람들의 피드백을 기다리는 것은 업무 흐름에서 매우 심각한 지연 중 하나다. 피드백을 받는 데 시간이 오래 걸릴수록 자세한 내용을 잊어버리기 쉽고, 다시 작업을 시작하기 어려워진다. 지식도 썩은 과일처럼 우리가 원하는 것보다 빨리 잊혀진다. 즉각적인 피드백은 까다로운 요구 사항을 협의하고, 업무 흐름의 상태를 유지하기 위해 전략을 조정하는 데 도움을 준다. 또한 아무리 반짝이는 새로운 업무라도 시작하기 전에 진행 중 업무를 끝내도록 권장한다. 흐름이라는 관점으로 업무를 시각화하면 팀의 의사소통이 원활해지고 상황의 이해도가 높아진다.

업무 시각화라는 말이 나온 김에 칸반보드 설계와 함께 나온 시각적인 언어를 되짚어보자. 보드의 '그림'(아바타, 아이콘 및 기호)으로 쉽게 정보를 얻을 수 있다. 어떤 그림이 어떤 의미인지 교육할 필요도 거의 없다. 보드에 작성된 내용(레인의 제목과 카드)은 사람들이 쉽게 인지할 수 있는 정보다. 줄임말과 두음 문자(WIP처럼 맨 앞 글자를 따서 표현하는 문자)를 해독하는 데 약간의 전문 지식이 필요할 수 있지만, 일단 알게 되면 보드를 잠깐 훑어만 봐도 즉시 많은 양의 정보를 얻을 수 있다. 그림과 글자의 조합은 빠르고 통일된 언어가 필요한 우리에게 안성맞춤이다.

생각해보면 진입로에 설치된 신호등은 그림과 글자의 조합이다. 신호등은 그림이고, 밑의 표지판에는 글자가 있다. 고속도로 진입로는 안정적인 합류를 위해 교통 흐름을 제한하며, 교통량이 많을 때만 진입 신호등이 필요하다. 러시아워에 진입 신호등이 고장난 고속도로로 진입하려고 시도한 적이 있는가? 정말 끔찍한 경험이었을 것이다.

업무를 더 쉽게 예측하고 싶다면 진행 중 업무를 팀의 수용량 정도로 제한하자. 팀의 수용량을 어느 정도로 정해야 하냐고? 좋은 질문이다. 90~100%로 하지는 말 것! 이유는 3부에서 다룬다.

진행 중 업무를 제한하기 위해 간단한 접근법부터 시작해도 좋다. 린 코치들은 항상 사람들에게 목표를 향해 작은 발걸음을 내딛으라고 조언한다. 무언가 시작해야 할 때, 어디부터 시작해야 할까? 때로는 가벼운 업무부터 시작하는 것이 어떤 일을 시작할 수 있는 유일한 방법이다. 진행 중 업무 제한을 처음부터 너무 엄격하게 시행하는 것처럼 현재 프로세스에 너무 큰 변화를 주려고 하면 충돌이 발생하고 사람들이 다칠 수 있다. 아무도 그렇게 되길 원하지 않는다.

진행 중 업무를 제한하면 인터럽트를 막을 수 있다는 이점도 있다. 나는 작은 나무 난로를 갖고 있는데 전기가 나갔을 때 유용하다. 전기가 나가든 말든 전기를 절약하려고 겨우내 매일 나무 난로를 사용했다. 하지만 30분에서 45분 간격으로 난로 속 나무를 뒤집어야 해서 업무를 중단하기 일쑤였기 때문에 절약된 전기세보다 더 비싼 비용을 치르는 셈이었다. 하지만 난롯불이 90분~120분 정도 지속된다면 쓸 만하다. 그 정도의 시간은 집중해서 복잡한 업무를 처리하는 데 충분하다.

공중에서 5개의 공을 저글링할 때 각 공에 집중할 수 있는 시간은 1초 남짓이다. 다음 공으로 초점을 연속적으로 전환해야 한다. 다섯 가지 업무 항목을 처리할 때도 마찬가지다. 다른 항목 중 하나에 방해를 받기 전, 각 항목에 주의를 기울일 수 있다. 진행 중 업무가 많을수록 방해도 많다. 5개의 공보다 3개의 공이 저글링하기 더 쉽고, 비즈니스 세계에서는 집중해야 할 일이 적을 때 일을 끝내고 고객에게 전달한 후 다음 업무를 완료하기가 쉬워진다.

더 많은 진행 중 업무를 떠맡는 5가지 이유 분석

🕐 **소요시간:** 15분~30분

목적: 많은 사람이 (대부분은 아닐지라도) 본인의 수용량보다 더 많은 일을 떠맡는다는 점을 인정하고, 왜 그런 일이 일어나는지 팀원들이 듣고 공감하며, 이런 일반적인 현상에 대처하는 방법(문제 해결을 위한 조치)을 논의한다.

준비물:
- 인원수와 동일한 개수의 펜
- 인원수에 맞춘 다양한 76x76mm 포스트잇
- 스톱워치

설명:
참가자들은 짝을 지어 서로에게 "어째서 본인의 능력보다 더 많은 일을 맡는가?"라는 질문을 던지는 것으로 시작한다.

답변자가 응답할 수 있도록 2~3분 정도 시간을 두고, 질문자는 포스트잇 한 장당 하나의 답을 적어둔다. 그런 다음 역할을 전환한다.

질문과 답변을 모두 마치면, 사람들이 제시한 이유에 대해 그룹 토론을 진행한다. 그런 다음 더 많은 일을 수용할 수 있는 능력이나 시간이 부족할 때 "예"라고 말하고 싶은 욕구를 어떻게 처리할지 논의한다. 좋아하는 사람 또는 상사가 요청했을 때 무엇을 해야 할지 구체적으로 분석해야 한다.

변형 1: 이미 서로 알고 있는 그룹이라 서로 친밀해질 필요가 없는 경우, 각자 포스트잇에 자신의 답을 쓰도록 한다.

변형 2: 유사한 답변끼리 묶어서 벽에 붙인 후, 가장 일반적인 답변이 보이도록 한다.

진행 중 업무 한계 설정

🕐 **소요시간:** 30~60분

목적: 처리량을 고려함으로써 현실적인 진행 중 업무 한계에 관해 논의한다. 진행 중 업무의 양과 처리량 간에 관계가 존재한다. 이러한 관계를 파악하는 것이 아래 주요 활동의 목적이다.

준비물:
- 연습장
- 계산기
- 여러분의 가치 흐름에서 얻은 30일치의 처리량 데이터

설명: 진행 중 업무를 처리량과 비교해보자. 이상적으로는 가치 흐름 수준에서 비교하는 것이 좋다.

처리량 = 특정 기간 동안 완료된 항목의 평균 개수

진행 중 업무 = 시작했지만 완료되지 않은 업무의 평균 양

주요 활동:
여러분의 평균 주간 처리량과 진행 중 업무의 현재 양을 식별한다. 현재 진행 중 업무를 처리하는 데 몇 주/달이 걸릴지 파악하기 위해 진행 중 업무를 처리량으로 나눈다.

보조 활동(리틀의 법칙(Little's Law) 탐구):
진행 중 업무의 양과 흐름 타임 간에는 관계가 있다. 이를 리틀의 법칙이라고 부른다. 리틀의 법칙에서 작업을 마치기 위한 평균 사이클 타임은 진행 중 업무와 처리량 간의 비율로 계산된다. 진행 중 업무는 공식에서 주요 인수이다. 진행 중 업무가 주요 인수라는 건 너무 당연하다. 왜냐하면 여러분이 꽉 막힌 고속도로에 있다면 출근하는 데 오래 걸릴 것이기 때문이다.
대수적으로 법칙을 표현하면 다음과 같다.

$$L = \lambda W$$

여기서

W = 시스템의 기본 단위에 의해 소비된 평균 시간

1/λ = 시간 기본 단위당 도착하는 항목의 평균 개수

최초의 공식은 업무의 도착률에 관해 작성됐다. 하지만 지식 업무의 경우 대개 출발률(산출률)에 관해 작성된 리틀의 법칙을 사용한다.

흐름 타임 = 진행 중 업무/처리량

여기서

흐름 타임 = 하나의 항목이 시스템을 통해 흐르는 데 걸리는 평균 시간

진행 중 업무 = 시작했지만 완료되지 않은 업무의 평균 양

처리량 = 특정 기간 동안 완료된 항목의 평균 개수

리틀의 법칙은 평균들의 관계이다. 리틀의 법칙의 핵심은 평균적으로 동일한 시간 간격 동안에 작업하는 항목들이 더 많으면 많을수록 해당 항목들을 끝마치는 데 평균적으로 더 오래 걸린다는 것이다. 리틀 박사는 세 가지 핵심 흐름 메트릭(flow metrics)인 흐름 타임과 진행 중 업무, 처리량이 어떤 관계를 지니고, 이러한 흐름 메트릭 중 어떤 것이든 변경하면 다른 메트릭에 영향을 미친다는 것을 보여줬다.

처리량 관점에서 리틀의 법칙을 살펴보기 위해서는 몇 가지 가정이 필요하다. 모든 메트릭은 가정을 기반으로 하며, 리틀의 법칙 역시 마찬가지이다. 메트릭이 신뢰할 만한지 확인하기 위한 방법은 가정에 질문을 던져보는 것이다. 메트릭을 진지하게 받아들이기 위해서는 해당 가정들을 주의 깊게 고려하고 식별해봐야 한다.

리틀의 법칙의 타당성을 확인하는 데 필요한 소프트웨어 전달 업무 흐름 프로세스에 관한 가정은 다음과 같다(이는 댄 베이컨티(Dan Vacanti)의 리틀의 법칙에 관한 연구에 기반한다).

- 평균 입력률이나 도착률은 평균 출력률이나 출발률과 동일해야 한다.
- 시작된 모든 업무는 결국에는 완료돼야 한다.
- 진행 중 업무의 양은 계산을 위해 선택된 시간 간격의 시작 시와 종료 시에 대략 같아야 한다.
- 진행 중 업무의 평균 연령은 증가하지도 않고 감소하지도 않는다.
- 흐름 타임과 진행 중 업무, 흐름 속도는 모두 일관된 단위를 사용해서 측정해야 한다.

리틀의 법칙의 진정한 진가는 수학 계산에 있는 것이 아니라 리틀의 법칙이 애초에 동작하는 데 필요한 가정들을 이해하는 것에 있다. 정량적인 예측을 계산하기 위해 리틀의 법칙을 사용하는 것은 리틀의 법칙을 잘못 적용한 것이다. 리틀의 법칙은 과거에 무엇이 일어났는지 조사하기 위함이지 미래에 관한 확정론적인 예측을 하기 위함이 아니다. 어느 누구도 리틀의 법칙의 가정 중 어떤 가정이 미래에 위반될지 혹은 얼마나 많이 위반될지 예측할 수 없다. 물론 어떤 가정이 위반될 때마다 리틀의 법칙의 정확성은 무효화된다. 이제 각 가정에 대해 살펴보자.

가정 1: 평균 도착률은 평균 출발률과 동일해야 한다. 업무의 도착률이 업무의 출발률과 동일하다는 것은 팀이 새로운 업무를 시작하기 전에 업무를 끝마칠 수 있어 업무가 가치 흐름 프로세스를 따라 매끄럽게 이동할 수 있다는 의미이다. 매끄러운 업무 흐름은 고여 있는 업무가 적고 병목지점이 적다는 것을 의미한다. 이는 당김 시스템의 목표이고 "안 됩니다"라고 말하는 것이 효과가 나타나는 부분이다. 팀이 가용한 능력을 기반으로 자신들의 업무 대기열에 업무를 끌어오도록 허용함으로써 해당 업무가 팀으로부터 온전한 관심을 받고 더 빨리 처리될 수 있는 확률이 높아진다.

가정 2: 시작된 모든 업무는 결국에는 완료돼야 한다. 이 가정은 약속에 관한 것이다. 약속된 업무는 여러분이 해당 업무를 수행하는 데 필요한 모든 것을 갖췄다는 것을 의미한다. 해당 업무를 수행하기 위한 능력과 승인, 기술, 예산이 있다는 의미이다. 업무가 약속선을 일단 지나면 해당 업무는 작업돼 전달될 것이라고 이해하면 된다. 이상적으로는 이 시점에 여러분은 고객에게 약속된 항목이 전달될 시점에 관한 가능한 일정을 말할 수 있을 것이다.

팀이 능력에 비해 많은 진행 중 업무를 지닌 경우 일부 업무는 방치되고 지연될 것이다(팀이 다른 일로 바쁘기 때문이다). 따라서 일부 진행 중 업무가 취소될 확률이 높아진다. 팀은 새로운 업무를 시작하기 전에 업무를 끝마칠 수 있도록 최대한 노력해야 한다.

가정 3: 진행 중 업무의 양은 시간 간격의 시작 시와 종료 시에 대략 비슷해야 한다. 시간이 지남에 따라 진행 중 업무가 늘어나도록 허용하는 팀은 리틀의 법칙이 잘 동작하지 않는다는 것을 알아차리게 될 것이다. 이번 가정이 깨지기 때문이다. 마찬가지로 많은 진행 중 업무가 갑자기 제거된다면 제대로 된 결과를 얻을 수 없다.

가정 4: 진행 중 업무의 평균 연령은 증가하지도 감소하지도 않는다. 평균 흐름 타임이 증가하거나 감소한다는 것은 일부 항목이 다른 항목보다 빨리 완료된다는 것을 의미한다. 이는 예측 가능성을 떨어뜨리는데 마치 누군가에게 돈을 지불하기 위해 다른 누군가로부터 돈을 훔치는 것과 비슷하다. 이미 진행 중인 다른 업무 항목으로부터 흐름 타임을 훔치기 때문이다. 당장 진행해야 할 업무 항목이 도중에 생겨난다면 이전 진행 중 업무를 도외시한다. 해당 이전 진행 중 업무가 완료됐을 때 해당 업무가 아무것도 하지 않은 채 시간이 흘렀기 때문에 흐름 타임은 원래보다 더 길어질 것이다. 결과적으로 팀이 자신들이 달성할 수 있다고 생각했던 평균 흐름 타임에 신뢰도가 떨어진다. 과거 메트릭은 연령이 올라가는 중인(흐름 타임이 길어지는 중인) 진행 중 업무를 포함하지 않았기 때문이다.

또한 도외시된 업무 항목들은 지속적으로 방치되는 경우 가치를 실현하기 위한 기간이 지나버려서 더 이상 가치 있다고 여겨지지 않아 취소될 수도 있다. 업무 항목이 가치 흐름 프로세스를 완료하지 못하면 해당 업무 항목을 가치 흐름을 통해 처리하는 데 소비한 노력은 낭비가 된다.

가정 5: 흐름 타임과 진행 중 업무, 흐름 속도는 모두 일관된 단위를 사용해 측정해야 한다. 이 가정은 정확한 수학식을 위해 필요하다. 일관된 측정 단위는 필수이다. 이것이 바로 흐름 메트릭을 사용할 때 스토리 포인트를 계산하지 않는 이유이다. 흐름 타임을 위한 측정 단위는 실제 시간(일/주/달)이기 때문에 처리량 측정 역시 동일해야 한다(일/주/달).

요점 정리

- '너무 많은 진행 중 업무' 도둑은 다른 시간 도둑을 부추겨 피해를 증가시키고, 통제하기 어렵게 만든다.
- 진행 중 업무 제한을 설정하는 방법은 많다. 업무를 시각화한 칸반보드의 열, 업무 항목 유형, 또는 레인마다 제한을 두는 방법은 일반적인 선택지다.
- 진행 중 업무 제한은 시스템에 필요한 긴장감을 만든다. 이는 사람들이 업무를 완료할 수 있도록 하는 제약 조건이다.
- 보이지 않는 진행 중 업무에도 비용이 들기 때문에 시각화하자.
- 누가 요청했는지에 따라 분류하는 것은 업무를 시각화하는 방법 중 하나일 뿐이다. 요청을 분류하는 것은 내부, 외부, 또는 경영진에 관련된 의사소통의 가시성을 확보해준다.
- 흐름이라는 관점으로 업무를 시각화하는 것은 팀의 의사소통을 돕고 이해도를 향상시킨다.
- 그림과 글자의 조합은 빠르고 통일된 언어가 필요한 우리에게 안성맞춤이다. 이 조합을 유용하게 사용하자.

> 우리가 하는 가장 어려운 일은 팀 간의 의사소통이다.
> – 트로이 매그니스(Troy Magennis)

의존성 드러내기

2012년 샌프란시스코

대규모 조직에서 그들의 3번째 애자일 트랜스포메이션을 시작한다. 새로운 컨설턴트 팀이 조직과 상황을 평가하려고 합류했다. 새로운 애자일 팀은 5~9명으로 구성되며, 이런 팀들에는 피자가 자주 배달된다(1.2장에서 이야기한 피자를 기억하는가?). 컨설턴트 팀은 구글이 '피자 두 판 팀(피자 두 판으로 식사가 가능한 인원의 팀)'으로 성공한 이야기를 듣고 이 대규모 조직에도 적용하기로 했다. 많은 사용자 스토리가 다른 팀에 영향을 미쳤다. 문제를 해결하기 위해 다른 팀으로 넘겨줬기 때문에 그들은 이 사용자 스토리를 '어웨이away'라고 부른다. 이 사용자 스토리는 대략 92%의 팀에 영향을 미쳤다. 많은 사람이 서로 연관되지 않은 것처럼 보였지만, 겉으로 보이는 것과 달리 어웨이 사용자 스토리에 연관된 사람이 정말로 많았다.

　보이지 않는 의존성 도둑('알려지지 않은 의존성' 도둑이라고도 불리는)은 몰래 팀에 들어간다. 스텔스 비행기처럼 살짝 숨어들어서 시간을 훔치는 이 도둑

은 누군가 "당신이 물에 빠진 걸 알아챘을 때는 익사하기 직전일 것이다."라고 말한 걸 상기시킨다. 마찬가지로 보이지 않는 의존성이 보고될 때쯤이면 당신은 이미 깊은 물 속에 잠겨 있다. 손해를 입었더라도 언제나처럼 희망은 있다. 예상했겠지만 여러 팀이 하나의 큰 시스템의 다양한 부분에서 일할 때 보이지 않는 의존성 도둑의 세력이 커지는 경향이 있다. 팀이 많을수록 동시에 더 많은 기능을 작업할 가능성이 높아지고, 더 많은 의존성의 문이 활짝 열리게 된다.

"아, 그런데 이렇게 바뀌었어요."라는 말을 들을 때 '알려지지 않은 의존성' 도둑은 시간을 빼앗고, 입이 턱 벌어지게 만든다. 심지어 다른 팀에서 보낸 메시지를 보고 예상치 못했던 심각한 문제를 알게 되면서 뒤통수를 맞는다. 일을 하면서 가장 어려운 것은 팀 간의 의사소통이다. 그래서 지금 무엇을 해야 하는가? 이 세상 그 어떤 피자도 '알려지지 않은 의존성' 도둑을 막을 수는 없다.

한 프로젝트 팀에서 위기가 발생하면, 다른 프로젝트의 사람들이 위기를 해결하기 위해 진행하던 업무에서 벗어난다. 이것은 높은 조정 비용으로 이어진다. 팀 간의 조정 비용이 높아지면 필요한 때에 담당자가 일을 할 수 없으며, 조정을 위해 프로젝트 관리자가 자주 투입된다.

3번째 애자일 트랜스포메이션을 시도한 대규모 조직은 스프레드시트를 사용해 조정 이슈를 처리하려고 시도했다. 의존성 스프레드시트가 일부 팀 사이에서 오가기 시작했고, 이는 일부 팀만 아는 정보가 있다는 의미였다. 가장 심하게 타격을 받은 팀은 여러 조직을 지원하는 공유 서비스 팀이었다.

컨설턴트는 위험을 최소화하기 위해 노력했다. 그들은 고심한 뒤 의존성을 시각화하고 문제를 해결하고자 다음과 같은 아이디어를 제시했다.

1. 교차 기능 팀의 스탠드업으로 의존성을 표시한다.
2. 의존성 매트릭스를 사용해 여러 팀 간의 의존성을 찾아낸다.
3. 다양한 팀의 칸반보드 사이 업무 흐름을 위한 명시적인 규칙을 정한다.

4. 의존성을 정찰하는 역할을 만들고 순번을 정해 다같이 돌아가며 맡는다. 이 역할은 시스템을 안팎으로 알고 있는 전사적인 시스템 설계자다.

교차 기능 팀의 스탠드업으로 의존성을 드러내는 아이디어는 빠르게 포기했다. 영향을 받는 그룹의 사람들이 수많은 일일 스탠드업에 참석하는 건 현실적으로 어렵다. 조정 비용이 너무 높아서 사람들은 온종일 회의에 시간을 쓰게 된다.

그러나 의존성 매트릭스 아이디어에는 몇 가지 장점이 있다. 한 영리한 컨설턴트가 바닥부터 천장까지 의존성 매트릭스를 만들었다. 그림 13과 비슷하지만 훨씬 큰 그림이었다.

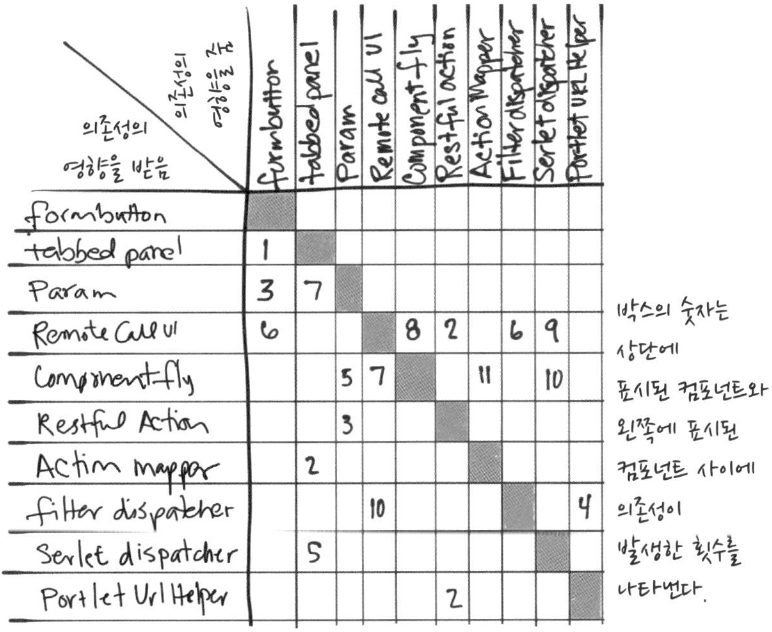

의존성의 영향을 받음 ＼ 의존성의 영향을 줌	Form button	tabbed panel	Param	Remote call UI	Component fly	Restful action	Action Wrapper	Filter dispatcher	Servlet dispatcher	Portlet url helper
form button										
tabbed panel	1									
Param	3	7								
Remote Call UI	6				8	2		6	9	
Component fly			5	7			11		10	
Restful Action			3							
Action mapper		2								
filter dispatcher				10						4
Servlet dispatcher		5								
Portlet Url Helper						2				

박스의 숫자는 상단에 표시된 컴포넌트와 왼쪽에 표시된 컴포넌트 사이에 의존성이 발생한 횟수를 나타낸다.

그림 13. 물리적 의존성 매트릭스

이와 같이 모든 항목을 펼쳐놓으면, 너무 많은 의존성으로 인해 발생할 수 있는 문제를 한 눈에 볼 수 있다. 문제가 발생했을 때 이를 해결할 수 있는 전문가들이 다른 일을 하고 있기 때문에 업무를 완료하는 데 오래 걸린다.

여러 팀 간에 의존성이 발생하면 작은 규모의 팀이더라도 이를 조정하기 위해 얼마나 많은 시간을 사용할까? 사실 빠르게 움직일 수 있기 때문에 사람들은 작은 팀을 선호한다. 개별 팀으로 빠르게 움직이면서 많은 의존성을 갖게 되고 그로 인해 조정 비용이 증가하면 조직 수준에서 빠르게 움직일 수 있는 능력이 저하된다.

의존성을 줄이거나 없애려면 어떻게 해야 할까? 만약 의존성 매트릭스에 문제가 있거나, 소프트웨어가 필요한 가시성을 제공하지 못한다면 영향을 받는 팀 전반의 가시성을 확보하기 위한 방법을 찾아야 한다.

자동으로 의존성 맵을 그려주는 소프트웨어가 있지만, 이를 활용하는 팀은 많지 않은 것 같다. 만약 소프트웨어를 활용하고 있으며 원활하게 작동한다면(전문가 의존성이나 밀접하게 연결된 구조가 고민을 유발하지 않는다면), 잘 된 일이다. 그렇더라도 의존성을 시각적으로 묘사하는 다른 방법을 명확히 이해하고 있어야 한다.

가끔 의존성 매핑 작업을 하면 좋은 점이 있는데, 학창시절의 만들기 수업과 비슷하기 때문이다. 눈에 보이는 작품을 만드는 기쁨은 학창시절의 종이 공예와 색칠하기를 생각나게 한다.

그림 14에서 마지막 열의 제목은 구조 리뷰architecture review를 줄인 'ARCH'이다. 구조 리뷰는 사업적으로 필요한 기능을 구현할 수 있는지 전문적으로 검토하고 프로젝트를 지원한다. 그것은 권위적 승인을 의미하지 않는다.

만약 이 예시가 마음에 들지 않거나 적용하기 어렵다면, 그림 15처럼 칸반보드에 레인을 사용해 의존성을 시각화하는 방법도 있다.

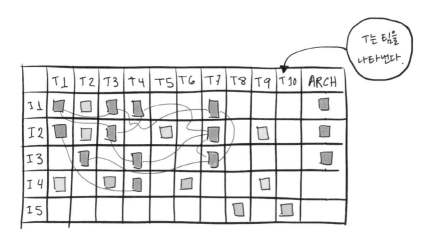

그림 14. 예술적인 의존성 보드

그림 15. 의존성 레인 보드

그림 16처럼 보드를 설계해서 업무 간의 의존성을 느러내고, 일 수 없는 의존성 도둑을 접근하지 못하게 하자.

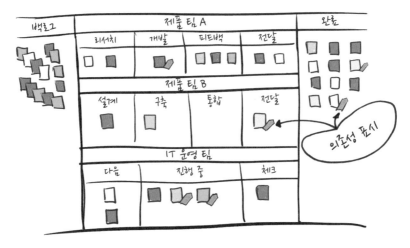

그림 16. 의존성을 표시한 칸반보드 위의 카드

또는 시각적으로 다양한 팀 사이의 의존성을 광범위하게 알리는 방식으로 값비싼 비즈니스 부서의 고통을 줄일 수 있다.

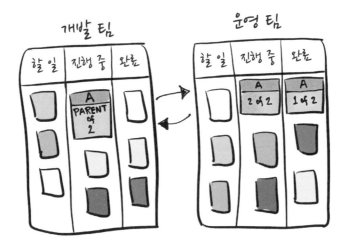

그림 17. 다양한 팀 간의 의존성

팀이 고립돼 일하는 경우는 드물다. 다양한 팀의 업무 기술이 여러 팀에 필요한 상황에서 두 팀 간의 핸드오프hand-off가 필요하다.[1] 눈에서 멀어지면 마음에서도 멀어지는 문제를 겪지 않기 위해 팀 간의 업무 흐름을 시각화한다. 이를 통해 사람들은 자신의 방식대로 업무가 진행되기를 기대할 수 있고, "그나저나 오늘 이 일을 처리해줘야 돼!"라는 상황을 피할 수 있도록 돕는다. 또한 고맙게도 사람들에게 닥칠 수 있는 잠재적인 문제를 미리 알려줄 수 있다. 팀 사이의 중요한 정보를 시각화하면 의사소통이 수월해진다.

IT 업계에는 소규모 애자일 팀으로 조직을 구성하는 방식이 전반에 퍼져있다. 빠른 결정을 내리고, 놀라운 결과를 산출할 수 있는 능력이 있으며, 동기부여돼 있고, 응집력 있는 팀을 능가할 수 있는 것은 없다. 제품을 설계하고, 구축하고, 배포하는 데 필요한 모든 것이 준비돼 있다면 그 팀은 행운아다. '알려지지 않은 의존성' 도둑은 행운아의 주변을 맴돌지 않는다.

그러나 많은 팀을 보유한 대규모 조직은 불행하다. 조직이 점점 커지다가 특정 시점이 되면 너무 많은 사람들이 다양한 프로젝트를 진행하고 있어서, 본인에게 영향을 미치는 결정을 알아챌 수 없을 지경에 이른다(예를 들어 구조 변경과 새로운 서드파티 통합). 팀의 수가 늘어날수록 더 많은 의존성이 사람들의 일상, 프로젝트, 목표 등에 몰래 들어갈 가능성이 높아진다. 진행 중 업무가 많을수록 '알려지지 않은 의존성' 도둑이 추격할 가능성은 높아진다.

따라서 실수로 기존 기능을 손상시키지 않으려면 의존성을 반드시 드러내야 한다. 다른 팀 때문에 코드가 손상돼 장애를 발생시킨 팀에게 물어보자. 다른 팀과의 의존성을 몰랐기 때문에 장애를 발생시킨 것이다. 고객이 회사 트위터에 불평하는 동안 문제가 생긴 실제 사용 환경을 고치는 일은 유쾌하지 않다. 정보를 얻고 다른 사람들에게 알리며, 주어진 상황에 맞는 최선의 해결책을 사용하고, 간단하게 시작하는 것이 아무것도 시작하지 않

---

1 핸드오프(hand-off): 기기를 전환하더라도 통신이나 작업을 이어서 진행할 수 있게 전환해 주는 기능. 여기서는 진행하고 있던 작업을 다른 사람/팀에게 넘겨서 계속해서 진행되게 하는 것을 말한다. – 옮긴이

는 경우보다 낫다는 사실을 기억하자. 가시성이 높아지면 다음 단계로 넘어가는 데 도움이 된다. 심지어 프로젝트 팀이 아닌 제품 팀으로 조직을 바꾸기 위한 경영진의 승인을 얻는 데도 도움이 될 수 있다. 현재 조직 구조에서 경영진의 승인을 받는 절차와 과정이 매끄럽지 않다면 고려해볼 만하다.

문제는 프로젝트 팀의 수명이 짧다는 것이다. 프로젝트에 투입된 사람들은 프로젝트를 운영 팀에 맡기고 나면 완전히 신경을 끄고, 다른 프로젝트 업무를 시작한다. 이러한 전환에는 많은 비용과 시간이 소모된다. 프로젝트의 마감일을 정하기 위해 서두르다 보면 의존성 정보 같은 것이 배제되기도 한다. 프로젝트를 전달 받은 운영 팀은 새로운 업무를 실행하는 데 필요한 정보를 얻기 위해 기존 프로젝트 팀을 방해하므로, 시스템에 더 많은 진행 중 업무가 생겨난다.

이런 방식으로 프로젝트 팀의 전문성은 도메인 지식에 의존성이 생긴다. 운영 팀이 기존 프로젝트 팀 사람을 방해할 때 프로젝트의 팀원은 이미 새로운 업무를 수행하고 있었기 때문에 진행 중 업무가 쌓이기 시작하고, 기존 프로젝트가 안정되거나 새로운 담당자가 효과적으로 운영할 수 있을 때까지 교육을 진행하면서 문맥 전환이 발생한다. 이 모든 것이 의존성 때문에 발생한다.

제품 중심으로 팀을 구성하면 기능을 개발하는 사람, 테스트하는 사람, 제공하는 사람들이 자신의 전문 분야 안에서 일할 수 있으며, 복잡하고 의존적인 업무 인수 인계가 필요 없다. 제품별로 팀을 구성하면 운영 지원으로 전환하는 과정에서 발생하는 의존성이 줄어든다.

프로젝트와 제품의 구분은 여러모로 중요하며, 두 가지를 합치거나 혼동하지 않아야 한다. 프로젝트와 제품 중 하나가 생산성이 더 높기 때문이다.

프로젝트는 하나의 큰 덩어리로 사용자에게 제공된다. 즉 대규모 릴리스는 느리고 모든 활동을 조정하기 매우 어렵다. 프로젝트에 투입된 사람들은 프로젝트가 끝나는 시점에 제품을 받아서 유지보수할 사람들을 위해 커다란 업무 덩어리를 만든다. 프로젝트는 임시 팀을 구성해 진행되고, 추가적인 조율과 의사소통이 필요하다. 프로젝트 방식으로 일하기를 지향하면 수많은 문제가 발생할 수 있다.

프로젝트와는 대조적으로 제품에 따라서 조직을 구성하고 관리하는 방법은 제품 개발에 반드시 필요한 지식이 있는 사람들을 동일 그룹으로 묶고, 지속적으로 포함시킨다. 제품 기능을 개발하는 사람들은 실제 사용 환경과 유지보수에 대한 변경사항을 전달하기 위해 팀을 떠날 수 없다. 프로젝트 팀은 허황된 메트릭으로 성과를 측정하는 경향이 있다(예를 들어 프로젝트 팀 내의 테스트 팀은 소프트웨어 버그 숫자로 측정한다). 반면 제품 팀은 파생된 비즈니스 가치를 메트릭으로 측정한다.

클라우드 및 빅데이터 전문기업인 피보탈Pivotal의 수석 기술이사인 코넬리아 데이비스Cornelia Davis는 2017 DOES 포럼에서 "구조는 우리가 어떻게 일하는가와 밀접한 연관이 있다. 느슨하게 결합된 컴포넌트, 개별 팀이 구축한 마이크로서비스 구조를 선호한다. 여기서 말한 개별 팀은 프로젝트 팀이 아니라 자주적인 제품 팀이다."라고 말했다.[2]

연습

NEW **의존성 매트릭스**

🕐 **소요시간:** 1.5~2시간

목적: 가치 흐름에서 값비싼 지연을 야기하는 의존성을 식별한다. 전문가들이 필요할 때 항상 가용하지는 않기 때문이다.

---

2 코넬리아 데이비스, 저자와 개인적 대화에서 발췌, 2017년 4월

준비물:

- 뮤럴(Mural)과 같은 상호작용 도구 혹은 화이트보드
- 역할이 나열된 의존성 매트릭스(아래 예 참고)

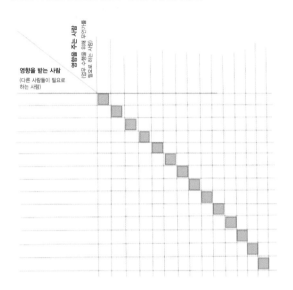

설명:

1단계: 여러분의 가치 흐름에 포함된 역할들의 이름을 수집한다. 아래와 같은 역할 목록을 만든다.

- 시스템 분석가
- 시스템 관리자
- 네트워크 엔지니어
- 데스크탑 지원
- 애플리케이션 아키텍트
- 스크럼 마스터
- 개발자
- 디자이너
- 테스트 분석가(QA)
- 비즈니스 소유자

- IT 프로젝트 관리자
- 포트폴리오 출시 리드

2단계: 매트릭스의 세로 열에 역할을 추가한다. 이들은 영향을 받는 사람들로, 이들이 무언가를 해주길 바라는 다른 사람들에 의해 방해를 받는다. 그러고 나서 이러한 동일한 역할을 영향을 주는 사람들을 나타내는 가로 행에 복사한다. 이들은 자신들의 작업을 끝마치기 위해 누군가의 도움이 필요한 사람들이다.

영향을 받는 사람 (다른 사람들이 필요로 하는 사람) \ 영향을 주는 사람 (일이 수행을 위해 무언가를 필요로 하는 사람)	디자이너	포트폴리오 출시 리드	포트폴리오 테스트 리드	IT 프로젝트 관리자	비즈니스 소유자	비즈니스 사용자	IT 제품 관리자	스크럼 마스터	비즈니스 분석가	애플리케이션 아키텍트	개발자	테스트 분석가(QA)		
디자이너	■													
포트폴리오 출시 리드		■												
포트폴리오 테스트 리드			■											
IT 프로젝트 관리자				■										
비즈니스 소유자					■									
비즈니스 사용자						■								
IT 제품 관리자							■							
스크럼 마스터								■						
비즈니스 분석가									■					
애플리케이션 아키텍트										■				
개발자											■			
테스트 분석가(QA)												■		

매트릭스의 왼쪽 열에 나열된 각 역할(영향을 받는 사람)에 대해 누가 그들을 방해하는지 토의한다. 우리가 여기서 모든 의존성을 식별하려는 것이 아니라 가장 큰 지연이 발생하는 사람들을 식별하려는 것임을 명심하자.

지연을 나타내기 위해 의존성 매트릭스의 교차하는 사각형에 아이콘을 추가함으로써 가장 중요한 지연을 시각화한다(아래 예의 경우 주황색 전구를 추가했지만 시계 아이콘 등 여러분이 원하는 아이콘을 추가할 수 있다).

혼란스러울 수 있다. 매트릭스의 최상단 가로 행에 나열된 이름들이 자신의 작업을 마치기 위해 무언가를 수행해줄 다른 이들이 필요한 사람들이라는 점만 기억하자.

개발자가 자신의 작업을 수행하기 위해 와이어프레임이 필요하다면 개발자는 디자이너에게 의존성을 지니는 것이고 거기에 아이콘을 배치한다.

영향을 받는 사람 (다른 사람들이 필요로 하는 사람)	디자이너	포트폴리오 출시 리드	포트폴리오 테스트 리드	IT 프로젝트 관리자	비즈니스 소유자	비즈니스 사용자	IT 제품 관리자	스크럼 마스터	비즈니스 분석가	애플리케이션 아키텍트	개발자	테스트 분석가(QA)
디자이너	■											
포트폴리오 출시 리드		■										
포트폴리오 테스트 리드			■									
IT 프로젝트 관리자				■								
비즈니스 소유자					■							
비즈니스 사용자						■						
IT 제품 관리자							■					
스크럼 마스터								■				
비즈니스 분석가									■			
애플리케이션 아키텍트										■		
개발자											■	
테스트 분석가(QA)												■

3단계: 계속해서 역할 목록을 살펴보면서 전문성/특수성 지연으로 인한 비용이 많이 드는 의존성을 식별해보자(예를 들어 주황색을 식별해보자).

4단계: 사람들에게 그들이 판단할 때 종단 간 업무 흐름에서 가장 큰 병목 지점이 되는 의존성에 아이콘(예: 엄지)을 추가하라고 요청한다.

5단계: 토론 주제

1. 다른 팀의 작업에 부정적인 영향을 주는 위험을 줄이기 위해 어떤 조치를 취할 수 있을까?
2. 여러분의 현재 업무 흐름 상태가 전문성에 대한 의존도로 인한 대기 상태에 충분한 가시성을 제공하는가?

요점 정리

- 작은 팀은 빠르게 움직일 수 있지만, 각 팀 사이에 의존성이 있다면 조직 전체는 신속하게 움직이지 못한다.
- 의존성을 강조하는 보드를 만들어서 '알려지지 않은 의존성' 도둑을 멀어지게 하자.
- 의존성을 시각적으로 끌어내 광범위하게 보여주면 값비싼 비즈니스 부서의 고통이 줄어든다.
- 서로 다른 팀의 칸반보드 사이에 있는 의존성을 시각화하자.
- 제품 중심으로 팀을 구성하면 프로젝트와 관련된 문제를 줄일 수 있다.

2.4

어떻게 보면 나는 내가 무엇을 원하는지 알지 못한다. 어쩌면 내가 아는 것을 원하지 않고, 내가 모르는 것을 원할 수도 있다.

– 마르실리오 피치노(Marsilio Ficino)

완전 범죄 –
계획에 없던 업무 차단하기

2013년 로스앤젤레스

41명으로 구성된 엔지니어 팀을 지원하는 IT 프로젝트 관리자 2명에게 무엇이 업무를 완료하지 못하게 방해하는지 물었다. 그들은 즉시 '끊임없는 인터럽트'라고 말했다. 관리자들은 다른 팀과 제품 책임자로부터 프로젝트의 상태를 묻는 질문 폭격을 받았다. 상황을 자세히 알아보려고 1주일 간 인터럽트를 포착하는 실험을 했다. 인터럽트가 발생할 때마다 노란색 포스트잇에 적고, 바퀴가 달린 1.2×1.8미터 크기의 이동용 보드(그림 18)의 상위 레인에 붙였다.

노란색 포스트잇이 상위 레인을 가로질러 흐른다. 내부 팀의 개선업무를 기록한 초록색 포스트잇과 프로젝트 관리자에 영향을 받는 다른 업무(기타 색상의 포스트잇으로 표현된)가 중간 레인에 자리한다. 그리고 하위 레인은 그들이 관리 중인 다양한 프로젝트가 여러 가지 색상의 포스트잇으로 표현된다. 한 주가 지나고 나서 92개의 노란 포스트잇을 볼 수 있었다. 무려 92개! 그중 가장 많은 내용은 프로젝트의 상태를 묻는 질문이었다. 프로젝트 관리자의 주요 내부 고객인 제품 책임자는 프로젝트의 상태와 숫자에 대해 전혀 모르고 있었다.

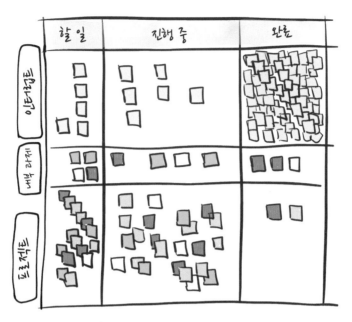

그림 18. 인터럽트에 관한 연구

인터럽트에 관한 연구를 통해 제품 책임자는 본인의 프로젝트가 다른 프로젝트와 경쟁하는 모습을 볼 수 있었다. 그리고 중요한 것은 다른 프로젝트의 우선순위가 높은 이유를 이해하고, 인터럽트가 파괴적임을 눈으로 확인할 수 있다는 것이다. 반대로 프로젝트 관리자는 제품 책임자에게 프로젝트 상태와 관련한 가시성이 거의 없었음을 알 수 있었다. 이 실험은 한 번 만들고 난 뒤에는 쉽게 바꿀 수 없는 온라인 도구로 보드를 만들기 전에 미리 설계해 보는 기회로도 사용한다.

인터럽트를 시각화하면 '계획에 없던 업무' 도둑을 노출시키는 데 매우 유용하다. 그림 19에서는 인터럽트를 시각화하는 또 다른 방법을 보여준다. 이 팀은 업무가 중단될 때마다 업무 항목 카드에 분홍색 점을 표시했다.

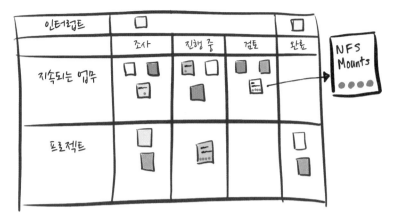

그림 19. 분홍색 점에 관한 연구

분홍색 점은 grawlix 문자(#8%*@!)[1] 같은 재미있는 방식으로 인터럽트를 보여주며, 인터럽트가 전략에 미치는 영향을 빠르게 시각화할 수 있다.

다음은 보드를 사용하는 방법이다. 각각의 업무 중 인터럽트가 발생할 때마다 보드 위 카드에 grawlix를 하나 추가한다. 카드 위 grawlix가 길수록 리드 타임이 더 길어지고, 엔지니어들은 짜증을 내면서 일하게 될 것이다.

재미있는 업무와 그렇지 않은 업무의 grawlix의 숫자를 비교해보면 흥미롭다. 누구도 하고 싶지 않은 업무 항목 카드를 상상해 보자. 예를 들어 재미있는 요소가 하나도 없는 레거시 시스템이나 지루한 유지보수 업무는 어마어마하게 긴 grawlix 문자열이 표시돼 있을 것이다.

우리는 불확실성으로 가득하고, 모든 것이 늘 변화하는 세상에 살고 있다. 사람들은 직접 눈으로 볼 때까지 자신에게 필요한 것이 무엇인지 모른다. 이것이 항상 계획에 없던 업무가 생기는 이유이며, 계획에 없던 업무를 계획해야 하는 이유다. 계획에 없던 업무는 목표를 지워버릴 수 있기 때문

---

1   만화에서 주로 비속어를 표현할 때 사용하는 문자열 – 옮긴이

에 시각화할 만한 가치가 있다. 모든 사람은 감각의 경험을 통해 상황을 인식한다.

그림 20의 보드는 계획에 없던 업무를 시각적으로 보여준다. 눈에 보이지 않는 문제는 고치기 어렵다. 업무상의 문제점을 시각화하면 알지 못했던 문제를 발견하는 데 도움이 된다. 어떤 문제는 눈으로 확인하기 두려울 수 있다. 하지만 일단 시각화하면 문제 해결을 시작할 수 있다. 앞서 언급했듯이 칸반은 온순한 사람들을 겁먹게 할 수도 있지만, 문제에 직면하고 변화에 적응하며, 문제를 해결할 용기를 가진 사람들에게는 매우 적합하다.

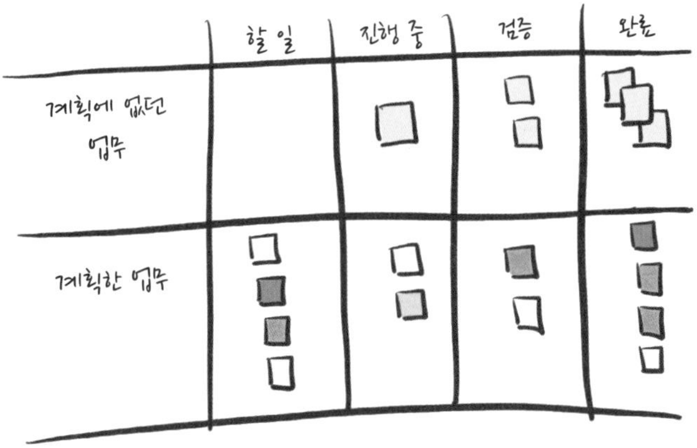

그림 20. 계획에 없던 업무 드러내기

이 보드의 설계를 생각해보라. 한 주간 이어진 인터럽트나 하루를 망쳐버리는 문제들, 급한 불을 끄느라 바빠서 중요한 비즈니스 가치를 전달하지 못하는 것을 시각화하는 방법이다. 계획에 없던 업무는 레인을 따로 만들어서 표현하며, 개별 업무별로 카드를 만들어서 보드에 붙인다.

보드를 만들고 사용하는 것에 저항하는 사람들은 플랫폼 운영 관리자인 에릭과 비슷하다. 에릭은 "인터럽트가 발생할 때마다 항목 카드를 생성할 시간 따위 없다고요!"라고 말했다. 몇 주간의 인터럽트가 지난 후 CIO는 애저^Azure^가 운영되지 않는 이유를 알고 싶어했는데, 에릭은 그저 "바빴

어요."라고 대답할 뿐이었다. 에릭이 플랫폼 업무를 완료할 수 없도록 한 문제의 증거는 찾을 수 없다. 이게 바로 시간 도둑의 문제이며, 증거가 없는 완전 범죄다. '계획에 없던 업무' 도둑은 집에 가는 길에 200달러를 번 셈이다. 시각화된 계획에 없던 업무를 본 사람들은 업무를 완료하지 못한 이유를 알 수 있으며, 앞으로는 계획에 없던 업무를 진행하지 못하게 할 수 있다. 최소한 계획에 없던 업무를 진행하려는 시도를 제한할 수 있다.

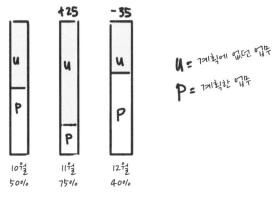

그림 21. 계획에 없던 업무에 대한 월별 추이

계획에 없던 업무와 계획한 업무의 비율을 알면 업무에 부하를 발생시킬 수 있는 수용량의 범위를 계획할 때 도움이 된다. 진행 중 업무 제한을 설정해 예상하지 못했지만 중요하고 긴급한 업무를 수행할 수 있는 아이디어를 얻을 수 있기 때문이다. 매주 25~50%의 계획에 없던 업무가 있다면 진행 중 업무의 25~50%를 잠재적으로 발생할 수 있는 계획에 없던 업무에 할당하자. 방법은 다음과 같다.

1. 지난 달에 완료한 계획에 없던 업무의 수를 지난 달에 완료한 계획한 업무의 수와 계획에 없던 업무의 합으로 나눠 각각의 비율을 계산한다. 예를 들어 지난 달에 100개의 업무를 완료했고, 그중 40개가 계획에 없던 업무일 경우, 계획에 없던 업무의 비율은 40%다.

2. 앞의 예를 봤을 때, 계획에 없던 업무와 우선순위가 낮은 업무를 처리하기 위해 모든 진행 중 업무의 40%를 제한해야 한다. 우선순위가 낮은 업무 역시 중요하다. 다만 가장 높은 우선순위가 아니기 때문에 지금 당장 처리해야 하는 것은 아니다. 이 전략은 계획에 없던 업무를 처리하거나, 중요한 요청이 새로 발생했을 때 우선 순위가 낮은 업무를 미룰 수 있는 능력을 제공한다. 또한 가까운 미래 또는 언젠가 긴급한 요청으로 변경될 수 있는(서버가 최대 용량에 도달한 것 같은) 중요한 업무를 수행하는 데 도움이 된다. 어느 쪽이든 중요한 일은 끝난다.

3. 매월 계획에 없던 업무와 계획한 업무의 비율을 확인해 추세가 어느 쪽으로 움직이는지 살펴보고, 추세의 방향에 따라 진행 중 업무 할당량을 조정하자.

시간의 양이 아니라 진행 중 업무의 양을 말하고 있음을 주목하자. 시간을 자기 마음대로 할당할 수 있는 건 외계 생명체나 가능한 얘기다. 가끔 관리자들이 사람들에게 "시간의 50%를 할당해서 이렇게 저렇게, 25% 시간을 할애해서 이렇게 저렇게 하시오."라고 말하지만 그것을 실제로 어떻게 할 수 있는가? 운이 좋게도 일정표에 하루 일과의 절반(4시간)과 4분의 1(2시간)을 이런저런 일정으로 채울 수 있는 여유가 있다면 당신은 희귀한 사람이다. 왜냐하면 하루 중 많은 시간을 회의, 메일 작성 그리고 문맥 전환으로 인해 쪼개서 쓸 가능성이 높기 때문이다. 방해받지 않고 일할 수 있는 2시간을 얻는 건 하늘의 별따기다.

업무 항목이 모두 동일한 크기가 아니라서 진행 중 업무의 개수 제한으로는 수용할 수 있는 업무량 할당이 불가능하다고 생각할 수 있다. 동시에 너무 많은 일을 할 수 없기 때문에 업무의 크기는 실제로 그리 중요하지 않다. 한 번에 하나의 일을 할 때 일의 크기는 코끼리만큼 크든, 생쥐만큼 작든 별로 중요하지 않다. 일이 끝나면 그저 다음 일을 하면 된다.

인터럽트 버스터즈

계획에 없던 업무를 시각화할 때, 일관된 형식으로 시간을 관리할 수 있도록 다음 전략을 시도하자.

- **골키퍼**: 나머지 팀원을 위해 참견하도록 지명된 사람. 돌아가며 맡는 역할이며, 외부 인터럽트로부터 팀을 보호하고 팀원을 교육하는 이중 목적을 가지고 있다.

- **내근 시간**: 일주일에 두 시간 정도 특정 시간을 계획적으로 제한해 사람들에게 알리자. 사무실에서 근무하는 시간은 당신의 동료가 편하게 방문할 수 있는 기회를 제공한다.

- **방해 금지 시간**: 사무실에서 근무하는 시간의 반대. 사무실 문이나 눈에 잘 보이는 곳에 '1시간 안에 돌아옴'이라는 안내를 붙여 당신이 언제 돌아올지 사람들에게 알린다. 나는 일정표에 매일 오전 6시부터 8시까지를 비워 둔다. 이 시간에는 글을 쓰고 요가를 한다. 한 번은 나의 상사가 오전 6시 30분에 회의에 참석하라고 지시했지만, "아니요."라고 말했다. 그렇게 말한 뒤에 죄책감을 느꼈지만, 중요한 업무를 완료하기 위해서는 가장 중요한 일을 할 시간을 맹렬하게 지켜내야 한다. 그리고 "아니요."라고 말함으로써 선례를 만들었다. 지금

은 내가 오전 6시 30분 회의에 참석하리라고 기대하는 사람은 아무도 없다.

- **뽀모도로**Pomodoro: 타이머를 사용하는 시간 관리 방법으로 짧은 휴식으로 구분하며, 제한된 시간 간격으로 업무를 분류한다.[2] 타이머를 25분으로 설정하고, 타이머가 울릴 때까지 업무를 수행한다. 타이머가 울리면 5분간 휴식을 취한다. 4번의 뽀모도로 반복 후에는 20~30분 정도로 좀 더 길게 휴식을 취한다.

이 네 가지 전략은 진행 중 업무를 다룰 때 팀이 파악할 수 있는 일관성을 만들어낸다.

1960년대 HP에서는 매일 아침 10시 15분에 커피 카트가 지나갔다. 모든 엔지니어는 커피를 마시며 최대 관심사를 편하게 논의했다. 이 시간은 자발적인 협력을 이끌어내는 좋은 조건이었다. 수많은 문제가 커피 카트 앞에서 해결됐다. 1970년대에 들어서 비용 절감을 위해 커피 카트를 없애는 대신, 작은 주방에 커피 머신을 비치해 각자 마실 수 있게 했다. 엔지니어들은 여전히 커피를 마시려고 휴식 시간을 갖지만 더이상 문제가 해결되는 시간은 아니다. 함께 커피를 마시는 휴식 시간은 더 이상 없고, 자발적인 브레인스토밍도 일어나지 않는다. 계획에 없던 공동의 발전은 비용 절감이라는 이름 아래 모두 사라졌다. 어떤 사람들은 HP의 연구와 개발의 위대한 시대가 막을 내렸다고 느꼈다.[3]

같은 장소, 같은 시간에 정기적으로 예정된 만남이 논의가 필요한 최대 관심사에 대해 자주 대화하는 촉매제로 작용하듯이, 업무 시간과 휴식 시간의 일관성은 인터럽트를 최소화하는 습관 형성에 도움이 된다. 일관성은 사

---

2 위키피디아, Pomodoro Technique(https://en.wikipedia.org/wiki/Pomodoro_Technique), 2024년 6월 4일 최종 수정

3 Langdon Morris, "High Performance Organizations in a Wicked Problem World", Innovation Labs(http://www.innovationlabs.com/high_performance.pdf), 2004

람들이 주의를 기울일 수 있을 때와 그렇지 않은 때에 신호를 보내며, 계획에 없던 업무로 인한 피해를 최소화하는 데 도움이 된다.

인터럽트 절감 실험

🕐 **소요시간:** 45~60분

목적: 인터럽트 때문에 발생하는 피해를 줄이기 위해 경험 증거를 사용한다.

준비물:
- 화이트보드
- 보드 마커

설명:
인터럽트로 인한 비용을 줄이는 방법을 논의하기 위해 팀원을 모으자. 구성원 중 인터럽트를 막아내는 골키퍼 역할을 만들어서 활약하게 하거나, 예정된 근무시간과 방해시간을 정하는 방법, 뽀모도로를 활용할 수 있다. 혹은 이런 방법을 상황에 맞게 변형해 90분짜리 세션으로 진행할 수도 있다. 다음 중 팀에 적용할 수 있는 방법은 무엇이며 그 이유는 무엇인가?

일주일간 가설과 실험을 진행한다. 실험 후 재정비해서 팀에 미치는 영향에 대해 관찰한 내용을 논의하자. 무엇이 동작했고 그 이유는 무엇인가? 무엇이 동작하지 않았고 그 이유는 무엇인가?

예를 들어 '예정된 근무 시간은 인터럽트를 줄일 수 있다'는 가설을 세워보자. 월요일, 목요일, 금요일 오후 1시부터 2시까지 사무실에서 근무하기로 정하나. 식섭 만나서 바로 질문하고 싶은 사람은 이 시간을 이용하고 동료들에게 알린다. 이것은 사람들에게 당신이 사무실에 있으며 언제 질문을 받을 수 있고, 언제 받을 수 없는지 시각화된 신호를 보낸다.

계획에 없던 업무 vs. 계획된 업무

🕐 **소요시간:** 60분

목적: 계획에 없던 업무를 시각화해서 측정 가능하게 만든다. 계획된 업무와 계획에 없던 업무의 비율 측정은 변화를 위한 대화를 촉발하고 팀이 계획에 없던 업무와 관련된 문제를 개선하기 위한 조치를 취하는 데 도움이 된다.

이번 활동은 규모가 작은 팀에서 수행하기 좋다. 계획에 없던 업무와 관련되고 이에 영향을 받는 이들과 계획에 없던 업무 데이터가 존재하는 도구에 접근 가능한 이들을 초대해보자.

준비물

- 지난 60~90일 동안 계획된 업무와 계획에 없던 업무의 양

설명:

1단계: 여러분의 팀이 '계획에 없던 업무'를 어떤 식으로 정의하는지 분명히 하자. 여러분의 조직에서 계획에 없던 업무가 의미하는 바는 무엇인가? 기준이 무엇인가?

제대로 된 의사소통을 하기 위해서는 우리가 무엇에 관해 이야기하는지 명확하게 정의해야 한다. 계획에 없던 업무가 재작업이나 신속 업무 요청, 특별한 경영진의 요구 형태인가? 계획에 없던 업무가 계획되지 않은 이유가 생산성이 낮기 때문인가? 혹은 다른 팀에서 자신들의 요청이 여러분의 현재 업무보다 우선순위가 높다고 생각하기 때문인가?

다음은 계획에 없던 업무의 예이다. 여러분의 상황은 다를 수도 있다.

- 브레이크-픽스(break-fix) 업무
- 긴급 감사 문서화
- 잘못된 프로세스로 인한 재작업
- 조직적 변화
- 특별한 경영진 요청
- 정보 검색
- '간단한 질문' 이메일

2단계: 여러분의 도구 상자에서 계획에 없던 업무를 시각화하는 방법에 관해 논의해보자. 계획에 없던 업무는 각기 다른 업무 항목 유형으로 나타날 수 있다. 기능이나 결함, 기술적 부채가 될 수도 있다. 계획에 없던 업무 항목들에 표시를 하기 위한 어떤 옵션들이 있는가?

3단계: 이제 여러분이 계획에 없던 업무를 시각화했으니 시간이 지남에 따라 계획된 업무 vs. 계획에 없던 업무의 동향이 어떻게 변하는지 측정해보자. 지난 2~3달 간의 계획된 업무와 계획에 없던 업무의 비율을 계산해보자. 한달 간 완료된 계획에 없던 업무 항목의 수를 해당 월에 계획된 업무 항목과 계획에 없던 업무 항목의 전체 수로 나눈다. 아마도 여러분의 업무 흐름 도구의 표시된 필드에 대한 질의가 도움이 될 것이다.

A = 완료된 계획에 없던 업무 항목의 수

B = 완료된 계획된 업무 항목과 계획에 없던 업무 항목의 수

A/B = 비율

요점 정리

- 계획에 없던 업무는 언제나 존재하기 때문에 계획에 없던 업무를 계획해야 한다.
- 계획에 없던 업무와 계획한 업무의 비율을 알면 업무의 수용량을 계획하는 데 도움이 된다.
- 진행 중 업무에 관한 한 일의 크기는 전혀 문제가 되지 않는다. 한 번에 한 가지 일에 집중할 수 있다면 크기는 중요하지 않다.
- 정해진 시간과 장소에서 근무하고, 방해 금지 시간을 설정하면 계획에 없던 업무로 발생하는 피해를 최소화할 수 있다.

중요한 것이 많을 수 있지만, 가장 중요한 것은 오직 하나다.

– 로스 가버(Ross Garber)

우선순위 지정하기

2013년 로스앤젤레스

1.8×1.2미터짜리 이동식 실험 보드는 프로젝트 관리자의 책상 바로 옆에 있었고, 공교롭게도 일하는 공간과 탕비실 사이의 중앙 복도 옆에 있었다. 사무실에서 일하는 사람이라면 누구나 아침에 출근해서 본인의 자리로 가는 길에 그리고 점심을 먹으러 가거나 탕비실에 차를 마시러 갈 때, 퇴근할 때 역시 이 보드를 지나가야만 했다. 보드는 사람들의 관심을 끌었다. 제품 책임자는 프로젝트에 도움이 되는지 알아보기 위해 보드를 세심히 살폈다. 스크럼 마스터는 보드를 빤히 들여다봤지만, 무슨 내용인지 확신이 없었다. IT 운영–엔지니어들은 인터럽트 실험으로 드러난 수많은 인터럽트를 보며 익숙하다는 듯이 동정 어린 눈빛으로 휙 훑어봤다.

인터럽트에 대한 가시성은 주목받고 있었다. 사람들이 얼마나 자주 계획에 없던 요청 업무를 처리하고 있는지를 포착했을 뿐만 아니라, 우선순위 정책의 부족한 면을 보여줬기 때문이다.

인터럽트로 돌아가서, 이전 장의 초반에 두 명의 IT 프로젝트 관리자를 대상으로 한 실험(인터럽트를 포착한 실험)은 몇 가지 이유 때문에 성공으로 간주됐다.

1. 운영 담당 임원의 주목을 끌었으며, 가시성을 원했던 특정 종류의 업무를 다시 강조하는 데 사용했다. 용량 확장, 보안, 사이트 신뢰성, 장애 복구와 관련된 요청을 강조해서 실제 보드에 기호로 표시됐고, 나중에 온라인 도구의 보드로 만들었다.

2. 33개 프로젝트의 경쟁 우선순위에 대해 제품 책임자와 다른 팀원들이 의문을 제기했다. 무려 33개 프로젝트! 고작 41명이 진행 중인 프로젝트가 33개나 됐다. 말도 안 되는 일이다. 하지만 우선순위가 명확하지 않으면 사람들은 더 많은 진행 중 업무를 떠맡는다.

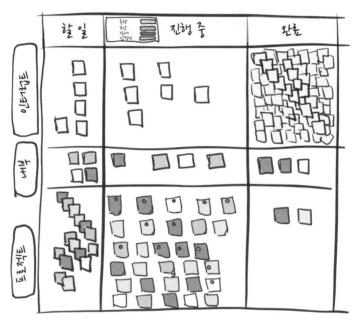

그림 22. 태깅 및 우선순위 지정 실험

실험은 2주째 계속됐다. 이번에는 수석 엔지니어와 함께 최선을 다해 33개 프로젝트의 순위를 매겼다. 마침내 우선순위가 정해졌고 사람들은 기뻐했다(그림 22). 그러나 이번에는 임원이 우선순위에 동의하지 않는다고 말했다. 이로써 (적어도 임원의 관점에서) 가치 결정 방법의 근거가 투명해졌기 때문에 필요한 대화를 요청할 수 있었다.

이것은 부서 출입구와 탕비실처럼 많은 사람이 이동하는 장소에 규칙적인 단계로 이뤄진 대형 시각화 자료를 배치한 힘이다. 피할 수 없도록 눈길을 끌며, 사람들은 곰곰이 생각해보려고 걸음을 멈춘다. 눈에 보이게 만들면 사람들이 관심을 갖고 문제에 대해 이야기하기 시작한다.

논의 과정을 거친 후, 프로젝트의 우선순위는 전통적으로 알려진 전략인 임원의 의견, 즉 HiPPO Highest Paid Person's Opinion(최고 연봉을 받는 사람의 의견)를 기반으로 재조정됐다. 그리고 재밌는 일이 일어났다. 다음날 난데없이 4개의 새로운 프로젝트가 나타났는데, 모두 1순위를 다투고 있었다. '상충하는 우선순위' 도둑은 그날 가장 큰 소득을 올렸고, 더 많은 혼란을 만들어낸 것을 기뻐했다(나는 그 보드를 찍은 웹캠이 있었으면 하고 바랐다. 새로운 프로젝트가 어떻게 나타났는지 보는 건 꽤나 흥미로웠을 것이다).

우선순위를 정하는 좋은 규칙이 없다면 조심해야 한다. 모든 것이 우선순위일 때 진정한 우선순위는 없다는 사실을 기억하자.

늘 그렇듯이 이 책에서 쌓아온 핵심 개념, 즉 업무의 시각화를 통해 도둑 맞은 시간을 드러냄으로써 난장판에서 벗어날 수 있다.

예를 들면 대화를 시작하기 위한 우선순위 지정 전략을 제안한다. 아마대부분의 사람들은 A3 씽킹 프로세스를 사용할 것이다. A3는 11×17인치(297×420mm)의 공인된 규격의 용지를 이용한 문제 해결 접근법이다(A3는 동명의 용지 크기에서 따온 이름이다). A3는 이해와 합의를 도출하는 효과적인 구조로 정확한 의사소통을 장려한다. A3를 사용한 결과로 얻을 수 있는 것 중 하나는 다양한 옵션을 조사하고, 조직 전체에 효과적으로 퍼뜨릴 수 있다는 점이다.

우선순위를 지정하는 논의를 할 때 A3 방법을 사용해 이해와 합의를 얻을 수 있다. 우선순위 지정의 목표는 최단 시간 내에 최대의 가치를 얻고, 우선순위를 경쟁하느라 여러 업무를 동시에 진행하는 상황을 피하기 위해 완료할 사항의 순서를 결정하는 것이다.

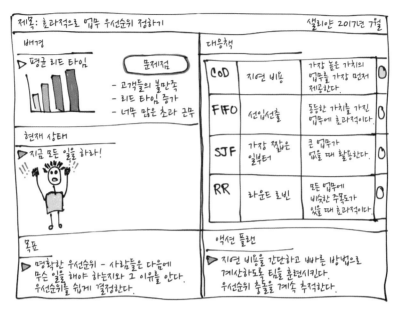

그림 23. A3 예시

우선순위를 정하는 방법은 여러 가지다. 좀 더 일반적인 방법을 살펴보자.

- HiPPO: 각 업무는 최고 상급 책임자에 의해 우선순위가 부여되고, 순서대로 처리된다. 부사장이 우선순위를 매긴 33개 프로젝트를 기억하는가?

- **지연 비용률**: 지연 비용률은 가치와 긴급성을 전달하는 방법으로, 시간이 원하는 결과에 미치는 영향을 측정하는 것이다. 이것은 비즈니스 위험을 판단할 수 있는 훌륭한 방법이지만 실제로 하기는 어렵다.

- **선입선출**FIFO, First-In, First-Out: 선입선출은 먼저 들어온 일을 먼저 처리하는 방식으로, 영화관에서처럼 간단하고 공정한 과정이다. 예를 들어 영화관에서 당신 앞에 선 사람이 당신보다 먼저 표를 받는 것처럼 말이다.

- **가중 최단 작업 우선**WSJF, Weighted Shortest Job First: 지연 비용이 가장 높고, 가장 짧게 걸리는 업무를 먼저 하는 것이다. WSJF는 지연 비용을

업무 기간으로 나눠 계산한다. SAFe^{the Scaled Agile Framework} 모델은 시간을 중요하게 여기는 WSJF의 변형을 사용한다.

업무의 우선순위를 정하는 데는 많은 방법이 있다. 앞에서 말한 방법은 그중 일부일 뿐이다.

이 장의 처음을 장식한 로스앤젤레스의 IT 운영 팀을 돌아보면서, 우선순위 지정 방법이 '모든 것을 다 하기'에서 어떻게 임원이나 다른 경영진의 우선순위에 대한 의견, 즉 HiPPO 접근법으로 발전했는지 살펴봤다. 임원이나 다른 경영진이 충분한 지식과 경험을 갖고 있다면 우선 순위가 적절하게 지정됐을 수도 있다. 하지만 문제는 임원이나 다른 경영진의 인지적 편견, 어긋난 목표 또는 지나친 자신감 때문에 발생한다. 사람들은 틀렸을 때조차 자신만만하고,[1] 언제 틀렸는지도 알지 못한다. 이것이 우선순위 지정 정책을 시각화하는 필수적인 이유다. 즉 이상적인 결과를 제공하기 위한 적절한 대화를 유도해야 한다.

1부에서는 다음과 같이 '상충하는 우선순위' 도둑이 당신의 시간을 훔치는 것을 알아챌 수 있는 단서를 제공했다.

- 우선순위를 논의하는 회의에서 시간을 낭비하는 것
- 우선순위가 무엇인지 잘 모르기 때문에 새로운 일을 시작하는 것
- "일이 언제 끝날까?" 질문을 거듭하는 것

기억하자! '상충하는 우선순위' 도둑은 '계획에 없던 업무' 도둑과 밀접한 관계이며, 다음의 궁금증을 자아낸다.

- "일이 언제 끝날까?"

- "이 일이 최우선 과제야!"
- "만약 ＿＿＿를 ＿＿＿까지 끝내지 못한다면, 우리는 새로운 일자리를 찾아야 할지 몰라."

여기, 업무의 우선순위가 상충하는 것을 시각화하는 방법이 하나 있다. 계획에 없던 긴급한 업무, 프로젝트 업무, 유지보수 업무는 모두 서로 경쟁하고 있다. 누군가가 지금 다른 일을 해야 한다고 말했기 때문에 일이 미뤄지면, 그것을 시각화하도록 노력하자. 새로운 보안 취약점을 수정하는 것이 얼마나 가치가 있는지 검토가 필요했기 때문에 우선순위가 떨어졌다는 것을 시각화해서 보여줘야 한다. 우선순위 지정 규칙을 명시적으로 만들어야 한다. 그렇지 않으면 사람들이 어떻게 규칙을 만들 수 있겠는가? 가장 시끄럽고 공격적인 사람이? 가장 높은 급여를 받는 사람이 규칙을 만들게 될까?

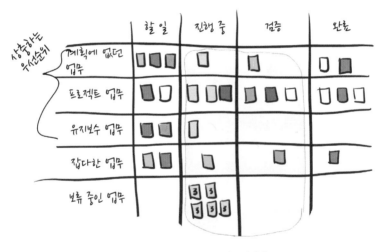

그림 24. 상충하는 우선순위 드러내기

업무가 보류 중인 상태로 대기열에 머무르고 있기 때문에 완료하려면 오랜 시간이 걸린다. 대기 시간이 전체 업무 시간의 80%를 넘는 것은 드문

일이 아니며, 많은 조직이 대기열 문제를 깨닫지 못했다. 사람들은 전체 시스템의 효율성을 향상시키기 위해 시스템 사고를 적용하는 대신 자원 효율성resource efficiency에 집중하는 경향이 있다.

지연 비용률

우선순위는 원하는 기간 내에 결과물이 전달되지 않았을 때만 문제가 된다. 사람들은 모든 업무를 동시에 하면 모든 것이 지연될 위험이 높아진다는 점을 알고 있다. 그리고 한 가지 일을 작업하기로 선택하면 다른 업무가 뒤로 밀려서 지연을 초래한다는 것을 알고 있다. 따라서 목표는 가능한 한 최선의 결과를 얻기 위해 다음에 어떤 업무를 완료해야 하는지를 이해하는 것이다. 지연되는 업무 비용을 정량화하는 것이 유용하다.

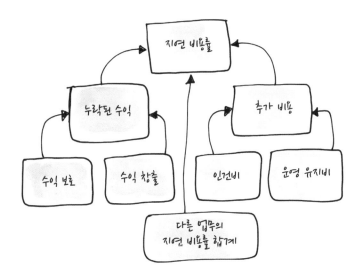

그림 25. 지연 비용률에 기여하는 원인

1.1장에서 언급했듯이, 지연 비용률CoD, Cost of Delay은 원하는 결과에 시간이 미치는 영향을 측정한 것이다. 지연 비용률은 다음 3가지로 요약된다.

1. 수익 또는 사업 가치 감소(지연 비용률이 항상 돈에 대한 것은 아님)
2. 비용 증가
3. 업무의 지연 비용률과 해당 업무에 의존하는 다른 업무의 지연 비용률 합계

　IT 운영 엔지니어링 팀 보드의 33개 프로젝트 중 하나인 "지연 비용률이 어떻게 계산될 수 있는지 이해하기 위해 새로운 데이터 센터를 구축한다(Build out New Datacenter to understand how the CoD could be calculated, 줄여서 BoNDC)."를 보자. 프로젝트 BoNDC의 완료 기준에는 이전 데이터 센터를 닫는 것이 포함된다. 그러므로 오래된 데이터 센터를 계속 운영하기 위한 비용을 포함해야 한다.

　이전 데이터 센터 비용에는 용적 임대, 전력, 냉난방, 운영, 유지보수 비용으로 주당 총 7,400달러가 포함된다.

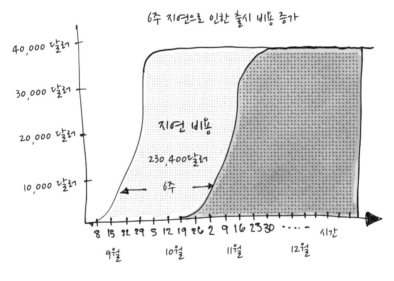

그림 26. 지연 비용률

더구나 프로젝트 관리자는 새로운 데이터 센터로 전환하는 데 본인 시간의 20%를 사용한다(주당 400달러). 또한 지연 비용률에는 프로젝트 P의 지연 비용률이 포함되는데, 프로젝트 P는 성능을 개선하기 위한 프로젝트지만 이는 새로운 데이터 센터의 완성에 의존성을 갖는다. 즉 8명의 엔지니어(50%)×주당 2,800달러 = 주당 22,400달러이며, 프로젝트 P(수동 프로세스의 자동화로 인한)의 비용 절감액은 주당 8,600달러다.

BoNDC의 주간 지연 비용률은 주당 38,800달러다. BoNDC가 6주 지연되면 총 지연 비용률은 230,400달러가 된다.

지연 비용률은 업무의 우선순위를 협의하고, 수익에 큰 영향을 미치는 프로젝트의 가시성을 제공하는 데 사용할 수 있다. 지연 비용률을 시각화하면 비용과 수익에 관한 올바른 의사결정을 이끌어낼 수 있다. 블랙 스완 농업Black Swan Farming의 창립자이자 대표인 조슈아 아놀드Joshua Arnold는 다음과 같이 설명한다.

> 지연 비용률은 긴급함과 가치를 결합시킨다. 즉 사람들은 두 가지를 쉽게 구별하지 못한다. 결정을 내리려면 어떤 것이 얼마나 가치있는 것인가를 이해하는 것뿐만 아니라 얼마나 긴급한지를 알아야 한다.[2]

이런 이유로 지연 비용률은 시간이 가치에 미치는 영향을 전달한다. 가치는 보통 돈을 의미하지만 항상 그런 것은 아니다. 비영리 의료기관은 생명을 구하는 숫자를 가치로 간주할 수 있다. 이론적인 투자자본수익률ROI, Return On Investment보다 가장 높은 비즈니스 가치(경제적 혹은 다른 방법)를 기준으로 업무의 우선순위를 정한다.

지연 비용률은 새로운 수익 창출, 기존 수익 보호 그리고 조직 운영과 관련된 전체 비용에 대한 모든 영향을 고려한다.

간단히 말하면 지연 비용률은 끊임없이 변하는 가치와 시간이라는 두

2　"Cost of Delay"(http://blackswanfarming.com/cost-of-delay/)

가지 변수와 관련이 있다. 지연 비용률은 "뭔가 지연됐을 때 어떤 가치가 손실되는가? 이것을 12개월 후에 전달하면 얼마나 손해를 볼까?"라고 질문한다.

약속선

약속선the line of commitment은 특정 상태 이전의 수직선이며, 해당 업무를 진행하겠다는 약속의 신호다. 백로그 영역의 업무는 옵션이며, 모든 업무가 완료되는 상황은 일어나지 않을 수도 있다. 하지만 일단 업무가 약속선을 지났다면 우선순위가 정해졌으며, 앞으로 진행될 것임을 명시적으로 알리는 신호다. 더 이상 옵션이 아니며, 완전히 합의되고 우선순위가 지정된 업무라는 뜻이다.

업무가 약속선을 지나면 재평가하지 않는다. 일단 업무가 진행되면 비용이 발생하는데, 그 규모는 계획하고 약속한 다른 일과의 경쟁 때문에 지연되는 시간에 달려있다.

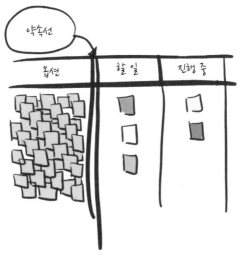

그림 27. 약속선

우선순위 시각화

🕐 **소요시간:** 60분

목적: 경쟁 우위 가시성을 확보하고, 업무의 우선순위를 명확히 하는 데 도움이 된다. 대부분의 조직은 너무 많은 최우선순위를 가지고 있는데, 오히려 사람들의 집중력을 방해한다.

준비물:

- 현재 업무 흐름을 볼 수 있는 자료 혹은 칸반보드

설명:

업무의 우선순위에 직접적으로 영향을 받는 사람들이 토론에서 발언권을 갖도록 한다. 발언 시간은 각자 5분 이내로 제한한다.

토론할 질문:

- 우선순위를 매기는 정책은 무엇이며, 어떻게 시각화됐는가?
- 우선순위가 정해져 업무를 시작할 준비가 됐을 때 어떻게 신호를 보낼 것인가? 약속선은 어디 있는가? 사람들은 어떤 업무를 해야 할지 어떻게 알 수 있을까?
- 우선순위가 높은 일과 낮은 일을 어떻게 시각적으로 구분할 것인가?

요점 정리

- 사람들은 우선순위가 명확하지 않을 때 더 많은 진행 중 업무를 맡게 된다. 명확한 우선순위 정책을 수립해서 너무 많은 진행 중 업무를 방지하자.

- A3 씽킹은 이해와 합의를 도출하는 효과적인 구조를 제공해 정확한 의사소통을 장려한다. A3 씽킹을 자세히 알고 싶다면 존 슉(John shook)의 저서 『Managing to Learn』(Betrams, 2008)를 참고하자.
- 우선순위를 정하는 방법은 여러 가지가 있다. 할당된 우선순위, 지연 비용률, FIFO, HiPPO 그리고 WSJF 등이 있다.
- 사람들이 가장 중요한 업무를 정확히 알 수 있도록 우선순위를 시각화하자.
- 약속선을 생각해보자. 우선순위가 지정되고 완전하게 약속된 작업에 명확한 가시성을 제공하지만, 다른 프로젝트와 경쟁할 경우 지연 비용이 증가한다.

방치된 업무 예방하기

2015년 미국의 작은 마을

CTO 프랭크는 아침부터 세 번째 탄산음료를 마시며 크게 한숨을 쉬었다. 데이터베이스 서버가 사용률 최대치를 기록한 게 이번 주 들어서 2번째다. 팀은 심각하게 방치된 유지보수 업무를 수행하기 위해 안간힘을 쓰고 있다.

새로운 요청이 백로그에 들어오면, 오래 전에 들어온 요청은 낡아서 부서진 의자처럼 버려지기 쉽다. 하지만 앞서 설명했듯이 오래된 요청을 끝내기 전에 새로운 요청을 시작하는 비용은 비싸다. 너무 많은 업무를 동시에 진행하면 문맥 전환이 증가하고, 병목 현상이 발생하며, 의존성이 증가하고, 기회가 사라지며, 어느새 주말이 와버린다. 그리고 업무가 지연되기 때문에 사람들은 좀 더 많은 일 더미를 쌓아 두게 된다. 모두가 알고 있는 "기왕 작업하는 김에 이것도 수정해 주세요." 같은 식이다. 이 모든 상황은 업무를 더 오래 걸리게 만들고, 비즈니스 가치의 전달을 늦춘다.

내가 함께 일했던 회사 중 한 곳의 IT 운영 팀은 업무 흐름에서 '완료' 전 마지막 단계가 '검증'이었다. 적시에 피드백을 제공할 수 있는 좋은 프로세스가 없었기 때문에, 업무 항목은 출시되지 못하고 검증 단계에서 마냥 기다렸다. 아무도 불평하지 않고 있으니 모든 것이 괜찮다고 생각하는 것이 일반적이었다. 업무가 검증 단계에서 멈춰진 채 있는 동안, 사람들은 백로그에서 업무를 당겨와서 구현으로 옮겼다. 검증 대기열은 계속 증가해 업무 항목이 100개에 가까워졌다. 고객에게 제공된 항목 중 일부가 제대로 검증되지 않았고, 이는 고객의 불만으로 이어졌다.

이러한 흐름에서 내부 고객은 업무가 예상대로 전달되지 않았다고 언급했으나, IT 운영 담당자는 이미 다음 업무를 진행하고 있었기 때문에 답변하는 데 오래 걸렸다. 시간이 지날수록 피드백과 운영 담당자의 응답은 점점 더 오래 걸리고, 고객들은 매우 못마땅해 하다가 결국 운영 담당자와의 소통을 포기했다. 내부 고객들은 자신의 팀과 다른 팀에 "운영 팀은 도무지 답변을 주지 않아."라며 불평했다. "그들은 마치 거대한 블랙홀 같아. 계속 기다렸다가는 모두 얼어 죽을 거야.", "운영 팀은 왜 있는지 모르겠어."라고 투덜댔다. 운영 팀의 평판은 나빠졌다.

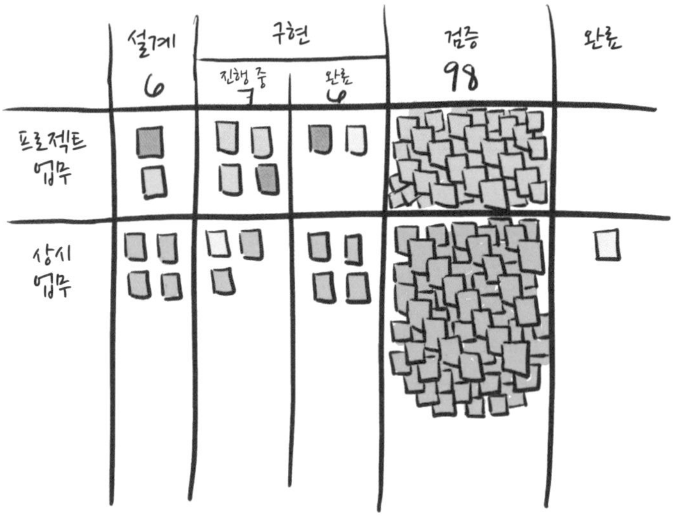

그림 28. 검증 대기열 구덩이

그림 28의 보드는 IT 운영 팀의 업무 흐름을 나타낸다. 워크숍에서 이 보드를 보여주고 "이 보드에서 업무가 어디에 멈춰 있나요?"라고 묻자, 사

람들이 "검증 대기열이요!"라고 대답하는 데 몇 초밖에 걸리지 않았다.

이것이 칸반보드가 가진 '쉽게 알 수 있는 시각적 언어'의 힘이다. 메시지는 즉각적으로 전달된다. 병목 현상은 검증 대기열에 있으므로, 반드시 검증 대기열을 먼저 처리해야 한다.

검증 대기열에 있는 항목들을 없애려고 시간을 제한하는 실험을 했다. 이 그룹에서 업무 항목 카드라고 불리는 모든 항목은 14일, 혹은 그 이상 업데이트되지 않으면 종료한다. 이 과정에서 몇몇 핵심 인물에게 의견을 물었고, IT 운영 팀과 개발 팀 간에 아이디어를 공유하기 시작했다. 아무도 이 제안에 관심이 없어 보였기 때문에 검증 대기열에 있는 모든 카드에 추가할 상용 어구를 준비했고, 위의 계획을 개발 팀과 운영 팀에 알렸다. 정해진 날에 카드를 종료할 것이라고 사람들에게 말했고, 어떤 문제가 있을지 알려달라고 했다. 정해진 날이 되자 104개의 카드를 종료했다. 오직 두 사람만이 카드를 유지하길 원했다. 모든 카드를 종료하는 건 정말 기분 좋은 일이었다.

이런 방식으로 모든 카드를 종료할 수 있다면 검증 기능은 쓸모가 없다고 생각할 수도 있다. 종료한 카드 중 다수는 오래됐고 이미 쓸모없는 것이었다. 운영 팀을 거치지 않고, 업무를 완료할 수 있는 다른 방법을 찾아냈다는 사실을 기억하자. 하지만 여기서 멈추지 않았다.

다음 실험에서는 카드가 검증 대기열에서 유휴 상태(무효화되는 것)로 방치되는 날짜 제한을 점점 줄이는 작업이 포함됐다. 팀원들에게 30일 간 조정되지 않은 유휴 카드를 자동으로 종료하겠다고 알리고, 다음 달에는 자동 종료 시간 제한을 14일에서 10일로 단축했다. 팀이 스스로 조정하고 카드를 더 빨리 검증하기 시작했다. 이전처럼 카드가 오래돼 내용을 거의 잊었던 것과는 달리, 상대적으로 해당 카드의 내용을 잊어버리기 전이라 검증을 완료하기 쉬웠다.

이것은 방치된 업무의 심각한 문제 중 하나이며, 업무를 방치하지 말아야 하는 중요한 이유다. 일단 업무가 할당되고 몇 주에서 몇 달 가량 방치되면 세부 내용을 잊어버리게 돼, 다시 파악하는 데 오랜 시간이 걸린다. '방치된 업무' 도둑은 업무가 오래 머무르면서 할당된 일이 잊혀지는 상황을 좋아한다. 매끄러운 흐름으로 업무를 진행해 '방치된 업무' 도둑을 멀리 쫓아버리자.

물론 언제나 지속적인 개선이 목표였으므로, 30일 뒤에 자동 종료 시간을 10일에서 7일로 줄였다. 30일이 더 지나고 난 뒤엔 5일로 줄일 수 있었다. 왜 처음부터 5일로 줄이지 않았을까? 왜냐하면 먼저 5일을 제시했다면 시작부터 힘들 수 있었기 때문이다. 유휴 카드들을 5일 뒤에 자동 종료하겠다고 처음부터 이야기하는 것은 지나치게 급진적인 변화다. 상대적으로 2주는 누구에게도 위협적이지 않은 긴 시간이다. 점진적인 변화를 통해 사람들은 조정하고 적응하는 과정을 쉽게 받아들인다. 검증 대기열은 일반적으로 5일마다 비우기 때문에 (때로 조금 더 오래 걸리는 카드도 있지만 사람들은 카드를 종료하지 않기 위해 코멘트를 작성해 업데이트한다) 카드의 사이클 타임이 극적으로 줄어들었다. 시스템을 관통하는 업무 흐름은 빨라졌으며, 검증 대기열의 문제는 즉시 해결됐다. 검증 대기열 구덩이가 개선되자, 다음 병목 현상이 눈에 들어왔다.

동시에 여러 업무를 진행하는 것은 업무를 완료하지 못하게 만드는 방법이고 모두를 태만하게 만든다. 수많은 일을 한 번에 하려고 하면, 사람들은 그 어느 것도 훌륭하게 해내지 못하고, 때로는 단 하나도 완료하지 못한다. 방치된 업무는 부분적으로 완료된 업무를 부르는 또 다른 말이다. 일부만 지어진 다리를 떠올려 보자. 이미 비싼 비용을 치뤘지만 완공되기 전에는 가치가 없다.

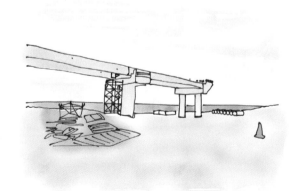

'방치된 업무' 도둑은 중요한 일이 긴급해질 때 시간을 훔친다. 시간 관리를 잘한다는 것은 긴급한 일이 아닌 중요한 일에 시간을 사용한다는 의미다. 화재 예방에 시간을 들여야 화재 진압에 사용하는 시간을 줄일 수 있다.

수익을 보호하는 업무는 '방치된 업무' 도둑의 주요 목표물이다. 비즈니스 부서는 시스템을 안전하고, 안정적이며, 기능을 유지하는 것을 신경 쓰지 않기 때문에 수익 창출 업무는 무형의 유지보수 업무나 개선 업무보다 우선순위가 높다. 많은 기업에서 단기 수익 창출 업무는 비즈니스 관련자들에게 최대관심사이지만, 플랫폼의 장기적 상태는 거의 생각하지 못한다. 결과적으로 수익 보호 업무는 디도스 공격DDoS attack이나 손상된 금융 데이터베이스 때문에 신용카드 결제가 중단되는 것처럼 폭탄이 터질 때까지는 뒷전으로 밀려난다.

물론 사람들이 의도적으로 이렇게 행동하지는 않는다. 사람들은 자신의 업무를 수행하는 데 집중하는 경향이 있으며, 동료들이 나와 똑같이 행동하리라고 가정하고, 그렇게 하면 모두 잘 될 거라고 생각한다. 인간이란 그런 것이다. 사람들은 무언가 정말 잘못된 것 같다고 느낄 때까지 연간 건강 검진을 피하는 경향이 있다.

방치된 업무 드러내기

방치된 업무를 명백하게 드러내는 방법이 있다. 특정 일수 내에 이동하지 않거나 업데이트되지 않은 업무 항목에 플래그를 표시하는 것이다. 그림 29에 플래그가 표시된 항목 두 개 중 하나는 9일 동안, 그리고 또 하나는 13일 동안 있었다.

이렇게 하면 노후된 업무를 시각화할 수 있다. 30일 동안 손대지 않은 시스템의 모든 진행 중 업무(백로그에 있거나 완료된 업무, 또는 아카이브 업무 제외)에 검색 조건 쿼리를 적용하자. 화면 스크롤 없이 한 번에 볼 수 있는 항목이 너무 많으면, 검색 조건을 60일, 90일, 120일로 늘려라. 쿼리 조건이 300일을 넘은 팀도 본 적 있으니, 팀의 쿼리 조건이 늘어나도 너무 나쁘게 생각하지 않길 바란다.

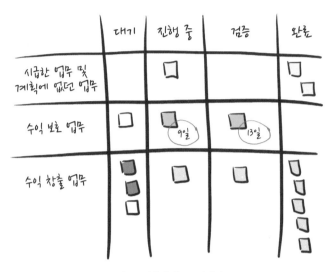

그림 29. 방치된 업무 드러내기

오래된 항목을 처리하기 위해 매일 10분짜리 회의(정말 10분만 진행해야 한다)를 계획하자. 업무를 생성한 사람과 현재 업무에 할당된 사람이 직접 만나는 스탠드업 직후가 적당하다.

다음은 회의를 계획할 때 쓸 수 있는 항목이다.

제목: 업무 항목 # NNNNN (업무 항목의 제목을 여기 입력하자)
참석자: 이 업무를 생성한 사람, 현재 이 업무에 할당된 사람
장소: 도미니카의 책상(원격 환경이라면 화상 채팅)
설명: 이 업무 항목은 시스템에서 현재 가장 오래 진행 중 상태에 머물고 있는 것으로 유명하다.

내일 스탠드업 직후, 이 카드를 종료하기 위해 10분 정도 시간을 내줄 수 있을까요?

정말 고마워요!
도미니카

10분짜리 회의는 어떤 프로젝트가 절약할 가치가 있는지, 신속하게 마무리할 수 있는지, 제거해야 할 좀비 프로젝트인지 결정하는 데 도움이 된다. 좀비 프로젝트는 시간, 에너지 그리고 돈을 소모하는 가치가 낮은 프로젝트라는 점을 기억하자. 좀비 프로젝트를 제거하는 것은 방치된 업무를 줄이고, 더 중요한 프로젝트를 빠르게 전달하며, 인터럽트를 줄이는 데 도움이 된다.

방치된 업무의 우선순위는 높지 않지만 여전히 정신적 예산을 소모한다. 연간 일정을 계획하기 위해 냉장고에 붙여 놓고 상기하는 것처럼, '방치된 업무' 도둑은 긴 시간 동안 사람들이 집중하지 못하게 괴롭힌다. 다음은 '방치된 업무' 도둑을 멀어지게 하는 세 가지 단계다.

1. 보드에서 움직이지 않고, 방치된 업무가 다른 업무에 미치는 영향을 확인하자.
2. 가장 중요한 업무를 완료하기 위해 여유를 확보하려면, 우선순위를 논의해서 진행 중 업무 개수를 줄여야 한다. 중요한 업무에 더 집중하거나, 일부 업무를 제거하거나, 백로그로 옮기는 추가적인 노력도 필요하다.
3. 2.4장에서 언급한 몇 가지 기술을 사용해 철저하게 시간을 보호하고, 오래된 업무를 완료하기 전에 새로운 업무 진행을 멈춰라. 『Stop Starting, Start Finishing!』(LeanKanban Univ. press, 2012)의 저자 아르네 록Arne Roock이 그의 책에서 말했듯이 끝내기를 시작하자!

에이징 리포트 만들기

🕐 **소요시간:** 40~60분

목적: 오래된 업무를 시각화해 가치의 흐름을 개선한다. 에이징 리포트는 오래된 진행 중 업무를 보여준다.

준비물:
- 큰 화이트보드나 큰 종이 혹은 벽 공간
- 포스트잇
- 보드 마커
- 컴퓨터, 그리고 이번에도 당연히 피자

설명:

업무 추적 도구에 30일 동안 움직이지 않거나 업데이트되지 않은, 부분적으로 완료된 업무 중 높은 우선순위를 찾는 쿼리를 적용한다. 30일의 조건으로 검색한 결과가 너무 많은 경우 60일, 90일로 조건을 변경한다. 우선순위가 높은 항목 중에서 7~11개를 무작위로 선택한다. 통계적으로 7~11개면 유의미한 무작위 샘플링에 충분하다.

선택한 각 항목에 다음 항목을 확인해 기입하자.

- (업데이트하거나 이동 또는 진행되지 않고) 얼마나 오래된 항목인지
- 비슷한 업무 항목 유형 카드의 평균 사이클 타임
- 비슷한 업무 항목과 비교해 이 업무가 며칠 동안 진행 중인지

이제 이 항목이 계속 지연되면 어떤 일이 생길지 기입한다. 업무가 지연될 경우 발생할 수 있는 상황을 기반으로 진행 중 업무 제한을 줄이고, 진행 중 업무의 우선순위를 다시 고려하자. 현재 보드 위에 있는 항목 중 최고로 가치 있는 업무를 찾고, 낮은 가치의 항목을 분리하자. 가능하다면 대대적인 개선 작업을

실시해 가장 높은 우선순위의 항목을 고객에게 제공할 수 있도록 하자. 업무를 시각화해 흐름을 개선한다. 중요하고 오래된 업무를 시각화해 흐름을 개선하는 것이 목표다.

상충하는 우선순위

🕐 **소요시간:** 60분

목적: 마찰의 원인을 드러내고 경쟁하는 프로젝트들 간에 지연된 업무를 나타내기 위해 상충하는 우선순위들을 시각화한다.

준비물:

- 시각적인 수단을 통해 토의를 진전하기 위한 화이트보드 또는 미로(Miro)나 뮤럴과 같은 온라인 도구

설명:

이 책의 2.3장에서 등장한 의존성 매트릭스 활동의 결과를 검토한다. 공통의 상충하는 우선순위들을 식별하기 위해 영향을 주는 사람들(다른 사람들이 필요로 하는 사람들)을 초대한다. 상충하는 우선순위를 만드는 동시 진행 프로젝트들과 요청들을 표를 만들어 시각화한다.

상충하는 우선순위의 원인을 나열한다. 예를 들어 디자이너는 동시에 네 명의 요청자나 프로젝트로부터 와이어프레임이나 일러스트레이션 작업 요청을 받을 수 있다. 또는 프로젝트 동안에 서로 경쟁하는 심각도 분류나 계획 노력으로 인해 주기가 늘어나거나 줄어든다. 이러한 것들은 아래와 같이 간단한 표로 나열될 수 있다.

표 2. 상충하는 우선순위

	심각도 분류	계획	디자인	검증
프로젝트 X	✓	✓	✓	
프로젝트 Y	✓		✓	
프로젝트 Z		✓	✓	✓
프로젝트 Q	✓		✓	
프로젝트 T	✓	✓		✓

다음을 논의한다.

1. 여러 요청을 처리하는 사람들은 어떤 식으로 다음에 처리할 요청을 결정하는가?
2. 어떤 유형의 요청들이 지연되거나 중단되는가?
3. 상충하는 우선순위를 낳는 요청의 사이클 타임을 측정한다. 여러분의 가치 흐름에서 어떤 상태가 활성화되거나 대기 상태에 있는지 검토한다. 이러한 측정이 불가능하다면 가치 흐름에서의 업무의 종단 간 흐름 타임을 가지고 요청을 비교하기 위해 사이클 타임 메트릭을 가능케 하는 방법을 연구하고 논의해보자.

업무를 제품별로 관리한다면 업무의 흐름 분배를 검토한다.
이때

기능 = 매출을 만들어내는 비즈니스 요청
(에픽(epic)/기능(feature)/스토리(story))

결함 = 결함, 버그

위험 = 보안 컴플라이언스, 감사, 정부 명령, 세금, GDPR

부채 = 미래 전달 능력에 대한 투자(아키텍처, 도구, 사람, 프로세스)

다음을 논의한다.

1. 의도된 분배가 무엇이었는가?
2. 이러한 분배의 절충사항들은 무엇이었는가?
3. 여러분의 우선순위 결정들을 되돌아보자.

요점 정리

- 중요한 업무가 지연되면 긴급하고 계획에 없던 업무가 된다.
- 지연을 시각화하자.
- 방치된 업무를 불러내고, 가치가 낮은 프로젝트를 제거하자.

2.7

유용한 보드 설계 예제

이번 장에서는 시간 도둑들이 피해를 입히는 상황에서 업무를 시각화하는
칸반보드 설계의 예제를 볼 수 있다. 칸반보드 설계의 뷔페라고 생각해도
좋다. 상황에 맞는 것을 선택해 사용하고, 맞지 않는 것은 넘기자.

다중 레벨의 보드 설계

업무가 오고 가는 것을 팀 간의 보드로 볼 수 있는 것처럼, 다중 레벨의 칸
반보드를 설계하면 여러 프로젝트와 교차 기능 팀 간의 협업을 볼 수 있게
도와준다. 다중 레벨의 보드 설계는 포트폴리오 레벨에서 팀 레벨까지 큰
그림을 제공해 현재 진행 중인 모든 업무의 가시성을 제공한다. 그림 30에
서 높은 레벨의 프로그램 1과 2는 실제 업무가 수행되는 팀 보드에 연결된
다. 팀은 업무를 작은 단위로 쪼개고, 업무 항목을 만든다.

만약 업무가 개발 팀에서 운영 팀으로 넘어가면, 상위 업무 항목parent
work item은 다른 팀 보드의 카드에 연결된다. 이것은 핸드오프 신호이며, 업
무를 시각적으로 만들어준다. 포트폴리오 레벨 업무를 시각화한 높은 레벨
의 보드, 다른 프로그램이나 가치 흐름value stream을 위한 중간 레벨의 보드,
그리고 팀 업무를 위한 낮은 레벨의 보드처럼 조직에서 3단계의 보드를 보

는 일은 흔하다.

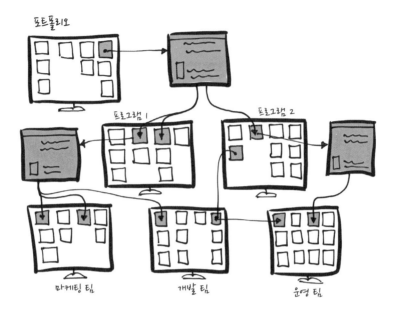

그림 30. 다중 레벨의 보드 설계

완료 대 진짜 완료

완료는 프로세스의 마지막 단계이며, 업무를 마무리하려고 누군가에게 넘긴다. 자, 해당 업무의 완료를 다시 생각해보자. 요청한 사람에게 어떤 가치도 제공하지 못한 업무를 단지 가시성을 얻으려고 완료 상태로 옮기는 것이 옳은 방법일까?

마트 선반 위에 있는 시리얼 상자를 생각해 보자. 콘플레이크는 고객이 구매할 때까지 시리얼 제조사인 켈로그에 어떤 가치도 제공하지 않는다. 선반 위에 있는 물건처럼 새로 개발된 기능이나 버그 수정은 요청한 사람이 손에 쥘 때까지 요청자에게 가치를 제공하지 않는다.

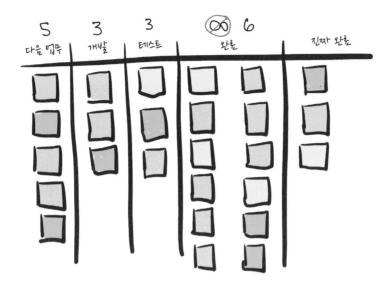

그림 31. 완료 대 진짜 완료

여기가 진짜 완료 열이 시작되는 부분이다. 아직 누군가에게 가치를 제공하지 않은 업무를 시각화하고 싶은 팀(고객 또는 내부 팀 구성원)은 완료 열을 사용해 '인벤토리Inventory' 업무를 시각화한다. 진짜 목표를 달성하면 업무는 진짜 완료 열로 이동한다.

마케팅 팀은 완료 열에서 가치를 얻는다고 주장할 수 있는데, 시장에 붐을 일으킬 수 있는 진짜 완료 시점이 곧 다가온다는 신호이기 때문이다.

그러나 고객은 업무가 완료 열에 들어간 것을 신경 쓰지 않는다. 새로운 기능이 실제 사용 환경에서 제대로 동작할 때까지 고객의 관점에서는 업무가 완료되지 않았다. 코드가 배포할 수 있는 상태가 되거나 실제 사용 환경에 배포된 지 꽤 시간이 지난 후에야 업무를 진짜 완료로 옮기는 경우도 많다.

PDCA 보드

『Out of the Crisis』(MIT Press, 2000)의 저자인 W. 에드워즈 데밍Edwards W. Deming은 1950년대에 수백 명의 일본 엔니지어와 사업가에게 통계적 공정 관리SPC, Statistical process control와 품질의 개념을 가르친 사람이다. 일본 제조업체는 데밍의 기술을 적용해 전례 없는 품질과 생산성 향상을 이뤘다. 데밍은 변화, 문제 해결 및 프로세스와 제품의 지속적인 개선을 위해 PDCAPlan-Do-Check-Act로 알려진 반복적인 4단계의 접근 방식을 사용했다. 그림 32는 반복적인 상태를 통해 업무의 흐름을 볼 수 있는 PDCA 보드 설계 예제인데 데밍의 팬들을 위해 넣었다.

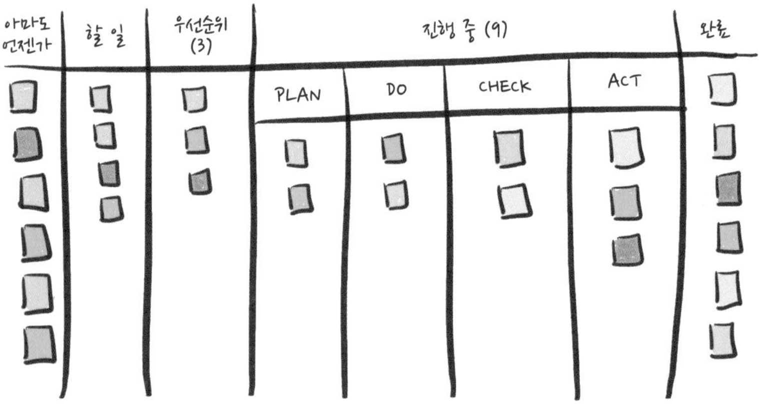

그림 32. Plan-Do-Check-Act 보드

홈 프로젝트 보드

IT 업계만 '너무 많은 진행 중 업무' 문제를 갖고 있는 것은 아니다. 이 책의 앞부분에서 언급했듯이 사람들은 배우자에게 늘 "예"라고 말하는데, 이는 좋아하는 사람이 나에게 물어봤을 때 "예"라고 말하고 싶은 욕구와 관련 있다.

그림 33은 우리 집의 프로젝트 보드다.

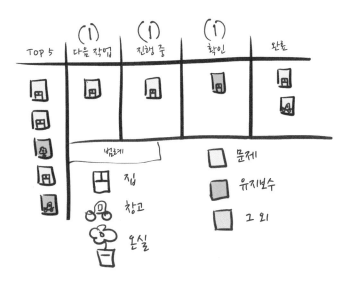

그림 33. 홈 프로젝트 보드

우리는 홈 프로젝트를 3개의 카테고리로 분류했다. 노란색은 문제, 초록색은 유지보수 그리고 나머지는 모두 파란색으로 표시했다. 이 작업은 매우 간단하게 5개 열의 보드를 통해 진행된다. 다음 프로젝트가 무엇인지, 현재 진행 중 업무가 무엇인지, 완료된 것과 확인해야 할 업무가 무엇인지 보여주며 서로 동의하면 완료할 수 있다. 그림 33의 Top 5 열은 현재 작업의 우선순위다. 거대한 백로그는 이 보드에 표시되지 않는다. 작업을 진행하는 동안에 변경될 가능성이 있기 때문에, 백로그 내용을 이야기하거나 우선순위를 매기는 것은 의미가 없다.

이 책의 앞부분에서 무너질 것 같은 낡은 건물 위에 남편이 위험하게 서 있는 동안 내가 온실을 만들자고 멍청한 질문을 했던 이야기를 기억해 보라. 그것이 '진행 중'과 '다음 작업'에 진행 중 작업 제한을 두게 된 이유다. 그림에서 보는 것처럼 작업이 '진행 중'에서 '확인' 열로 이동할 때까지는 어떤 작업을 당겨올 수 없고, 심지어 다음 작업에 관한 이야기도 할 수 없다. 남편의 대승리다. 하지만 내가 확인하기 전까지 남편은 어떤 것도 완료했다고 할 수 없다. 이것이 원-원 아닌가!

이사 관리

남편과 함께 집에서 칸반보드 사용법에 대해 이야기하면서 줄리아 웨스터가 이사를 준비할 때 사용한 보드를 함께 봤는데, 그 보드는 그림 34에서 볼 수 있다.[1] 보드를 사용해 이사에 필요한 일의 우선순위를 지정하고, 진척 상황을 추적할 뿐만 아니라 한 단계 더 나아가 카드로 각 항목의 비용을 시각화하고, 이사에 드는 전체 비용을 시각화할 수 있었다.

그림 34. 이사 관리 보드

1   Julia Wester, "Visualizing More than Just Work with Kanban Boards," EverydayKanban.com(http://www.everydaykanban.com/2016/03/09/visualizing-more-than-just-work-with-kanban-boards/), March 9, 2016

반복적인 업무

반복적인 업무를 시각화하는 방법은 여러 가지가 있다. 나는 짐 벤슨^{Jim} Benson과 토니안 드마리아 배리^{Tonianne DeMaria Barry}가 쓴 『Personal Kanban: Mapping Work, Navigating Life』[2]에서 설명한 접근 방식에서 영감을 받았다.

항상 보드를 복잡하게 만드는 반복 업무를 효율적으로 처리할 수 있도록 설계된 간단하고 우아한 접근 방식이다. 물리적 보드 대신 온라인 보드를 사용하는 경우, 온라인 보드에서 제공하는 다양한 데이터를 물리적 보드에서도 보여줄 수 있도록 설계를 변경했다(그림 35).

그림 35. 반복적인 업무

보드를 가로로 반을 나눈다. 반복적인 업무는 아래쪽에 표시하고, 일반적인 업무는 위쪽에 표시한다. 반복적인 업무를 표시하는 카드 템플릿을

---

2   Jim Benson, Tonianne DeMaria Barry, 『Personal Kanban: Mapping Work』, Createspace, 2011

만든다. 템플릿에는 이미 모든 정보가 채워져 있다. 템플릿을 복사해서 사용하고, 그것을 떼어서 진행 중으로 보내기만 하면 된다. 항목을 채우느라 발생하는 추가 비용과 반복적 업무를 시각화하기 어렵다는 핑계도 사라진다.

그림 35의 '템플릿'에 있는 첫 번째 예제는 회의인데, 이것은 9명으로 구성된 팀의 일일 스탠드업을 위한 것이다. 매일 진행되는 스탠드업을 일일이 카드로 생성하는 대신, 고정된 카드 하나를 해당 주의 진행 중 열에 붙인다. 카드의 숫자는 참석자의 수(9)와 스탠드업 회의 횟수(한 주 동안 스탠드업 회의마다 증가)를 나타낸다.

마찬가지로 교육 카드의 템플릿도 쉽게 복사하고 반복 사용해, 교육을 하는 데 필요한 사소한 반복 업무까지도 모두 추적할 수 있다.

칸반보드에서 반복 업무를 위한 영역을 별도로 설정한다. 반복적인 업무가 진행 중 업무를 증가시키는 원인이기 때문에 시각화는 매우 중요하고, 그 영향을 인정해야 한다. 2.4장에서 운영 관리자 에릭이 계획에 없던 업무로 곤욕을 치른 일을 기억하는가? 에릭처럼 되고 싶지는 않을 거라 생각한다.

구매 주문 보드 설계

때때로 구매 주문PO, Purchase Order 프로세스 처리에 시간이 너무 오래 걸려서, 구매 요청을 하고 완료될 때까지 전 세계를 항해할 수 있다는 생각이 들 때도 있다. 조직에서 린 씽킹을 실현하기 위해 진지하게 노력하는 사람들은 결국 회계 시스템에 부딪히게 된다. 고통을 수반하는 전통적인 회계 시스템은 린 씽킹 실현을 방해하는 데다가 매우 느리기까지 하다. 재무 부서는 린 트랜스포메이션에 마지막까지 저항하는 존재 중 하나다.

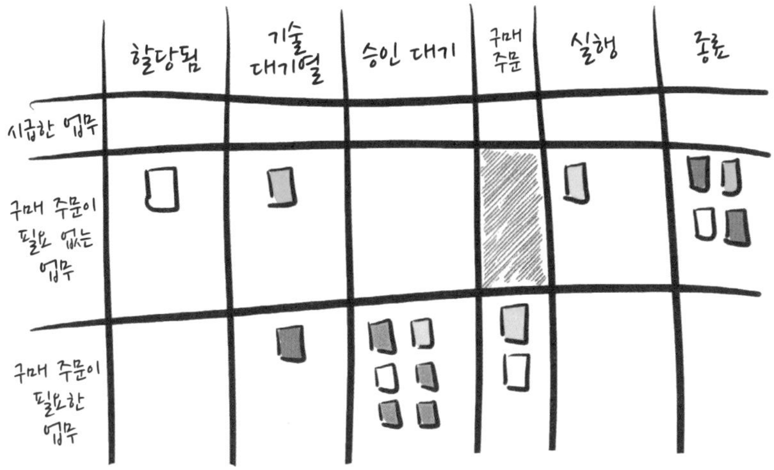

그림 36. 구매 주문 보드 설계

시간을 훔치는 다섯 도둑은 비용과 이윤을 기반으로 비즈니스를 추진하는 전통적인 회사에서 편히 지내고 있다. 고객이나 비즈니스 가치에 중점을 둔 린 조직에서 시간을 훔치는 건 어렵다. 그나마 좋은 소식은 기존의 전통적인 프로젝트 기반 자원 배분 및 비용 회계 방식에서 빠르면서도 낮은 추가 비용의 재무 관리 모델로 진화하는 일부 최고재무책임자[CFO]들이 있다는 점이다.[3]

회계 방식의 문제로 고통받고 있다면 재무 대기열에 들어간 업무가 대기하는 시간을 측정하는 방법을 고려하자(예를 들어, 컨설턴트에게 대금이 지급되는 시간을 측정해 보자).

그림 36에서 가로로 된 2개의 레인을 보자. 하나는 구매 주문이 필요 없는 업무고, 나머지 하나는 구매 주문이 필요한 업무다. 재무 부서의 승인을 기다리는 동안 승인 대기 열과 구매 주문 열은 유휴 상태인 업무에 가시성을 제공한다. 칸반의 목표는 문제를 시각화해 해결하는 것임을 기억하자.

---

3 Brian H. Maskell, Bruce Baggaley, Lawrence Grasso가 쓴 『Practical Lean Accounting: A Proven System for Measuring and Managing the Lean Enterprise』(CRC Press, 2016)를 참고

이 예제에서 재무 부서의 승인을 기다리는 데 소요되는 시간을 측정해 발생하는 지연 비용을 재무 부서가 볼 수 있도록 돕는 데이터를 만들 수 있다.

학생의 보드

어른들은 매사에 빈틈이 없도록 고군분투하는 것을 괴로워하면서도 정작 젊은이들이 그렇게 하지 않으면 충고를 하곤 한다. 학생들은 학업, 숙제, 집안일 및 그 외의 수많은 활동을 왔다 갔다 하다가 그중 일부는 잊어버린다. 밀려든 일의 마감일을 지키기 위해 늦은 밤 마지막 순간까지 벼락치기를 한다. 결과적으로 관련된 모든 사람에게 실망을 안겨준다.

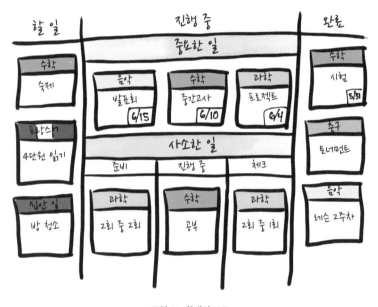

그림 37. 학생의 보드

보드를 사용하면 일을 미루다가 생기는 추가 스트레스를 피할 수 있다. 장기간 진행해야 하는 과제가 다른 일정표 페이지에 숨어있을 때 '눈에서 멀어지면 마음에서도 멀어지는' 상황이 일어나지 않도록 학생의 모든 일을 한 페이지에서 볼 수 있게 하자.

지금까지 업무를 시각화함으로써 시간 도둑들을 드러나게 할 수 있는 다양한 방법을 살펴봤다. 이제 다음 단계로 넘어가 보자. 예를 들어 이런 사례를 보고 실행한 뒤, 얻을 수 있는 모든 지식으로 무엇을 할 수 있는가? 보드와 시각화, 새로운 사례가 효과적이라는 점을 상사들에게 어떻게 증명할 수 있는가? 이것들이 왜 중요한지 궁금하다면 이후 내용을 살펴보며 궁금증을 해결할 수 있을 것이다.

요점 정리

- 다중 레벨의 보드는 조직 전반에 걸쳐 업무 흐름을 볼 수 있는 큰 그림을 제공한다.
- 작은 업무를 보드에서 추적할 필요는 없지만, 만약 해당 업무를 보드에 추가하는 것이 교차 학습을 촉진하거나, 누군가의 업무에 가시성을 높일 수 있거나, 의존성의 존재를 다른 팀에 알릴 수 있다면 보드에 추가하는 것을 고려하자.
- 구매 주문 보드는 전통적인 회계 시스템의 변화에 대한 동의를 얻는 데 필요한 메트릭을 제공할 수 있다.
- 칸반보드는 이사를 위한 홈 프로젝트부터 학생들의 활동 같은 비업무 상황에도 적용할 수 있다. 칸반은 일상 생활에서도 유용하게 활용할 수 있다.

PART 3

수많은 사람이 서로를 또렷하게 보지 못하게 하는
무지의 벽은 의사소통을 통해서만 뚫을 수 있다.

– 스콧 맥클라우드(Scott McCloud)

측정 메트릭,
피드백 그리고 주변 환경

시간 도둑들이 동시다발적으로 팀을 기습하고 있을 때, 팀 전체에 미치는 영향을 알아채기 어렵다.

하지만 도둑을 드러나게 하고 꼬리표를 붙인다면, 눈으로 직접 확인해 이 도둑들을 퇴출시킬 수 있을 것이다. 이를 위해 난 '도둑 다이어그램'Thief O'Gram'이라고 부르는 도구를 사용한다. 이는 도둑맞은 시간을 드러내서 위험 요소를 확대해주는 돋보기 역할을 한다.

3부에서는 팀이 얼마나 잘 하고 있는지 알 수 있는 방법을 다룬다. 흐름 메트릭을 사용해 업무 흐름의 상태를 측정하는 방법과 이유를 다룰 예정이다.

3부에서는 가장 중요하지만 사람들에게 잊혀진 운영 리뷰를 통해 조직이 어떻게 운영되는지를 이야기할 것이다. 운영 리뷰는 짧은 발표로 위장하고 있지만, 자료를 기반으로 조직의 건강 상태를 객관적으로 바라볼 수 있다. 3.4장에서 예시로 나오는 린 커피Lean Coffee나 짧고 효과적인 여러 토론 방법에서 볼 수 있듯이, 시간을 정해놓고 진행하는 대화 방법은 중추적인 논의를 통해 학습할 수 있는 기회를 제공한다. 이런 방법들은 우리가 논의해야 하는 방식을 알려주지만, 그 안에서 빠르게 요점을 파악해야만 한다.

사람들은 더 이상 도둑에게 시간을 뺏기며 낭비하고 싶지 않다.

시간 도둑을 드러내는 것은 사람들에게 큰 의미가 될 것이다. 다섯 도둑이 어디에 숨어 있는지 알고 있다면 쉽게 검거할 수 있다. 자, 이제 게임을 더 발전시킬 시간이다. 위험 요소는 보는 사람의 관점에 따라 다를 수 있으므로 도둑맞은 피해의 규모를 시스템의 위험 또는 불확실성을 추론할 수 있는 메트릭으로 변환해야 한다. 불확실성을 보여줌으로써 문제에 대처할 수 있고, 다음 결정에 일부 증거를 제공할 수 있게 된다. 하지만 이렇게 하려면 점쟁이의 구슬 속의 흐릿한 이미지로는 부족하고, 더 많은 기술과 정보가 필요하다. 우선 성공을 측정하는 방법과 결정을 내리는 요인부터 시작해보자.

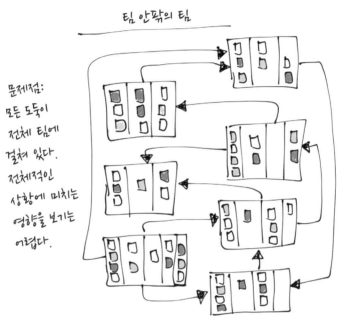

그림 38. 팀 보드 내의 팀

3.1

측정 메트릭 혹은 비용

3.1장에서는 고객이 실제 결과와 가까운 기대치를 가질 수 있도록 측정 메트릭을 사용할 예정이다. 고객은 항상 일을 완료하는 데 걸리는 시간을 불만족스러워하며, 요청 사항의 진행 현황을 볼 수 없다고 불평한다. 업무를 시각화하는 것은 시간 도둑들이 당신과 조직에 끼친 모든 피해를 드러내는 비결이다. 메트릭 데이터를 정확히 찾아내면 조직 내에서 판단의 근거로 삼을 수 있고, 빠른 변화에 도움이 될 것이다. 메트릭은 사람들의 이목을 집중시킨다.

수많은 팀이 임의로 완료일을 정하지만 기한due date을 맞추지 못한다. 이제는 더 현명하게 확률적인 접근을 시도할 때가 됐다.

기한이 없다는 발상에 당황하는 사람들을 위해 적절한 상황을 예시로 알려주겠다. 기한이 임의인지 아닌지 판단하는 것은 우리가 어떤 시각으로 보는지에 달려 있다. 2018년 6월 14일에 시작된 2018 FIFA 월드컵은 실제 기한을 보여주는 예다. 연방 정부에서 예정한 보안 감사도 마찬가지다.

CFO가 정한 새로운 CRM 시스템의 도입 마감 기한은 미심쩍다. 사용자 경험UX, User eXperience 향상을 위한 변경인가? 이는 틀림없는 독단적 결정이다. 실제로는 화요일이나 목요일, 심지어 다음 주 월요일에 전달된다고 해도 별로 문제가 되지 않을 것이다.

기대치를 올바르게 설정하면 기한을 매번 정할 필요가 없다. 예측 가능한 것은 중요하며, 예측할 수 있으면 시간을 절약할 수 있다.

예측 가능성이 높아진다는 것은 확률과 방법에 대해 이야기할 필요가 있음을 의미한다. 일단 확률론적 접근 방식으로 전환한다면, 시간대별 기대치가 개선될 수 있다. 더 나은 기대치를 설정하면 경영진이 만족스러워하고, 이전에는 불편했던 스탠드업과 회고가 의외로 재밌어진다.

좋은 측정 메트릭은 진행 상황을 확인하고, 실제 소요되는 시간을 파악하는 데 도움이 된다. 내부 고객들의 가장 큰 불만이 '너무 오래 걸린다'는 것임을 기억하는가? 측정 메트릭을 통해 실제로 얼마나 오래 걸리는지 증명하고, 왜 그렇게 오래 걸리는지 추정할 수 있다.

일반적으로 문제는 임의의 기한에서 시작된다. 특정 기한(때로 잘못된 추정치에 근거한)은 처음부터 잘못된 기대치를 정한다. 하지만 할 수 있는 최선의 노력에도 불구하고 상충하는 우선순위, 알려지지 않은 의존성, 그리고 언제 어디서나 튀어 나오는 계획에 없던 업무 때문에 기대를 충족할 수 없게 된다.

모든 것이 생각보다 오래 걸리고, 업무가 복잡한 경우라면 더욱 그렇다. 호프스태터의 법칙Hofstadter's law은 복잡한 업무의 완료 기한을 정확히 추정하는 것을 조롱하는 문구다(호프스태터의 법칙을 고려하더라도 항상 기대한 것보다 더 오래 걸린다).[1] 사람들은 일을 마치려면 예상한 기한보다 더 오래 걸린다는 것을 경험을 통해 알고 있다. 무언가를 요청했을 때 얼마나 자주, 예상보다 빠르게 처리되는가? 만약 이런 일이 흔한 회사가 있다면 내게 연락

---

1 호프스태터의 법칙: 심리학 용어로, 일을 마치는 데 예상한 것보다 더 오랜 시간이 걸리는 현상을 말한다 (https://terms.naver.com/entry.nhn?docId=3552832&cid=40942&categoryId=31531), 네이버 지식백과, 두산백과 참조 – 옮긴이

을 주기 바란다. 그 회사에 꼭 입사하고 싶다!

지금까지 어느 회사에서 어떤 역할을 맡았는지와 상관없이 고객들로부터 받은 피드백은 항상 비슷했다. 프로젝트를 완료하는 데, 새로운 기능을 제공하는 데, 새로운 클라우드 컴퓨팅 플랫폼을 설정하는 데 시간이 너무 오래 걸린다는 내용이었다. 모든 사람은 더 빨리 물건을 받길 원하고, 지연되면 불만을 갖기 마련이다. 시간 도둑들이 사람들의 고통을 이용해 뒤에서 '그저 빨리만 하면 돼'라고 속삭이기 때문이다.

기한이 정해지면(일반적으로 영업 혹은 마케팅 임원이 결정한다) 보통 작업 지연은 개발 팀에서부터 시작한다. 기능을 개발하고 고객에게 제공할 시간이 충분하다고 생각하며 프로세스를 시작하지만 예상대로 진행되지 않아 일이 지연된다. 어쩌면 다른 웹 팀과의 의존성을 알지 못했거나, 관계형 데이터베이스 관리 시스템이 제한적임을 예상하지 못했거나, 핵심 API 개발자가 아플 수도 있음을 미처 몰랐기 때문일 것이다. 이유가 무엇이든, 예상하지 못한 장애물이 일정을 방해하게 되면 기한 내에 일을 끝내지 못한다.

생산 환경에 영향을 미치지 않을 거라 보장했던 변경 작업이 실제로는 영향을 미치거나, 데이터베이스 업그레이드 작업이 팀 간의 중요한 계획 회의 시간에 진행되거나, 자동화 엔지니어가 물리학 박사 과정을 밟기 위해 떠나는 등의 이유로 운영에서 더 많은 지연이 발생한다.

설득력 있는 근거가 없는 상황에서 납기와 기한을 정하기는 어렵다. 데이터가 부족하면 누군가의 의견을 바탕으로 한 의사결정을 하는 경우가 많은데, 이것은 좋은 데이터에 근거한 의사결정(예를 들어 눈에 보이는 업무)보다 문제 발생 가능성이 높다. 10년 동안 내진 개조를 경험한 공인 구조 엔지니어와 DIY 개조 방법이 가장 좋다고 주장하는 회계사 처남 중 누구의 조언을 들어야 할까? 측정 메트릭은 이럴 때 유용하며, 사람들이 좋은 결정을 내리는 데 도움을 준다.

연료계, 나침반 또는 계기판 없이 비행기를 조종

한다고 상상해 보라. 조종사가 얼마나 위험할까? 조종석에 있는 모든 비행 계기에는 이유가 있다. 비행 계기가 없다면 조종사는 남은 연료, 비행 속도 및 방향에 대한 정보를 얻는 데 어려움을 겪을 테고, 이는 차례대로 여러 비행기의 착륙을 안내하는 관제탑에 영향을 줄 것이다. 마찬가지로 IT 부서에서 가시적인 데이터가 부족하면 실제로 어떻게 일을 하는지 알려줄 수 없기 때문에 문제를 알 수 없다. 문제를 볼 수 없으면 분석하기 힘들고, 결국 어떤 방향으로 가야 할지 알기 어렵다. 이처럼 좋은 측정 메트릭은 사람들과 업무를 올바른 방향으로 인도한다.

일이 얼마나 오래 걸릴지 예측할 때(호프스태터의 법칙을 기억하자) 진행 상황을 측정하는 메트릭을 보는 것이 유용하다. 실제 진행 상황이나 진행되지 않는 상황을 보여주는 가장 좋은 메트릭은 리드 타임, 사이클 타임, 진행 중 업무, 에이징 리포트^{aging report}다. 3장에서는 앞서 얘기한 측정 메트릭을 집중적으로 다룬다.

흐름 메트릭

상사(또는 고객, 배우자, 선생님, 코치)는 X가 언제 완료되는지 알고 싶어 한다. 이 질문에 대부분의 사람은 각각의 과정이 소요되는 시간을 예상하고, 모든 단계를 합쳐서 대답한다. 항상 시간이 더 오래 걸리기 때문에 보통은 만일의 사태에 대비한 버퍼를 추가한다. 수많은 사람들은 끔찍할 정도로 추정을 제대로 하지 못한다. 심지어 본인의 전문 영역에서도 말이다.

남편과 함께한 내진 개조 작업은 4주 정도 걸릴 것으로 예상했는데 6주가 걸렸다. 과거에 가스 및 수도관 작업을 많이 했지만, 가스관과 수도관을 단단한 금속 호스에서 유연한 호스로 교체하는 작업이 얼마나 오래 걸릴지는 예상하지 못했다.

낙관주의는 "언제 끝날까?"라는 질문에 답변할 때 일반적으로 보이는 인간의 특성에 가깝다. 소프트웨어의 추정도 마찬가지다. 개발자들은 암묵적으로 달성 가능해 보이는 비즈니스 목표 때문에 경영진이 승인할 만한 낙관적인 추정을 제시한다. 게다가 사람들은 낙관적이기 때문에 더 많은 일을 한다. 그것은 1부에서 언급한 사람들이 자신의 능력보다 더 많은 일을 하는 5가지 이유 중 하나다.

전통적인 추정 프로세스의 문제(프로세스의 각 부분이 소요되는 시간을 더하고, 버퍼를 추가하는 것)는 각 단계가 완료되는 과정이 불확실하다는 점이다. 각 단계는 휴일, 눈 오는 날 그리고 약 100만 가지 다른 것과 함께 '알려지지 않은 의존성' 도둑, '계획에 없던 업무' 도둑, 그리고 '상충하는 우선순위' 도둑의 공격에 취약하다. 추정은 자신감보다는 더 많은 불확실성으로 채워진다.

추정 프로세스는 중요하다. 왜냐하면 대부분의 경우 프로젝트가 제때 전달되지 않으면 끔찍한 추정에 대해 책임을 져야 하기 때문이다. 점점 더 많은 프로젝트가 늦게 끝나고, 점점 더 많은 직원이 목표를 달성하지 못하면서 '추정하지 않기 운동'은 점점 탄력을 받는다. 이 상황에서 여러분은 무엇을 해야 할까? 도움을 받고 싶다면 흐름 타임flow time을 보자.

흐름 타임은 어떤 일을 시작해서 마칠 때까지 얼마나 오랜 시간이 걸렸는지 측정한 것이다. "잠깐, 그건 사이클 타임이야."라고 생각할 수도 있다. 그 생각도 맞지만 맥락에 따라 정의하는 방법이 다르다. 사이클 타임은 누구에게 질문하느냐에 따라 다른 의미를 지닌다. 사이클 타임이 애매모호한 용어라 일반적으로 속도 메트릭을 다룰 때 흐름 타임을 사용하는 것을 선호하는데, 그 이유는 린과 맥락이 통하기 때문이다. '흐름 타임'이라는 용어는 한동안 유행했는데 내가 지어낸 말은 아니다. 흐름 타임은 실제로 린을 지탱하는 주요 기둥이다.

흐름 타임에는 시작 시간과 종료 시간이 있다. 다른 개념이나 복잡한 조건 없이 그게 전부다. 주말이라고 해서 시계를 멈추지는 않는다. 시작과 중지, 다시 시작과 중지, 또 시작과 중지를 하지 않는다. 흐름 타임은 그렇게 일정 기간 진행한 업무의 x%를 완료할 확률을 정량화하는 것이다.

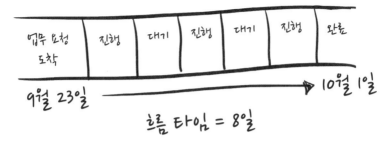

그림 39. 흐름 타임 메트릭

예를 들어 특정 유형의 업무 90%가 10일 이내에 전달되는 과정을 보여 주는 바람직한 흐름 타임을 수집하면, 10번 중 9번은 10일 이내에 이런 종류의 요청을 완료해 제공한다고 말할 수 있다. 사람들은 10%의 확률로 어떤 일은 더 오래 걸린다는 사실을 알고 있다. 흐름 타임은 고객들이 완료 일정을 예측할 수 있도록 도움을 주기 때문에 중요하다.

리드 타임과 사이클 타임은 흐름 타임 메트릭의 유형이다. 두 개 모두 지속되는 시간을 측정한다. 피자 주문 및 배달을 예로 들면 리드 타임 시계는 고객이 피자를 주문할 때부터 똑딱거리기 시작하고, 요리사가 피자를 만들기 시작할 때까지 사이클 타임 시계는 시작하지 않는다. 피자를 주문하는 사람들은 리드 타임을 신경 쓴다. 주문 고객은 피자가 빨리 배달되기를 원한다. 내부 팀은 사이클 타임을 중시한다. 팀은 배달 파이프라인에서 좀 더 효율적으로 대기 시간을 줄이려고 노력한다. 린 조직은 속도와 효율성을 최적화한다.

전통적으로 제조업 관점의 사이클 타임은 유닛 단위로 완성하는 평균 시간을 나타내는 비율로 계산된다. 개인적으로는 사이클타임을 업무를 시작할 때부터 완성된 유닛이 고객에게 전달될 때까지 경과된 시간으로 정의하는데, 많은 소프트웨어 기술 조직도 동일하게 정의한다. 리드 타임과 마찬가지로 사이클 타임도 업무가 언제쯤 완료될지에 대한 확률을 정량화한다. 사이클 타임은 리드 타임과 다르게 일이 시작될 때야 비로소 시계가 똑딱거리기 시작한다. 사이클 타임이 중요한 이유는 일단 업무가 시작된 후, 내부적으로 얼마나 오래 걸릴지를 보여주기 때문이다. 의존성을 가진 다른 팀을 기다리는 것이 일정에 어떤 영향을 미칠 수 있는지 알 수 있다.

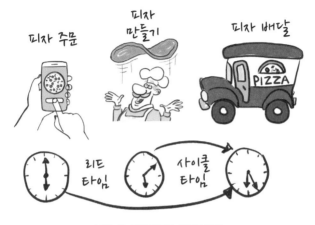

그림 40. 리드 타임과 사이클 타임

　진행 중 업무가 지속적으로 증가하고, 흐름 타임이 길어지면 쉽게 예측할 수 있는 확률은 감소한다. 진행 중 업무가 얼마나 다양한 작업들이 동시에 곡예하듯 진행되는지 보여주는 척도임을 기억하자. 대부분의 메트릭이 후행 지표인 것과 달리 진행 중 업무는 선행 지표이다. 파이프라인에 진행 중 업무가 많을수록 완성하는 데 더 오래 걸린다. 진행 중 업무가 완료 시간을 지연시키는 이유를 수학적으로 이해하기 위해 '리틀의 법칙'을 살펴보자. 리드 타임은 진행 중 업무/처리량과 같다는 점도 떠올려보자. 진행 중 업무가 분수에서 분자임을 감안할 때, 진행 중 업무가 커지면 리드 타임도 증가한다는 사실을 사람들은 알고 있다. 이에 대한 증거는 매일 매일 경험으로 측정할 수 있다.

　하지만 리틀의 법칙에는 몇 가지 가정이 있다. 대니얼 베이컨티는 자신의 저서 『Actionable Agile Metrics for Predictability』에서 이런 내용을 이야기한다. 대니얼 베이컨티는 리틀의 법칙이 가진 진정한 힘은 리틀의 법칙이 동작하는 원리를 사람들이 이해하도록 만드는 것이라고 했다.[2] 모든 메트릭은 가정에 기초하며, 리틀의 법칙도 마찬가지다. 가정에 의문을 제기하면 메트릭의 신뢰가 떨어진다. 메트릭을 진지하게 받아들이려면 가정을 심사숙고해서 확인해야 한다.

리틀의 법칙 가정

- 모든 측정 단위는 일관성이 있다.
- 평균 도착률 = 평균 출발률
- 시스템에 들어오는 모든 업무는 완료되며 종료된다.
- 진행 중 업무의 평균 수명은 증가하지도 감소하지도 않는다.
- 진행 중 업무의 총량은 대략 처음과 마지막이 동일하다.

교육 팀은 고객 사이트를 방문하거나 콘퍼런스에서 발표하지 않는 기간 동안 자료 제작에 집중할 수 있고, 더 빨리 작업할 수 있다. 마케팅 팀은 13개의 계획 업무를 한꺼번에 작업할 때보다 7개만 작업할 때 더 빠르다. 대학생들은 3개 수업을 수강할 때보다 2개 수업을 수강할 때 과제를 더 빨리 끝낸다. 일의 복잡성에 따라 다르다고 주장할 수도 있다. 신입생이 수강하는 3개 수업의 과제는 대학원생이 수강하는 2개 수업의 과제보다 완료하는 데 시간이 덜 걸릴 수 있으며, 이것이 바로 업무 유형 분류가 중요한 이유다. 업무를 분류하면 각 카테고리에 대한 진행 중 업무 리포트를 얻을 수 있고, 그것으로 진행 중 업무 할당량을 향상시킬 수 있다.

---

2   Daniel S. Vacanti, 『Actionable Agile Metrics for Predictability: An Introduction』, Leanpub, pp. 51–53, 2015

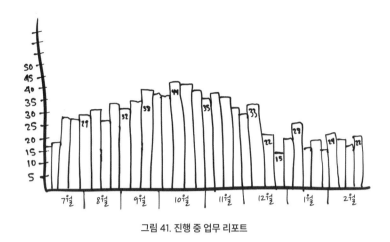

그림 41. 진행 중 업무 리포트

대기열 이론

어째서 특정 의사의 진료실만 항상 대기 시간이 길까? 바쁜 의사가 더 괜찮은 의사고 환자가 많기 때문일까? 내 경험에 의하면 딱히 그렇지도 않다. 좋은 의사를 만나기 위해 오래 기다리는 것과 별반 다르지 않게, 형편없는 의사를 만나기 위해 기다리는 시간도 길었다. 의사가 내 슬개골이 탈구된 뒤 위축된 사두근quad muscle을 재활하기 위해 할 수 있는 일은 아무것도 없다고 말하는 것을 듣기 위해 한 시간을 기다렸던 적도 있다.

대기 시간이 길지 않은 진료실은 수용량을 100% 활용하지 않은 예시를 보여준 곳이라고 생각한다.

진행 중 업무와 수용량 활용 간에는 직접적인 연관성이 있다. 수용량 활용도capacity utilization는 실제 사용된 총 수용량의 백분율이다. 만약 의사가 10시간 동안 사무실에 있고, 10시간의 예약이 있다면, 수용량이 100% 활용되고 있다고 볼 수 있다. 의사가 10시간 동안 사무실에 있고, 7시간 동안 예약이 있었다면 수용량을 70% 활용한 것이다.

배가 아픈 환자가 전화를 걸어 당일 바로 진료를 받아야 할 때는 어떻게 될까? 모두가 한 번쯤은 겪어봤을 일이다. 이틀 전에 예약하고, 대기실에 30분 동안 앉아 있는데 새로운 사람이 들어와서 접수를 하고 10분 후 접수 담당자가 나중에 온 사람을 먼저 부른다. 40분째 기다리던 사람들은 서로 눈을 굴리고 한숨을 쉬며, 본인 인생에서 사라진 40분에 대해 속으로 투덜거린다.

수용량 활용률 100%로 인력과 리소스를 운영하려면 대기 시간이 생긴다. 수용량 활용도가 높을수록, 특히 IT 같이 변동성이 큰 분야에서는 대기 시간이 길어진다.

'변동성'이라는 단어를 말할때는 일관적이지 못하거나 갑자기 발생한 사건들이 어떻게 변할 수 있는지를 이야기한다. '계획에 없던 업무' 도둑이 당신의 배포를 방해하고, 네트워크 스위치가 200대 또는 2000대의 서버를 사용하는 것으로 악화되는 경우를 예로 들 수 있다. 또는 누군가가 보안이 되지 않은 DB 서버에 접속할 때, 아니면 동료가 전화로 병가를 낼 때 그리고 의사의 진료 대기실에서 나중에 온 누군가가 앞에 줄을 설 때를 예로 들 수 있다.

예측할 수 없는 일 때문에 변동성이 발생하고, 변동성이 높을수록 수용량이 과부하된다. 더 많은 사람과 자원을 활용할수록 비용이 더 많이 들고 위험이 높아진다. 컴퓨터는 100% 사용량에 가까워지면 응답을 멈춘다. 고속도로도 이용량이 꽉 차면 막힌다. 좋은 의사의 진료실은 대기열 이론을 이해하고, 환자의 변동성을 고려할 수 있는 곳이라고 생각한다. 사람이나 자원의 활용률이 높아질수록 대기열이 길어진다. 그리고 어느 정도 직관적이지만 그 이면에는 과학이 있다.

이것은 대기열 이론queueing theory이라고 부른다. 수학적으로 살펴보면 대기열 길이에 영향을 미치는 가장 중요한 요소가 수용량 활용인 이유를 알 수 있다. 대기열의 길이가 길수록 시간이 더 오래 걸리기 때문에 길이에 관심을 가져야 한다. 아래 그림은 킹맨의 공식Kingman's formula(대기열의 평균 대기 시간 근사치)을 설명하는 곡선이다. 이 곡선을 통해 수용량 활용과 대기 시간의 관계를 볼 수 있다.

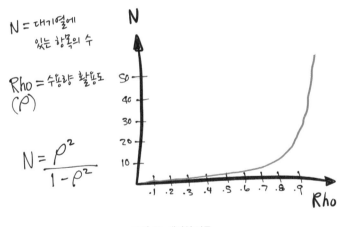

그림 42. 대기열 이론

대기열 이론은 대기열을 연구하는 응용 통계 분야다. 대기열 이론은 대기 시간과 수용량 활용 간의 관계를 정량화할 수 있게 해준다. 심지어 요청이 들어온 시간과 처리하는 데 걸리는 시간이 변동적인 경우에도 마찬가지다. 시스템이 처리하는 것보다 더 빨리 요청사항이 생기면 대기열에 들어간다.

60~80%의 활용률에서 벗어나면 대기열이 2배로 늘어난다. 활용률이 80~90%가 되면 대기열은 다시 2배가 되고, 다시 90~95%가 되면 그 2배가 된다.[3] 80%의 활용률을 초과하면 대기열 크기가 기하급수적으로 증가하고, 100%가 되면 속도가 느려진다.

20%의 '창의적인' 시간 정책을 가진 회사에서 일해본 적 있는가? '창의적인' 시간 정책의 주된 이유는 혁신(단지 보너스)이 아니라 수용량 활용도를 100%가 아닌 80%로 유지하기 위함이다. 1948년 3M은 15%의 여유 시간을 줬고, 그로부터 몇 년 후 포스트잇을 출시했다.[4]

서버 활용이 100%가 되지 않도록 하고, 스스로에게도 그렇게 하지 말자.

사람이 아닌 업무를 주시하자

에이징 리포트는 완료되지 않은 업무가 파이프라인에 얼마나 오랫동안 머물렀는지 보여준다(그림 43). 60일(또는 90일 혹은 120일) 동안 시스템에 있었던 업무를 보면, 얼마나 많은 낭비가 있었는지 알 수 있다.

사람들은 설득력 있는 증거 없이 다른 사람들의 동의를 얻거나 그들이 어떤 행동을 하도록 만들기 위해 상황을 묘사할 때, 자신의 신용도에 의존한다. 팀원들이 서로 어떤 관계인지에 따라 이런 식의 믿을 수 없는 증거는 의심이나 회의적인 태도, 심지어 불신으로까지 이어질 수 있다. 이것은 바로 양적인 측정이 좋다는 반증인데, 대개 개인적인 통찰력이나 경험보다 더 정확하기 때문이다. 좋은 메트릭은 우리가 현명한 결정을 내리는 데 도움을 준다.

3   Donald G. Reinertsen, 『The Principles of Product Development Flow: Second Generation Lean Product Development』, p 59, Celeritas, 2009

4   Kaomi Goetz, "How 3M Gave Everyone Days Off and Created an Innovation Dynamo," Co.Design, February 1, 2011

에이징 리포트

작업하지 않는 날
[10]

제목	우선순위	마지막으로 작업한 날	상태	기간 / 평균
IP 필터 수정	1	1/10/17	승인	
HA 프록시 업데이트	2	1/14/17	진행 중	
호스트 이름 변경	1	1/22/17	배포 대기	
태블로 10 설치	1	1/26/17	리뷰 중	

0 10 20 30 40일

▢ 평균
━ 머무른 기간
━ 평균보다 오래됨

평균 대비 현재 상태의
항목 지속 기간

그림 43. 에이징 리포트

리소스 효율성에 과도하게 집중하면 시간을 낭비하게 된다.

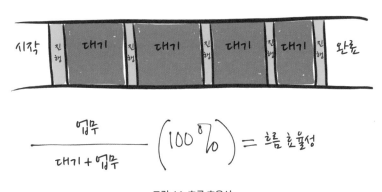

$$\frac{업무}{대기 + 업무} \left(100\%\right) = 흐름\ 효율성$$

그림 44. 흐름 효율성

　좋은 측정 메트릭은 다른 사람들이 더 명확한 그림을 볼 수 있도록 돕고, "언제 완료될까?"같은 질문에 더 정확한 기대치를 갖는 데 도움을 준다. 마감일은 대기 시간을 고려하지 않는다. 그리고 대개 문제는 진행 시간

중에 발생하는 것이 아니라 대기 시간 중에 발생하므로, 마감 시간에 일을 완료하려면 대기 시간에 더 집중해야 한다. 각 업무 항목의 배치 크기는 얼마여야 하는가? 최적의 제공률은 얼마인가?

이와 관련해서 살펴볼 2가지 요인은 다음과 같다.

1. 피드백 지연과 출시 지연으로 인해 비용이 발생한다.
2. 업무 항목을 설정하고 작업하는 데 필요한 초기 비용과 추가로 거래 비용 또는 조정 간섭 비용이 있다.

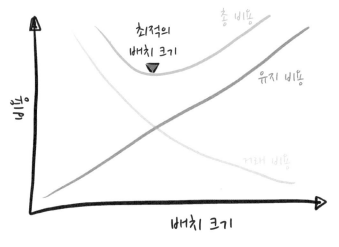

그림 45. 최적의 배치 크기

전달하려는 최적의 배치 크기는 규모의 경제 영향과 응답 지연 비용(보유 비용과 거래 비용)의 조합에 따라서 달라진다.

어떤 사람들은 규모의 경제Economics of scale 개념 때문에 대규모 배치 크기에 편견이 있다. 규모의 경제는 제품의 생산량 증가와 함께 발생하는 비용상의 이점이다. 비용 우위는 일부 제조업 분야에서 나타난다. 보잉은 조립라인에서 단일 제품을 대량 생산한다. 한 번에 하나의 비행기에 필요한 엔진만 만들면 거래 비용이 너무 높기 때문에, 관련 간접 비용을 줄이기 위해

한 번 작업할 때 여러 개의 엔진을 만든다.

상업용 항공기 엔진 제조나 서적 출판처럼 한 번에 대량으로 생산하는 프로젝트에서는 효율성에 중점을 두면 더 나은 회계 결과를 얻을 수 있다. 하지만 지식 노동에서 조정 비용의 문제는 배치 작업의 크기에 따라 비선형적으로 증가한다. 낡은 사고방식의 관점으로 배웠던 규모의 경제에서의 가정은 소프트웨어 개발과 같은 지식 노동의 문제에는 적용되지 않는다.

더 좋은 난로로 교체하지 않았지만, 내 작은 나무 난로는 지금까지 잘 작동한다. 난 일하는 방식을 뽀모도로 스타일로 바꿨고, 30분~45분 타이머를 설정한 후 벨소리가 울릴 때까지 일에 집중하고 있었다. 난로에는 뜨거운 숯이 충분히 남아 있어, 추가로 나무를 넣어 난롯불을 유지할 수 있다. 그러면 30분~45분 동안 '방해 금지' 시간을 또 한 번 갖게 된다. 난로에 나무를 추가하는 3분에서 5분 정도의 짧은 휴식 시간은 생각보다 더 많은 도움을 줬다.

일어나서 스트레칭을 하고 일이 얼마나 되었는지(혹은 그렇지 않은지) 평가하고, 앞으로 30분~45분 동안 더 잘 할 수 있도록 힘을 불어넣는다. 이전에는 90분~120분 동안 일하면서 필수적이지 않은 일에 너무 많은 시간을 할애했다. 시간이 짧을수록 무언가를 더 빨리 끝내야 한다는 긴박함이 생기고, 일을 더 작은 덩어리로 나누게 된다. 결국 난 더 효율적인 사람이 됐다.

바나나를 사려고 마트에 갔다고 상상해 보자. 한 번에 6개월 치 바나나를 구입하면 간접 비용은 저렴하지만, 10일만 지나도 대부분의 바나나가 썩기 때문에 결국 돈을 낭비한 셈이다. 하루에 한 번 바나나를 구입하면 썩지는 않지만 간접 비용은 높을 것이다. 왜냐하면 매일 마트에 가야 하기 때문이다. 그 중간쯤에서 적절한 바나나 구입 시기를 찾으면 될 것이다.

배치 크기의 축소는 린 제조방법의 중요한 원칙이다. 제조 업체는 작은 배치를 만들어서 진행 중 업무를 대폭 줄이고, 피드백을 가속화할 수 있으며, 이를 통해 사이클 타임, 품질 및 효율성이 향상된다. 소프트웨어 개발에 작은 배치를 적용하면 훨씬 더 이롭다. 소프트웨어를 만드는 코드는 보기 어렵고, 제품에 통합되지 않으면 빨리 망가지기 때문이다.

크기가 작은 배치 작업은 짧은 리드 타임을 예측할 수 있게 해주는 가장 좋은 변수 중 하나다. 현재 진행 중 업무의 평균량은 배치 크기에 정비례한다. 진행 중 업무의 개수를 제한하는 것과 마찬가지로 배치의 크기도 제한한다. 작은 크기로 일괄 처리된 업무는 피드백을 받기 전에 완료해야 하는 업무량을 제한한다. 더 빠른 피드백이 더 나은 결과를 가져온다.

배치의 크기가 작으면 대부분의 가치 흐름에서 빠르고 예측할 수 있는 리드 타임을 만들어낼 수 있으므로, 매끄럽고 균일한 업무 흐름을 만드는 데 집중할 수 있다.

앞의 사례를 업무와 실생활에서 활용하면서 시간과 비용 및 스트레스를 얼마나 절약했는지 측정 메트릭으로 보여줄 때, 사람들은 시간 도둑을 주변에서 추방할 수 있다.

당신의 의사결정을 돕는 메트릭을 수집하는 데 에너지를 투자하라.

– 에릭 리스(Eric Ries)

시간 도둑 다이어그램

신사 숙녀 여러분, 시간 도둑 다이어그램을 소개한다.

이 도구를 돋보기 삼아 조직 전체를 관통하는 불확실성의 범죄자 명단에 불을 비추길 바란다.

시간 도둑 다이어그램의 의도는 매우 위험한 상태를 드러내주는 메트릭을 보는 것이다. 일정 기간 내에 완료한 스토리 포인트(속도^{velocity}), 실제 사용 환경으로 빠져나간 버그의 수 또는 실제 사용 환경에 배포한 수 등과 같은 일반적인 메트릭은 위험을 제대로 드러내지 못한다.

3.2 장에서는 도둑맞은 시간을 측정하는 법을 다룬다. 도둑맞은 시간은 애초에 문제를 일으키고 고품질의 산출물을 신속하게 제공할 수 없게 만든 요인을 측정해야 한다. 너무 많은 진행 중 업무, 계획에 없던 업무, 방치된 업무, 상충하는 우선순위 그리고 알려지지 않은 의존성, 이것들이 업무를 지연시키는 숨겨진 이유다.

각 시간 도둑은 업무 항목 유형과 카드 꼬리표, 또는 둘의 조합을 사용해 잡을 수 있다. 시간 도둑들을 잡을 수 있는 항목들의 숫자를 세고, 측정할 수 있다면 당신은 어떤 도둑이 시간을 훔쳤는지와 도둑맞은 시간이 얼만큼인지 볼 수 있다. '계획에 없던 업무' 도둑이 부엌에서 칼을 들고 도둑질을 했는지, '너무 많은 진행 중 업무' 도둑이 촛대를 들고 도서관에서 도둑질을 했는지 쉽게 알 수 있다. 시간 도둑 다이어그램은 누가 도둑질을 했는지와 얼마나 도둑맞았는지를 보여준다.

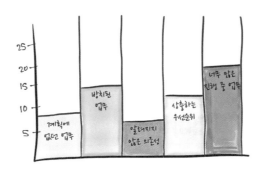

그림 46. 기본적인 시간 도둑 다이어그램

시간 도둑 다이어그램은 칸반보드에 있는 도둑들에게 꼬리표를 붙여줄 수 있다. 이 예제에서 각 도둑을 시각적으로 만들기 위해 색깔로 구분했다. 모든 도둑에게 꼬리표를 붙여서 주 또는 월별로 시각화하고 계산해 추적할 수 있으며, 그렇게 하면 여러 팀 보드에 흩어져 있던 패턴과 연결해 볼 수 있다.

시간이 지남에 따라 여러 팀에 걸쳐 있는 '너무 많은 진행 중 업무' 양의 변동을 보기 위해, 도둑의 추이를 주별로 비교한 시간 도둑 다이어그램(그림 47)을 모아서 볼 수 있다.

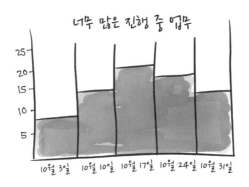

그림 47. 시간 도둑 다이어그램 집합

물론 시간 도둑을 시각화할 수 있는 방법은 다양하다. 그림 48은 어떤 도둑에게 가장 먼저 대응해야 할지, 어떤 도둑이 활발히 활동하고 있는지, 그리고 어떤 도둑이 시간과 예측성을 도둑질하고 있는지 판단하는 데 도움을 줄 수 있는 균형 성과표다. 사람들이 추적하고 측정하면 도둑들을 처리할 수 있다.

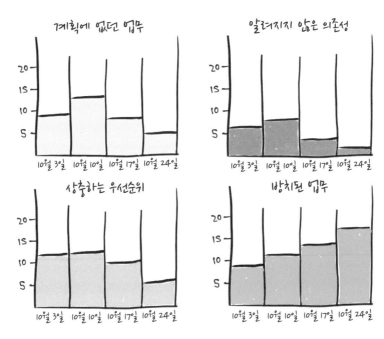

그림 48. 균형 성과표

일을 하다 보면 CIO가 데브옵스, 린, 칸반 혹은 그 외의 접근법을 사용하게끔 만드는 좋은 방법이 있는지 자주 질문을 받는다. 대화를 나눴던 CIO들은 위험은 낮고, 예측성이 높은 방법을 원한다. 시간 도둑 다이어그램은 CIO들이 요구한 두 가지를 보여줄 수 있다. 계획에 없던 업무, 방치된 업무, 우선순위의 상충 그리고 알려지지 않은 의존성과 관련된 위험(불확실성)을 보여준다.

시간 도둑 다이어그램은 팀이 스스로 설정한 진행 중 업무의 한계를 초과하는 것도 보여준다. 진행 중 업무는 선행 지표이기 때문에 진행 중 업무의 수준을 추적하면 문제의 신호를 일찍 감지할 수 있고, 예상한 시간보다 오래 걸릴 것이라고 사람들에게 알릴 수 있다. 정해진 시간에 전달하는 예측성이 중요하다면, 이런 류의 투명성을 제공하는 것이 CIO에게 과연 어떤 의미가 있을까? 다양한 자료에서 뽑아낸 중요한 메시지들을 활용해야 효과적인 의사소통이 가능하다. 일관성 있게 중요한 메시지를 전달하는 자료로 시간 도둑 다이어그램을 활용하자.

요점 정리

- 시간 도둑 다이어그램은 당신의 조직에 어떤 시간 도둑이 있는지, 그들이 얼마나 시간을 훔치고 있는지 보여준다.
- 시간 도둑 다이어그램 통계는 팀이 직면한 이슈를 보고 싶어 하는 리더들에게 투명성을 제공한다. 이는 예측성을 개선하고, 위험을 줄이는 데 필요한 일을 하기 위해 임원들의 승인을 유도할 수 있는 훌륭한 자료다.

> 흐름이 프로세스를 관리하게 하고, 경영진이 흐름을
> 관리하지 않도록 하라.
>
> – 오노 다이이치(Ohno Taiichi)

운영 리뷰

데이비드 J. 앤더슨은 코비스에서 사람들에게 운영 리뷰를 소개했다. 회사의 관리자들은 모두 자신이 관리하고 있는 팀의 메트릭을 발표해야 했다. 30명 이상의 사람에게 메트릭을 발표하는 건 팀 리더로서 첫 경험이었다. 회의실 안에 서 있는 것조차 두려웠다. 목소리가 떨리고 심장이 두근거리고 토할 것 같다는 생각이 들었다. 만약 발표가 다른 관리자들을 실망시키면 어쩌지?

운영 리뷰에서 메트릭을 발표한 경험을 통해 팀의 요구사항과 이를 충족시키기 위한 수용량을 파악하고, 요구사항이 어떻게 발생했는지 제시하는 것이 관리자의 책임이라는 것을 배웠다.

그림 49는 누적 흐름도^{CFD, Cumulative Flow Diagram}다. 진행 중 업무와 시간의 경과에 따라 완료돼 고객에게 제공된 업무의 양을 보여주는 누적 선형 차트다. 이 누적 흐름도를 빌드 및 릴리스 팀을 대신해 운영 리뷰에서 매월 발표했다. 6월에 요청 사항이 급증한 상황을 이 차트로 증명할 수 있었기 때문에, 인원 충원 요청이 승인될 수 있었다.

매달 반복되는 운영 리뷰의 목적은 데이터를 종합적으로 보고, 조직의 상태를 이해하는 것이다. 조직의 건전성을 체계적이고 일관된 리뷰로 다루는 것은 지속적인 개선을 위한 좋은 기회다. 운영 리뷰는 피드백 루프를 제공해 조직이 어떻게 움직이는지를 이해하고, 다음 단계에서 올바른 결정을 내릴 수 있도록 돕는다. 운영 리뷰는 조직의 성과에 대한 객관적인 데이터 중심의 회고다.

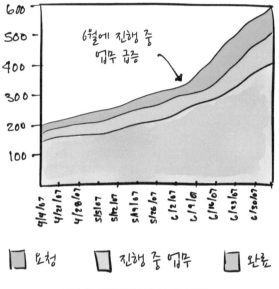

그림 49. 운영 리뷰를 위한 누적 흐름도

운영 리뷰는 조직 전체에 이뤄지며 상급 리더, 관리자 및 개별 기여자들이 객관적인 데이터 기반의 업무량 관리에 대한 기대치를 설정함으로써 조직이 성과를 낼 수 있도록 서로 이야기하게 만든다. 즉 운영 리뷰는 이전에 무엇을 했는지 볼 수 있게 함으로써 업무를 좀 더 시각화하는 방법이다.

다음은 성공적인 운영 리뷰를 하는 방법에 대한 몇 가지 실행 계획이다. 각 관리자들은 해당 월의 팀 메트릭을 5분 동안 발표한다. 청중과 질의 응답은 2~3분간 진행한다. 시간을 제한해time-boxing 발표하고, 다음으로 질의 응답 시간을 가지면 사람들을 중요한 내용에 집중시킬 수 있고, 말하는 사람에게 시간을 공정하게 나눠줄 수 있으며, 너무 많은 시간을 소비하는 상황을 피할 수 있다. 시간을 제한하는 방법은 누군가 마이크를 잡고 있을 때 그들을 강제로 무대에서 끌어내릴 수 없는 상황 같은 문제를 피할 수 있다. 운영 리뷰의 간단한 일정 예시는 다음과 같다.

- 경영진의 발언으로 시작
- 팀 리더 또는 라인 관리자의 발표
- 맺음말

발표할 메트릭

운영 리뷰는 어떻게 일하고 있고, 어떤 위험이 있으며, 예측성을 개선하는 방법을 이해할 수 있도록 팀이 약속하고 기대한 것을 실제로 지난 달에 어떻게 수행했는지 보여준다.

운영 리뷰를 시작할 때 처음 몇 개월 동안 다음과 같은 메트릭과 데이터를 각 리더가 보고하도록 제안한다.

1. **처리량**^{throughput}: 처리량은 일정 기간 동안 완료된 업무량이다. 처리량을 보여주는 한 가지 방법은 누적 흐름도다. 누적 흐름도를 살펴보면 각 단계에서 완료된 업무와 진행 중 업무 개수 대비 신규 요청 건수의 비율을 확인할 수 있다.
2. **흐름 타임**: 업무가 진행 중 열로 당겨진 시간부터 완료 열까지 이동하는 데 얼마나 오래 걸리는지 측정한다. 시각적으로 지난 달에 완료된 각 업무 항목의 실제 흐름 타임을 보여준다(사용하는 업무 흐름 도구가 보고서를 손쉽게 생성해 줄 수 있기를 바란다). 흐름 타임은 학습을 통해 프로세스와 시스템을 변경하는 데 도움을 주거나 예측성을 높일 수 있도록 한다. 또는 카드의 크기가 비슷하다면 평균 사이클 타임이나 리드 타임을 계산하며 어떤 결과가 나올지 꽤나 흥미진진하다고 생각할 수도 있다.

3. **이슈와 차단된 업무 항목**: 팀 업무를 가로막는 주요 이슈나 차단된 업무를 찾는다. 사람들이 왜 해당 업무가 오래 걸렸는지 이해하고, 재발하지 않도록 개선한 변화가 어떻게 진행 중인지 알 수 있게 돕는다.
4. **시간 도둑 다이어그램**: 도둑질을 드러내기 위해 보고할 시간 도둑을 하나, 혹은 그 이상 선택한다.

발표에서 추가로 보여줄 수 있는 메트릭은 다음과 같다.

- 에이징 리포트
- 카드 유형 분포
- 품질 척도로써 실패 부하(가치 요구 대 실패 요구)
- 흐름 효율

미래 운영 리뷰

각 메트릭별로 시간의 흐름에 따른 추이를 추적해 개선되거나 그렇지 못한 것을 확인할 수 있다. 사람들은 지속적인 개선을 증명하려고 시간의 경과에 따라 평균적인 추세가 개선되길 원한다. 또한 사람들은 예측성을 설명하려고 시간이 지남에 따라 변화의 확산이 감소되길 원한다. 예를 들어 시간이 지날수록 지연의 빈도가 줄어들고, 지연되는 시간의 길이가 줄어들면 시간에 맞춰서 예상대로 업무를 전달할 수 있음을 증명하는 데 도움이 된다.

또 다른 예를 들자면, 암트랙Amtrak은 포틀랜드에서 시애틀까지 정해진 일정에 따라 달린다. 일정에 따라 시애틀에 마지막 열차가 오늘 오후 8시 5분에 도착할 예정이다. 때로는 8시 25분에 도착하고 어떨 땐 새벽 2시 30분에 도착한다면 이 기차는 예측할 수 없다. 도착 시간의 폭이 넓어지면 기차 운영 시스템의 변형을 일으킨다.

가변적인 도착 시간은 여러 요인에 의해 발생한다. 예를 들어 비가 오는 태평양 북서부의 날씨가 예상치 못한 산사태를 일으켜 레일을 복구할 때까지 기차를 막는다('계획에 없던 업무' 도둑이다). 또는 화물 열차는 여객 열차보다 우선순위가 높고, 터널 구간에서 선로 개수가 줄어들기 때문에 암트랙 기차가 화물 열차의 다음 순서에 갈 수도 있다(상충하는 우선순위).

암트랙이 예측성을 개선하려면 산사태에 대응하고, 우선순위 정책을 변경해야 한다.

의사 결정을 내리는 데 운영 리뷰가 도움이 된다. 충분하고 객관적인 메트릭이 없다면, 다양한 시간 도둑이 시간과 에너지를 훔쳐가는 방식을 정확하게 이해하기가 매우 어렵다. 하지만 업무를 시각화함으로써 패턴을 확인하고, 문제가 발생하는 것을 조직에 이야기할 수 있으므로 학습하고, 조정하고, 개선할 수 있다.

요점 정리

- 운영 리뷰는 개선의 기반이 될 수 있는 객관적인 메트릭을 제시할 수 있는 기회다.
- 시간을 제한해 운영 리뷰와 발언자의 이야기가 길어지는 상황을 관리할 수 있다.
- 운영 리뷰에 도움이 되는 좋은 메트릭은 처리량, 흐름 타임 그리고 이슈와 장애물로 인해 진행이 차단된 항목 때문에 도둑맞은 시간을 포함한다.
- 시간 경과에 따라 메트릭을 추적하면 어떤 개선이 이뤄졌는지, 혹은 아직 개선이 필요한지 확인할 수 있다.

회의의 기술

수요일 오전 9시 시애틀

시애틀에 있는 사우스 레이크 유니온^{South Lake Union} 커피숍에 9명이 테이블
에 둘러 앉아 커피를 마시고 있었다. 사람들의 시선은 회사에서 가장 최근
에 일어난 정리 해고의 영향에 대해 자신의 견해를 밝히는 카르멘에게 쏠
려 있었다. 사람들은 조직 개편이 다른 팀에 어떤 영향을 미치는지 논의하
고 있었는데, 자신의 의견을 이야기하기 전에 카르멘의 이야기가 끝나기를
공손하게 기다렸다. 1분 후에 타이머가 울리고, 테이블에 있는 모든 사람
이 간단하게 투표를 한다. '경영진에 영향을 미치는 방법'이라고 쓰인 포스
트잇이 다음 주제로 변경된다.

　이는 린 커피 방식으로, 규칙이 거의 없는 구조화된 회의다. 참석자들이
모여서 의제를 만들고 이야기를 시작한다.

　2009년 짐 벤슨^{Jim Benson}과 제레미 라이트스미스^{Jeremy Lightsmith}가 만든
린 커피는 여러 사람이 아이디어를 논의할 수 있는 가장 훌륭한 방법 중 하
나로 떠올랐다.[1] 회의 의제가 민주적으로 생성되기 때문에 대화가 생산적이

1　"Lean Coffee Lives Here," Lean Coffee(http://leancoffee.org/)

다. 본인에게 중요한 주제를 이야기하기 때문에 참여율이 높다. 참석자들이 의제를 담당하며, 모든 사람의 목소리를 들을 수 있기 때문에 린 커피 회의방식은 효과적이다. 상호 존중과 결합된 최소한의 규칙은 열린 대화와 협동을 장려한다. 『How to Have Great Meetings: A Lean Coffee』 책을 쓴 아담 유렛Adam Yuret은 린 커피에 대해 다음과 같이 말한다.

> 린 커피는 팀원들이 다수의 사람에게 가장 중요한 주제를 알리고, 모두가 듣고, 들을 수 있게 하며, 실시간 피드백을 제공해 전통적인 일방적 관리 회의를 변화시킨다.[2]

덧붙이자면, 린 커피는 단지 팀 회의의 분위기를 바꾸는 것이 아니라 기업의 문화 전체를 변화시킨다.

시간 도둑이 날뛰는 상황을 바꾸려면 변화가 필요하다. 도둑맞은 시간과 관련된 많은 문제는 조직의 문제나 회사의 문화와 관련 있다. 달리 말하면 사람들이 업무 흐름에 막힘이 없도록 노력하는 것이 아니라 그저 바쁘게만 일하는 것이 중요한 회사에서는 너무 많은 진행 중 업무를 가진 사람에게 과부하가 온다. 이것은 생산적인 문화가 아니다. 사람들이 그저 바쁘게만 일하는 것을 목표로 정하는 실수를 막고 비즈니스 가치를 만들어내는 목표를 달성하도록 해야 한다.

변화가 일어나기 위해서는 사람들의 행동이 바뀌어야 하고, 행동이 바뀌기 위해서는 사람들의 마음과 사고 방식이 열려야 한다. 반대 견해를 가진 사람과 직접 대화하는 것은 누군가의 마음을 바꾸기 위한 가장 쉬운 길 중 하나다. 린 커피처럼 안전하고 조용하며 정중한 환경에서 얼굴을 마주 보고 대화를 나누면서 생기는 친밀한 관계보다 더 좋은 방법은 없다.

---

2   Adam Yuret, 『How to Have Great Meetings: A Lean Coffee Book』, Context Driven Agility Press(http://www.contextdrivenagility.com/leancoffeebook), 2016

린 커피 진행 방법

2012년부터 린 커피를 진행한 경험을 바탕으로 팀이나 조직 내에서 활성화될 수 있는 적절한 방법을 개발했다.

먼저 60~90분의 시간을 잡는다.

다음으로 포스트잇과 마커를 테이블에 준비한다. 일단 모든 사람이 자리에 앉으면 린 커피의 규칙을 설명한다. 한 번에 한 사람만 말할 수 있고, 참가자들은 대화에 좀 더 귀 기울여야 한다.

그런 다음 초대된 참가자들은 2~3분 동안 제공된 준비물을 사용해 원하는 만큼의 주제를 적는다. 참가자들이 포스트잇 하나에 한 가지의 주제를 쓰도록 설명한다(포스트잇은 우리 친구!). 모두 작성한 뒤 참가자들은 그들이 작성한 주제를 간단히 그룹화하고, 다른 사람들이 이해할 수

있도록 두 문장 정도로 설명한 뒤 투표를 한다. 각 참가자는 2개의 투표권을 가진다. 자신이 작성한 주제에 투표를 해도 좋다. 하나의 주제에 2개의 투표권을 모두 사용하거나, 두 개의 다른 주제에 투표를 해도 좋다.

투표한 수를 세어서 주제의 우선순위를 정한다. 그 뒤에 테이블 위에 있는 칸반보드를 이용해 주제를 논의한다. '토론할 주제', '토론', '완료'의 3가지 분류가 필수다. 가장 많은 수의 투표를 받은 주제를 토론 열에 붙이고 나머지 포스트잇은 우선순위 순서대로 '토론할 주제' 열에 정렬한다. 필요하다면 결정, 통찰, 행동을 위한 4번째 열을 만들 수 있다.

타이머를 5분으로 설정하고, 토론 열에 있는 주제의 작성자를 초대해 토론을 진행한다. 퍼실리테이터^{facilitator}는 모든 사람이 발언할 기회를 가질 수 있도록 주의해야 한다(대화를 독점하는 시끄러운 사람을 주의하자!). 알람이 울리면 발언하는 사람이 말을 마무리하고, 엄지손가락을 위아래로 표시해 투표한다. 다수의 사람이 엄지손가락을 위로 들면 토론을 몇 분간 더

지속한다. 다수의 사람이 엄지손가락을 아래로 투표하면 다음 주제로 넘어간다. 퍼실리테이터는 진행 중에 언제든 중단할 수 있다.

린 커피 모임으로 설정한 시간이 끝날 때까지 이 과정을 반복한다. 린 커피는 각 참가자들이 마무리 발언을 하며 끝맺는다. 끝맺음 과정은 생략 가능하다.

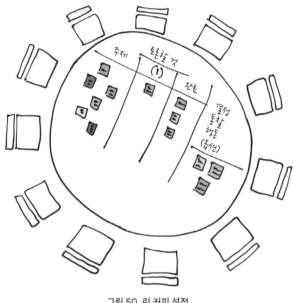

그림 50. 린 커피 설정

린 커피는 보통 소규모 그룹의 사람들과 함께하지만, 그룹 크기에 제약을 받지 않는다. 각 10명의 사람이 앉은 15~20개의 테이블 그룹도 린 커피를 진행한 적이 있다.

스탠드업 회의

프로젝트 관리자가 상태를 파악하겠다고 애쓰지만 협의보다 잡담을 더 많이 하는 스탠드업을 앞서 설명했다. 업무가 보드에 시각화돼 있다면 사람들의 어제 한 일, 오늘 할 일, 내일 할 일을 묻고자 사무실을 돌아다니며 모두와 대화하는 과정은 불필요하다. 심지어 지루하기까지 하다. 스탠드업에서 차례대로 돌아가며 얘기하는 동안 사람들은 다른 사람들의 이야기에 집중하지 않고, 자신의 차례가 됐을 때 무엇을 말할지를 생각하는 데 시간을 사용한다.

시각화된 보드 앞에서 스탠드업을 진행할 때, 사람들이 무엇을 하는지 확실하게 알 수 있다. 스탠드업을 할 때 핵심 정보를 얻자. 차단된 업무가 있는가? 여기에서 보이지 않는 업무가 있는가? 사람들이 알아야 할 것이 있는가? 어떤 것이 팀에게 영향을 끼칠까? 해당 내용을 보드로 옮겨야 하지 않을까? 빨리 보드로 옮기고, 실제 문제를 해결할 수 있는 자리를 마련하자.

내가 일했던 어느 회사는 35명의 사람이 매일 9시 30분에 스탠드업을 했다. 처음에는 '차례대로 돌아가며 얘기하는' 방식을 사용했다. 몇몇 사람들은 그들이 말하고 있을 때 주목받는 상황이 불편해 속삭이듯이 말했다. 또 다른 사람들은 주목의 대상이 되는 것을 즐기고 끊임없이 말을 해서 중요하고 값비싼 시간을 마음대로 써버리기도 했다. 35명의 엔지니어와 관리자들이 효과적이지 못한 회의로 소모하는 비용을 상상해 보라. 35명의 사람이 그저 그들의 상태를 보고하는, 끔찍하게 지루한 회의인 것은 말할 필요도 없다. 그래서 방식을 변경했다. 둥글게 서서 돌아가며 얘기하는 방식 대신 오전 9시 전에 보드를 정확한 상태로 업데이트해야 한다는 규칙을 설정했다. 사람들은 보드를 보고 최신 상태를 알 수 있었고, 스탠드업은 위험과 불확실성에 초점을 맞춰서 진행할 수 있었다.

다음 세 가지 질문을 새로운 의제로 선정했다.

1. **어떤 업무가 차단돼 있는가?** 강조해야 하는 대상은 사람이 아니라 일이다. 데이터베이스 구조 문제로 서비스가 차단돼 있을 때 '알려지지 않은 의존성' 도둑이 자주 끼어든다.

2. **어떤 업무가 차단될 위험이 있는가?** 여기서 일반적으로 '상충하는 우선 순위' 도둑이 나타난다.

3. **보드에 없는 일이 진행되고 있는가?** 이 질문은 현재 팀에서 볼 수 없는 업무 또는 전날 밤에 실제 사용 환경에서 발생한 문제와 관련된 쿼리 이야기로 발전한다. 이 질문은 자주 '계획에 없던 업무' 도둑의 비열한 짓을 들춰냈다.

이러한 변화로 팀은 중요한 업무를 전달할 수 없게 방해하는 주요 차단 요소를 빠르게 인식하고 보고할 수 있었다. 세 가지 질문은 스탠드업을 간단하고 빠르게 만들었다. 9시 반에 시작한 스탠드업은 9시 45분 전에 끝났고, 이로 인해 전혀 예상치 못한 일이 벌어졌다. 10시에 시작하는 회의까지 15분이 남아 있기 때문에 엔지니어들은 스탠드업이 끝난 후에 사무실을 서성거리다가 업무를 가로막는 몇 가지 엔지니어링 문제를 이야기하기 시작했다. 이 시간을 '애프터 스탠드업after standup'이라고 불렀다. 이전에는 엔지니어들의 일정표에서 비어 있는 시간을 찾고, 사용 가능한 회의실을 찾기 위해 8일간의 회의 일정을 확인해야 했다. 심지어 회의실 수요가 많아서 사람들은 자주 모퉁이에 있는 커피숍에 가서 회의를 했다.

방금 전에 끝난 스탠드업에서 논의된 문제를 해결하기 위해 엔지니어들이 배회하면서, 결과적으로 회의가 줄었다. 매 시각의 30분은 15분짜리 스탠드업의 일정을 잡기에 좋은 시간이다. 사람들은 스탠드업이 끝나고 다음 회의 전까지 15분의 시간을 가질 수 있기 때문이다.

"5분만 시간 좀 내 줄 수 있어?"라고 묻는 대신, 사람들은 스탠드업이 끝난 후 필요한 사람들을 잡고 적시에 질문을 하거나, 빠른 피드백을 얻을 수 있었기 때문에 업무가 중단되는 일도 역시 줄어들었다.

업무를 끝낼 수 있는 자유!

스탠드업과 애프터 스탠드업으로 인해 시간 도둑들이 출몰한 곳을 드러내고, 시간을 도둑맞는 상황에서 많은 시간을 절약할 수 있었다.

마지막으로 같은 장소에서 진행되는 정기적인 회의를 하는 것이 관련된 모든 사람에게 매우 도움이 된다는 사실이다. 위에서 다룬 비교적 간단한 방법들을 통해 35명이나 되는 사람들의 값비싼 불확실성을 줄일 수 있었다.

그리고 다음 장에서는 추천하지 않는 사례로 눈을 돌려보자. 독립된 사건에서부터 흔히 있는 불행에 이르기까지 다양하지만, 결국 그 모든 것은 업무를 시각화하고, 도둑들을 궁지에 몰아넣는 것을 방해한다.

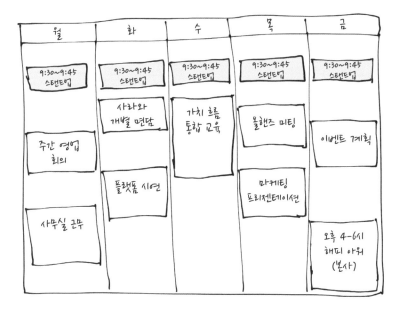

요점 정리

- 린 커피는 사람들이 재미있어 하고, 서로 존중하며 효율적인 환경에서 그들이 원하는 주제를 논의할 수 있게 한다.
- 린 커피 주제는 참석자들이 투표를 마친 뒤, 흐름을 볼 수 있게 칸반을 사용해서 시각화하자.
- 보드를 사용해 업무를 보여주게 되면, 스탠드업 회의 시간에는 문제를 논의하고 감춰진 업무를 드러내는 데 집중할 수 있다.
- 동일한 장소에서 정기적으로 스탠드업을 진행하면 불확실성이 감소한다.

> 어떤 기준으로 나를 평가할지 말하면 내가 어떻게 행
> 동할지 말해주겠다.
>
> — 엘리야후 골드렛(Eliyahu M. Goldratt)

추천하지 않는 사례

알려줘야 할 내용이 남아 있기 때문에 모든 것을 완전히 공개하겠다는 마음으로 마지막 장의 주제를 선정했지만 부디 겁먹지 않기를 바란다. 굳이 이 내용을 포함한 이유는 부정적인 영향을 끼치는 회사 내 관행의 위험 신호를 사람들이 깨닫길 바라기 때문이다.

그래서 이번 장에는 본능적으로 반응하게 만드는 자극적인 불평과 그밖의 생각들이 특별한 순서 없이 나열될 것이다. 시간 도둑들은 조직 전반에 걸쳐 발생하는 전방위적인 압박감에 관심이 있다. 이는 시간 도둑들이 도둑질을 하기 위한 기반이다. 도둑들은 의도적으로 개선을 방해하고, 경우에 따라 일하는 사람의 정서적이고 심리적인 안전을 위협한다(압박 때문에 사람들은 이력서를 업데이트하고, 좀 더 건전하고 마음 편한 업무 환경을 탐색하기 시작한다).

주말을 제외한 흐름 타임 메트릭

다음은 주말을 속도 메트릭에서 제외하는 것이 문제가 되는 세 가지 이유다.

1. **모든 메트릭은 가정에 기반한다.** 메트릭의 신뢰도를 떨어뜨리는 것은 가정에 의문을 제기하는 것이다. 정말 주말에는 절대로 일하지 않는가? 휴일에도 절대로 일하지 않는가? 휴가에도? 사람들이 일한 시간을 살펴보자. 모든 사람이 늘 한 주에 40시간 일하는가? 신뢰할 수 있는 메트릭을 만들기 위한 가정을 논의하는 데 얼마나 많은 시간을 할애할 것인가?

2. **일부 시간을 제외한 흐름 타임은 데이터를 조작한다.** 사람들의 근무 시간을 기반으로 자원 활용 결정을 하면 어떻게 될까? 그 추정치는 얼마나 정확한가? 사람들이 주말에 일하지만 그 시간을 계산하지 않을 때, 메트릭은 모두를 기만하고 안심시킬 수 있다. 이 뿐만 아니라 사람들은 자신이 일을 잘 못하는 것으로 비춰질까봐 걱정하기 때문에, 하나의 프로젝트에 자신의 모든 시간을 쏟는다. 데이터가 왜곡된 사실을 모두가 알고 있다. 사람들을 부끄럽게 만드는 메트릭을 사용해 조작을 부추긴다. 목표-주도 메트릭에서도 마찬가지다. 목표 대신 메트릭에 집중했을 때 문제가 된다. 사람들이 무언가를 감추기 시작하면 투명성을 잃는다.

3. **비즈니스 고객들은 기간에 관심을 갖는다.** 만약 고객에게 30일 안에 완료될 것이라고 이야기했지만, 기한이 지나도록 전달하지 못한 이유가 휴일을 제외한 근무일만 계산했기 때문이라면 고객은 결과에 만족할 수 없을 것이다. 고객은 자신의 요청이 개발하거나 테스트하는 데 얼마나 오래 걸리는지 신경 쓰지 않으며, 단지 기간에만 관심이 있을 뿐이다.

시스템에는 주말, 휴일, 계획에 없던 업무, 병가에 대한 기간 변동이 늘 있다. 신뢰가 쌓인 경영진은 연휴 직전 요청되는 업무의 리드 타임이 길어질 것임을 충분히 알고 있다. 정확한 메트릭의 가시성은 좋은 결정을 내리는 데 도움을 준다. 하지만 모두가 투명해야 가능한 일이라 사람들이 진실을 알 수 있도록 도와야 한다. 만약 조직의 예측성을 높이고 싶다면 흐름 타임을 정확하게 측정하자. 일단 흐름 타임에서 주말을 제외하거나 사람들이 일하지 않는다고 생각되는 시간을 제외하면, 가정을 의심하는 수많은 문의를 받게 될 것이다.

타임 시트를 활용한 비효율적인 회계 방법

활동성과 비즈니스 가치를 연관시키는 것은 위험하다. 높은 활동 수준은 높은 비즈니스 가치와 동일하지 않다. 높은 활동 수준은 숨겨진 대기열과 같으며, 팀이 프로젝트를 완료하는 것을 지연시킨다. 어떤 직원이 일한 시간을 추적하기 위해 타임 시트time sheet를 사용하는 것은 비즈니스 가치가 전달되는 속도를 반영하지 않는다. 또한 해당 직원이 이슈 관리 시스템에 등록된 236번 항목을 처리하기 위해 얼마나 많은 시간을 사용했는지 고객은 신경 쓰지 않는다.

이런 문제를 직접 경험한 적이 있다. 한 번은 3주 이내에 팀을 훈련시키길 원하는 고객의 구매 요청을 8주나 기다렸고, 또 한 번은 회사의 지불 시스템에 등록되기를 12주나 기다렸다. 전통적인 회계 시스템에서 사용하는 프로세스는 비즈니스 조직에서 원하는 만큼 빠르게 진행할 수 없는 것 같다. 창출된 비즈니스 가치와 가치 흐름의 경제적 수익성에 초점을 맞춤으로써 비용 및 이윤을 기반으로 한 비효율적인 회계 방식을 뒤집으려고 한다.

예산 프로세스 지뢰로 출혈을 겪는 조직은 다른 옵션을 실행해 상처를 치료하고 상황을 역전시킬 수 있다. 브라이언 매스켈Brian H. Maskell, 브루스 배질리Bruce Baggaley, 래리 그래소Larry Graso가 쓴 『Practical Lean Accounting』(Productivity Press, 2003)에서 제시한 방법을 참고하기를 권한다.

간트 차트

지킬 수 없는 약속처럼 간트 차트Gantt chart(우스갯소리로 캔트 차트can't chart라고도 함)는 사람들을 기만해, 추정한 타임라인이 실제 실행과 정확히 맞을수 있다고 믿게 만든다. 헨리 간트Henry Gantt가 1910년대에 만든 간트 차트는 프로젝트의 모든 업무의 시작일과 종료일을 보여주는 수평 막대 도표의 일종이다. 간트 차트의 문제는 사람들이 수용 가능한 최대치로 업무를수행하면서 발생하는 대기 시간과 차단된 시간을 고려하지 않는다는 점이다.

간트 차트는 프로젝트 업무를 시간 간격으로 세분화해 작은 하위 그룹으로 나눈다. "프로젝트 V가 7월 1일까지 끝나면 7월 4일이 포함된 주에이틀간 쉴 수 있어!"라는 약속을 한 후, 마감일을 확인하고 일정을 맞추려고 사람들에게 인센티브를 제공한다.

인센티브를 받으려고 사람들은 최종 기한을 놓치지 않기 위해 노력하며, 계획을 세울 때 만일의 사태를 대비한 버퍼를 포함한다. 이러한 버퍼로인해 변동성이 높아지고, 기간은 더 늘어나서 타임라인이 변한다. 각각의비상 버퍼는 더 많은 업무를 추가할 수 있는 문을 열어준다. "오, 마감일이목요일이면 아직 여유가 있네. 다른 부분 조금만 고쳐서 추가해도 될까?"

각 타임라인에는 이미 변화가 생긴다. 예를 들어 누군가 2일짜리 콘퍼런스에 참석하느라 자리를 비우거나, 차가 공장에 들어가서 출근하기가 어렵거나, 인터넷 연결이 좋지 못하거나, 데이터베이스 서버가 느려진다.

만일의 사태를 대비해서 버퍼를 추가하면 가장 많은 일을 하는 작업자의 흐름이 막히게 돼 팀에서 필요로 할 때 그 사람이 일할 수 없는 상황이발생하거나, 프로젝트 V가 진행 중인 유일한 업무가 아니기 때문에 응답하는 시간이 더 오래 걸리게 되고, 의도치 않게 타임라인을 연장하게 된다(이는 수요가 많은 상황에서의 시나리오다). 결과적으로 적절한 기술을 가진 사람이 그 일을 할 수 있는 수용량을 가질 수 있을 때까지 완료할 수 없다. 그래서 사람들은 그저 기다려야 한다.

흐름 타임이 증가하는 동안 해당 업무에 의존성이 있는 다른 업무가 지연되고, "그거 끝났어? 끝난 거야? 끝났냐고?" 묻기 시작한다. 더 많은 프로젝트 현황 확인을 요청받고, 더 많은 변동성이 발생하고, 결국 비용이 증가한다. 대기열과 대기 시간이 길어질수록 동기를 떨어뜨리기 때문에 심리적 비용도 증가한다. 어떤 자원을 한 시간 동안만 사용할 수 있다면 마음이 조급해진다. 반면에 3주를 기다리게 되면 해당 업무를 끝내려고 서두르는 건 별 의미가 없게 느껴진다. 업무가 한 상태로 너무 오래 머무르게 되면 잘 상하는 과일처럼 부패하기 시작한다. 부분적으로 완료된 업무는 매우 비싼 값을 치른다.

간트 차트로 관리하는 대신 대기열을 사용해 업무를 관리하는 방법을 고려하자. 모두가 알고 있듯이 대기열이 길어지면 대기 시간도 길어진다. 대기열과 대기 시간에 초점을 맞추면 상황은 달라진다. 프로젝트에는 더 이상 간트 차트에 맞춰 움직이는 영웅적이고, 수면 부족 상태인 사람들이 존재하지 않을 것이다.

마감일을 지정하는 대신 진행 중 업무의 수를 줄이고, 지연 비용을 고려해 우선순위화하고, 배치 크기를 줄여라. 프로젝트별로 조직을 구성하는 대신 제품별로 조직을 구성하고, 대기 시간을 길어지게 만드는 구조와 단일 스레드 기술에 대한 의존성을 제거해 대기 시간과 대기열의 길이를 줄여라.

개인별 레인

그림 51은 상사가 설계한 칸반보드를 마지못해 사용하는 팀의 결과를 보여준다.

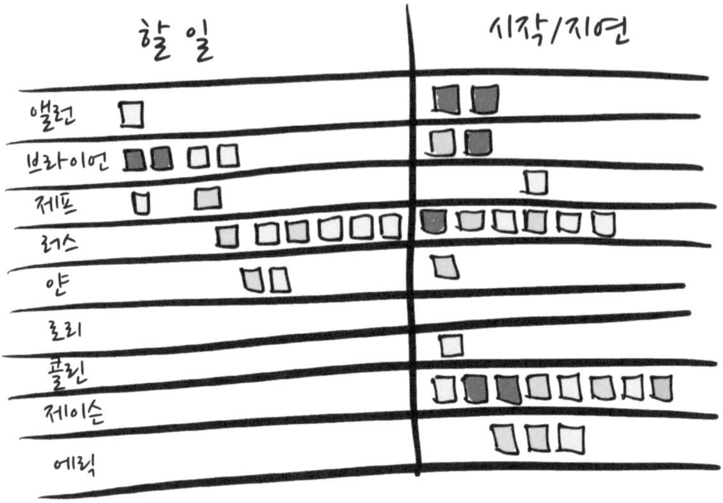

그림 51. 개인별 레인

상사는 팀에서 사용하는 보드에 이 디자인을 의무화해, 개인별 레인을 만들었고, 팀이 어떤 일을 하는지 한눈에 볼 수 있기를 원했다. 이러한 보드의 형태를 팀이 왜 싫어했는지를 이해하기는 어렵지 않다. 이 보드에는 몇 가지 문제가 있다.

개인 레인에는 4가지 주요한 문제가 있다. 자신의 업무를 제어하고 싶지만 끊임없이 변화하는 환경에서는 그에 따른 비용이 발생한다.

1. 보드 설계가 개인에게 초점을 맞췄기 때문에, 스탠드업 역시 업무 자체가 아니라 개인에게 집중됐다. 스탠드업은 "나는 이 업무를 했다.", "나는 이 일을 하고 있다.", "나는 이 업무를 할 예정이다."라고 이야기하는 '나'의 잔치가 될 것이다. 사람이 아니라 업무에 초점을 둬야 한다.

2. 어떤 사람들은 다른 사람들처럼 업무 항목 카드를 완료 상태로 빨리 옮기지 않으면 일을 잘하지 못한다고 생각한다. 모든 업무는 똑

같지 않다. 어떤 업무는 다른 업무에 비해 시간 도둑들이 더 많이 괴롭힌다. 계획에 없던 업무는 일을 부풀리고, 변동성의 원인이 된다(산사태가 기차 운행 일정에 미친 영향을 기억하는가?).

3. 사람들은 본인의 레인 바깥의 일에 관여해서는 안 된다고 느낀다. T자형 기술(그림 52)로 확대하는 것을 격려하는 대신 더 깊은 전문화에 집중했고, 결과적으로 '알려지지 않은 의존성' 도둑만 행복해졌다.

4. 업무의 활용성이 아닌 사람의 활용성에 초점을 맞추고 있어서 협업이 불가능했다. 사람들은 다른 사람들을 돕지 않아야 인센티브를 받을 수 있었다. 앨런이 누군가를 돕는 동안 자신의 레인에서 업무를 완료하는 데 소모되는 시간이 늘어난다면 러스를 돕지 않을 것이다. 사람들은 스스로가 좋아 보이도록 우선순위를 정할 것이다. 이 행동은 비즈니스 가치를 떨어뜨릴 수 있다. 앨런이 비즈니스 가치를 높이기 위해 할 수 있는 가장 유익한 일이 러스가 업무를 완료하는 데 도움을 주는 것이 될 수 있다.

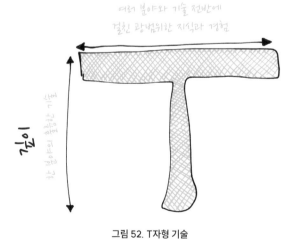

그림 52. T자형 기술

이 상황에 처하면 업무 흐름을 최적화하는 방향으로 점진적인 개선을 원할 것이다. 그런 다음 수요의 특성과 업무 수행에 필요한 기술에 대한 가시성을 제공하는 보드 설계를 고려하자. 그림 53을 보면 업무가 중단될 때 어떤 기술의 수요가 많은지 쉽게 파악할 수 있고, 더 많은 사람을 교육해 병목 현상의 위험을 줄일 수 있다. 개개인이 계속 바쁘기만 한 것보다, 어떻게 하면 업무 흐름이 처음부터 끝까지 원활할 수 있을지에 중점을 두는 방법으로 시각화하는 방식을 변경하자.

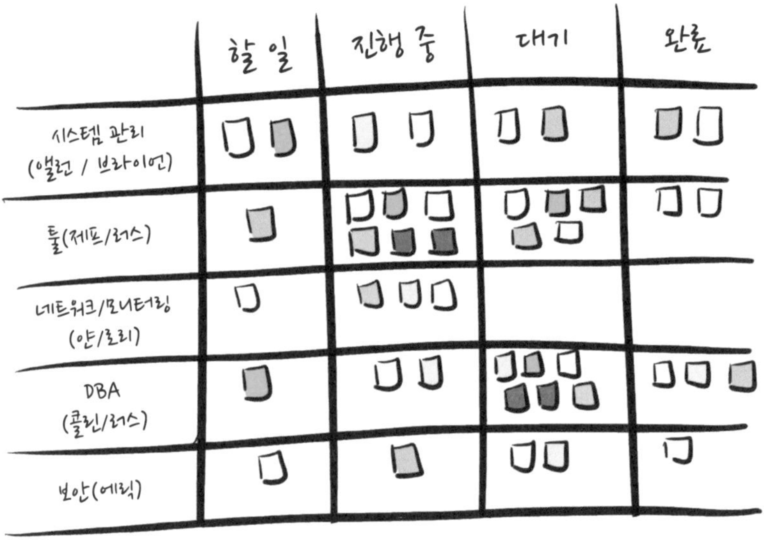

	할 일	진행 중	대기	완료
시스템 관리 (앨런 / 브라이언)				
툴(제프/러스)				
네트워크/모니터링 (안/로리)				
DBA (콜린/러스)				
보안(에릭)				

그림 53. 전문성 보드

여기저기 분산된 업무

회의는 그 자체만으로도 충분히 고통스러울 수 있다. 적절한 사람들이 적시에 적절한 주제를 논의하고, 올바른 결과를 얻고자 모이기는 어렵다. 서로 다른 3개의 보드와 6개의 스프레드시트, 4개의 슬랙 채널slack channel, 성능이 떨어지는 화상 회의 도구, 열려 있는 27개의 브라우저 화면 그리고 수많은 툴과 앱을 추가로 설치하는 상황에서 사람들은 불쾌해질 것이다. 누가 이 혼란 속에서 일하고 싶겠는가? 어느 누구도 시간 도둑의 엉덩이를 걷어차려 하지 않는다. 사람들이 정보를 찾으려고 시간 낭비하지 않게 일을 단순화하자. 찾는 데 소모되는 시간은 진행 중 업무를 증가시킨다.

지나치게 화려한 카드의 색상

정보와 데이터는 가만히 바라볼 때는 아름다울 수 있지만, 서로 다른 색상이나 배경색으로 지나치게 화려해서 눈이 아플 지경이 되면 아름답지 않다. 아름다움은 마음을 이끈다. 아름다움을 염두에 두고 시각적 칸반 사용자 경험을 설계하자. 정보 시각화에 관한 3권의 베스트셀러 저자이면서 TED 강연자인 데이비드 맥캔들리스David McCandless는 업무를 시각화하기 위해 필요한 4가지 요소를 다음과 같이 소개한다.

- **정보**: 데이터는 무결성이 있어야 하며 정확해야 한다.
- **기능**: 목표는 유용하고 효율적이어야 한다.
- **시각적 형식**: 메타포는 아름답고 구조적이어야 한다.
- **스토리**: 컨셉은 흥미롭고 관련 있어야 한다.[1]

보드를 눈에 잘 들어올 수 있게 만들어 사람들의 관심과 참여가 유지되도록 하고, 혼란과 시간 낭비를 피하자. 여러 가지 도구가 사용되면 의사소통이 어려워질 수 있다. 다른 도구와 통합하기 쉬운 우아한 시각적 요소들을 사용해 의사소통을 개선하자.

---

[1] David McCandless, "What Makes a Good Data Visualization," InformationIsBeautiful.net(https://informationisbeautiful.net/visualizations/what-makes-a-good-data-visualization/)

모범 사례

호놀룰루에 있는 보잉 사에서 일할 때였다. 누군가가 "처음부터 제대로 해!"라고 말하는 것을 들었다(사실 나의 상사였다). 나는 본능적으로 그것이 옳지 않음을 알아차렸다. 이전에 그 일을 여러 번 해봤던 사람의 지시를 따르지 않는 한 처음부터 일을 제대로 해내는 사람은 없다. 무엇이든 처음으로 하는 것은 실험이다. 그리고 칸반도 마찬가지다. 처음으로 보드를 사용하기 위해 설계하는 것은 업무 흐름을 개선할 수 있는 방법을 찾기 위한 실험이다. 여러 가지 상황에서도 마찬가지로, 칸반보드를 설계하는 데 '모범 사례'가 실제로 존재하지 않는 이유다. 원인과 결과를 알고 있으며, 여러 번 반복한 단순 업무를 하지 않는 한, 사람들은 구체적으로 무엇을 해야 할지 정확하게 알 수 없다.

> 나를 위한 메모:
>
> 원인과 결과를 잘 알고 있고, 팀에서 이미 많이 경험해본 일이라면 모범 사례를 적용해도 된다.
> 복잡한 상황에서는 동일한 문제를 해결하기 위한 여러 선택지가 존재한다(어떤 전문가에게 요청하느냐에 따라 다르다). 그러므로 여러 가지 모범 사례가 있을 수 있다. 그러나 원인과 결과를 알 수 없다면
> '모범 사례는 없다!'

나는 '모범 사례'라는 용어를 들으면 자동으로 움츠러드는 기분이 든다. 조종사가 활주로를 따라 내려가기 전에 체크리스트를 점검할 때, 간호사가 붕대를 감기 전에 상처를 깨끗하게 할 때, 시스템 관리자가 IIS를 재시작하

기 전에 순차적으로 서버를 내릴 때 등 나는 모범 사례를 사용할 수 있는 적절한 때가 있음을 스스로에게 상기시킨다. 모범 사례는 일상적이고 중요한 일을 할 때 비로소 가치 있다.

이제 잔소리는 끝났으니 여정을 마무리할 단계만 남았다. 다음 장에 있는 결론 부분에서 어려운 질문에 답을 하고, 정렬을 개선하며, 변화에 대한 저항을 줄이는 법을 다룰 것이다.

요점 정리

- 주말이나 휴일처럼 사람들이 일하지 않을 거라 생각되는 시간을 메트릭에서 제외하면 메트릭이 왜곡된다.
- 비효율적인 회계 방법에 대한 대안을 찾자. 기존의 방법이 '언제나 해온 방식'이라고 해서 최선의 방법을 의미하는 것은 아니다.
- 간트 차트를 대기열로 대체하는 것을 고려하자.
- 개인별 레인을 주의하자.
- 가능한 한 회의에 사용되는 도구는 단순화하자.
- 칸반보드와 기타 발표 자료를 만들 때 흥미를 끌 수 있게 시각화해 사람들의 참여를 유도하자.
- 모범 사례는 특히 일상적인 업무에서 중요한 역할을 담당하지만, 실험을 통해 자신의 상황과 조직에 더 적합한 사례를 찾는 것이 더 나은 방법이다.

결론: 잘못된 것 바로잡기

2011년 9월 캘리포니아 마운틴 뷰

캘리포니아 마운틴 뷰에서 처음으로 데브옵스를 위한 칸반 수업을 진행하고 있었다. 스코틀랜드 전통 의상인 킬트^{kilt}를 입은 긴 머리의 건장한 남자가 "어떻게 하면 업무 처리량이 많은 운영 팀의 속도를 저하시키지 않고 (카드 시스템을 갖춘) 칸반을 적용할 수 있죠?"라고 물었다. 벤이라는 그 남자는 데브옵스 회의실 뒤에 서 있는 동안 주황색 포스트잇에 큰 글씨로 질문을 적었다.

이제 와서 보관해둔 포스트잇을 보면서, 그 당시 질문에 어떻게 답변해야 할지 몰라서 어려워했던 것으로 기억한다. 그 질문은 2011년부터 현재까지 여전히 유효하다. 이제 내 답변은 한 가지 의견과 두 가지 질문으로 시작한다. 한 가지 의견은 어떠한 변화, 심지어 좋은 변화도 성과에 영향을 끼친다는 것이다. 새로운 사람들을 팀에 추가하기 위해서는 일정 단계의 적응 과정이 필요하고, 그 뒤에 점점 속도를 낼 수 있다. 단기적으로는 팀이 영향을 받을 것이다. 그럴 만한 가치가 있는가? 그렇다면 팀을 방해한다고 해도 좋을 만큼의 성과가 있어야 한다. 두 가지 질문은 다음과 같다.

1. 팀이 이미 업무를 잘 처리하고 있다면 칸반이 왜 필요하죠?
2. 눈에 보이도록 만들고 싶은 문제가 무엇이죠?

가치 있는 대답을 하기 위해 여러 가지 가정을 해야 할 것이다. 팀의 업무 처리량이 많지만 자신들의 요구 사항을 충족시키기 위해 업무의 과부하를 견뎌내고, 누군가의 영웅 심리에 의존한다고 가정해 보자. 이 시나리오에서 눈에 보이도록 만들어야 하는 문제는 팀이 일해야 하는 압도적인 요구 사항('너무 많은 진행 중 업무' 도둑)과 그렇게 될 수밖에 없는 이유다. 눈에 보이도록 만든 후 문제를 직접 보고, 다음 단계에 해야 할 일을 생각할 수 있다. 해결책은 진행 중 업무를 줄이고, 우선순위를 다시 매기는 것이다. 또한 진행 중 업무를 관리하기 위해 사람을 좀 더 투입할 수 있다(그리고 사람들의 이직을 막을 수 있다).

진행 중 업무를 제한하면 처리량을 높게 유지하면서 요구사항의 수준을 줄일 수 있고, 계획에 없던 업무로 인한 끊임없는 방해와 팀원들의 번아웃처럼 요구사항을 만들어내고 후속처리하는 문제도 줄일 수 있다.

이는 지금까지 책에서 다뤘던 내용이다. 시간 도둑을 노출시킴으로써 사람들의 인생을 망치는 시간 도둑들의 힘이 커지는 것을 막고, 팀과 조직 전반의 비효율적 관행을 지속적으로 개선해 최대한의 이익을 얻을 수 있다. 보이지 않는 일을 관리하는 것은 터무니없이 어렵기 때문에 시간 도둑들을 드러내는 것이 중요하다는 점을 기억하자. 진행 중 업무가 너무 많으면 간단한 생각을 할 시간조차 없다.

업무 시각화를 통해 시간 도둑질을 목격했을 때 피해 범위를 좁힐 수 있다. 시간을 훔쳐가는 것을 눈으로 볼 수 있을 때, 조직을 방해하는 전반적인 문제를 재조정하고 교정할 수 있게 해준다.

기술 팀과 비즈니스 팀의 지지(일관성)

기술 팀과 비즈니스 팀의 지지는 각 팀이 업무를 수행하는 이유를 명확하게 하고, 합의를 얻을 수 있는 방법이다. 팀은 누가, 무엇을, 언제 할지에 대해서도 논의해야 하지만 왜 그 일을 해야 하는지에 대한 맥락을 반드시 이해해야 한다. 상호간의 지지 문제는 너무 많은 요청으로 인해 상충하는 우선순위와 자주 관련이 있다. 모든 요청이 완료된다면 문제 되지 않을 것이다. 우선순위가 상충하는 것은 너무 많은 진행 중 업무 때문이다.

기업이 초기에 사업 목적을 명확히 이해하면 조직의 문화를 근본적으로 바꿀 수 있다. 왜냐하면 리더가 사업 초기부터 기업에서 해야 하는 일의 적절한 우선순위를 결정할 수 있기 때문이다.

사람들은 변화를 어려워하며 특히 극적인 변화가 일어날 때 저항하게 된다. 린 코치는 이 저항을 J 커브라고 부른다(그림 54). 큰 변화는 여러 가지 이유로 성능을 떨어뜨린다. 새로운 자료의 학습, 더 많은 사람의 채용, 새로운 도구를 설치하고 사용하는 일이 꼬리에 꼬리를 물고 계속해서 생긴다. 이것이 작고 점진적인 변화가 구현하기 더 쉬운 이유다. 작은 변화는 약한 저항을 만나게 된다. 이베이^{eBay}의 사례를 보자.

어느 날 이베이 디자이너들은 밝은 노란색 배경이 더 이상 멋있지 않으니 흰색으로 교체하기로 결정했다. 고객들은 이 변화를 좋아하지 않았다. 수많은 사람이 노란색 배경으로 다시 교체해 달라고 불만을 표현했다. 디자이너들은 그 뒤 몇 달에 걸쳐서 배경색을 노란색에서 흰색으로 단계적으로 수정했고, 마침내 노란 배경은 모두 흰색으로 교체됐다.[1] 단 한 명의 사용자도 알아채지 못했다. 이것이 점진적인 변화의 힘이다. 사람들은 한 번에 모든 것에 적응하기보다는 한 번에 조금씩 적응할 수 있기 때문에 저항에 덜 부딪힌다. 극적인 변화 대신 점진적인 변화로 사람들을 만족시킨다.

---

1   Jared M. Spool, "The Quiet Death of the Major Re-Launch," UIE(https://articles.uie.com/death_of_relaunch/), August 7, 2006

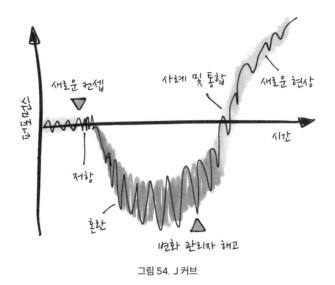

그림 54. J 커브

새로운 업무 방식을 구현하는 데 필요한 또 다른 과제는 다음과 같다.

1. 진행 중 업무를 제한하는 것은 두려운 일이며 직관적이지 않다. 진행 중 업무를 제한하는 것은 사람들이 항상 "예"라고 대답할 수 없음을 의미하기 때문에 그들을 불편하게 만든다. 하지만 진행 중 업무 제한을 무시한다면 팀의 흐름 타임이 요동치고, 혼란스러워질 수 있다. 실행 가능한 진행 중 업무 제한을 설정하면 그 범위 안에서 새로운 요청을 받을 때 "아니요"라고 말할 수 없다.

2. 항상 수용할 수 있는 양보다 요구받는 것이 많다. 모든 요구에 "예"라고 해야 하는 압박 때문에 모든 일을 동시에 시작하는 오랜 습관을 경계해야 한다. 진행 중 업무 제한은 늘 곁에 둬야 하는 친구며, 가장 중요한 업무를 완료하는 열쇠라는 점을 기억하자.

3. 새로운 업무 방식을 두려워하는 사람들은 정보를 시각화해 드러내는 것에 협조하지 않을 수도 있다. 경영진이 두려움을 완화하기 위해 노력하면 사람들은 자신의 업무 현황이 투명하게 보이는 것에

불편함을 느끼지 않는다. 사람들을에게 불이익을 주지 말고 제도를 변경하자.

다음과 같은 상황을 경계하자.

1. 내부적으로 이목이 집중되면 이해관계자 및 고객들과 상호작용이 충분하지 않을 수 있다. 균형을 잡고, 업무 우선순위를 정할 때 비즈니스의 지연 비용을 고려하자.
2. 행동한 모든 것이 완벽하기를 바라면 절대로 끝나지 않으며, 계속해서 개선해야 한다. 미완성된 비공개 글이 많은 블로그보다 완성된 글이 하나라도 있는 블로그가 낫다. 가능한 빠르게 피드백 받을 수 있도록 무엇이라도 전달하자.
3. 한 번에 모든 것을 고치려고 한다. 현재 상황을 시각화한 뒤 작은 조정으로 각 변화의 영향을 측정하고, 이로부터 배울 수 있다.
4. 하룻밤 사이에 결과가 나오리라 기대한다. 칸반 설계가 안정화되려면 몇 달이 걸릴 수 있다. 그때도 지속적으로 개선 중일 것이다. 언제나 개선할 수 있는 여지가 있다.

린 코치로서 프로젝트를 완료하기 위해 사용하는 애자일 프레임워크의 일종인 칸반과 스크럼Scrum[2]의 차이에 대해 자주 질문을 받는다. 둘 다 결과물을 생산적으로 만들기 위해 제약 조건을 사용하는 애자일 방법론이다.

스크럼과 칸반은 함께 잘 동작할 수 있다. 이 둘은 비슷하지만 출시 주기, 역할, 제약 조건의 유형에 차이가 있다. 스크럼은 수요를 제한하기 위해 일반적으로 2주 단위의 시간 제한을 사용하고, 칸반은 진행 중 업무의 수를 제한해 수요를 억제한다. 일부 팀은 두 가지를 섞어서 사용하며, 이것

---

2   프로젝트를 완료하기 위해 사용하는 애자일 프레임워크 – 옮긴이

을 스크럼반^{ScrumBan}이라고 부른다(처음 의도는 스크럼에서 칸반으로 전환하는 방법으로 설계됐다).

나는 클라우스 레오폴드$^{Klaus\ Leopold}$와 지크프리드 칼테네커^{Siegfried} ^{Kaltenecker}가 쓴 책 『Kanban Change Leadership』에서 나온 엘리베이터 피치$^{Elevator\ pitch3}$에서 영감을 받았다.

> 칸반은 업무 영역을 지속적으로 개선할 수 있는 방법이다. 대규모 변경 관리 프로젝트로 시작하기보다는 작은 변화의 단계를 이어가는 것에 중점을 둔다.
>
> 가장 중요한 비즈니스 파트너를 인식하고, 현재 업무 프로세스의 강점과 약점을 함께 조사한다. 이러한 프로세스의 시각화에 기반을 두고 더 효율적으로 업무를 수행하고, 리드 타임을 개선하며 고객에게 부가가치를 창출하는 간단한 방법을 사용한다.[4]

비즈니스 파트너와 함께 강점과 약점을 조사하기 위해 시각화를 활용하면 변화를 향한 조직의 저항이 줄어든다. 업무를 눈에 보이게 만드는 것은 문제를 살펴볼 수 있게 돕고, 사람들이 변화를 편하게 느끼도록 한다.

전통적인 언어는 진보를 막는 경향이 있다. 시간 도둑과 싸우기 위해서는 민첩함, 대담함 그리고 일을 수행하는 새로운 방법을 새로운 단어로 묘사하는 것이 필요하다. 사람들(자원이 아님), 우수 사례(모범 사례가 아님) 및 불확실성(정확성이 아님)을 생각하라.

우리가 일하는 방식을 바꾸기 위해서는 생각하는 방식의 변화가 필요하다.

영국의 서머셋 카운티$^{Somerset\ County}$에서 교통 시스템 신호등을 제거하는

---

3 엘리베이터 피치(elevator pitch): 투자자와의 첫 만남 시 어떤 제품이나 서비스, 단체 혹은 특정 사안 등을 소개하는 간략한 연설을 말한다. 이 용어는 엘리베이터를 타고부터 내릴 때까지 약 60초 이내의 짧은 시간 안에 투자자의 마음을 사로잡을 수 있어야 한다는 뜻을 내포하는데, 이는 첫 만남 시 1−2분 안에 갖게 되는 첫인상이 투자에 대해 절대적인 영향을 미치기 때문이다(네이버 지식백과, 한경 경제용어사전 참조). – 옮긴이

4 Klaus Leopold, Siegfried Kaltenecker, 『Kanban Change Leadership: Creating a Culture of Continuous Improvement』, Wiley, p277, 2015

변화를 시도했을 때, 사람들은 제대로 될 리가 없다고 생각하며 "운전자들은 신호등이 없는 상황에 익숙해지지 않을 거야."라고 이야기했다. 신호등이 없어진 뒤 도로에서 대기하는 차들이 사라진 모습을 보고 대부분의 시민이 놀랐다. 도로가 덜 붐벼 보행자가 길을 건너는 것이 쉬워졌다. 이전에는 운전해서 마을을 지나가는 데 20분이 걸렸는데, 이제는 고작 5분 걸린다. 그 차이는 대단했다.

이러한 변화에 사람들이 적응하는 데에는 시간이 좀 걸렸다. 대부분의 사람은 신호등을 보는 데 익숙했다. 일부 운전자들은 교통 관제에 따라 제어되는 예전 방식을 여전히 주장했다. 개혁은 문화의 변화를 요구했고, 사람들은 나쁜 습관을 버려야 했다. 이것은 마음의 변화를 요구하는 새로운 사고방식이었고, 사람들이 변화를 따라가는 데 시간이 조금 걸렸지만, 결론적으로 더 안전하고 빠른 시스템을 만들었다.

린 칸반 흐름 방식으로 일하는 방식을 변화시킬 때도 마찬가지다. 새롭고 다르다. 사람들은 그 방식이 동작하지 않을 것이라고 생각하고, 팀과 조직은 린 칸반 흐름 방식에 저항한다. 문화를 변화시키려면 때로는 나쁜 습관을 버려야 한다. 교통 신호 등의 변화처럼 효과가 즉시 일어나는 경우는 드물지만, 대체로 방해가 줄어들고, 더 높은 투명성을 가질 수 있으며, 업무 흐름이 빨라지는 형태로 초기에 개선되는 것을 볼 수 있다.

정량적 측정의 과학적인 이론과 전문 지식은 시간 도둑질을 드러내고, 업무 흐름을 개선하는 데 중요한 부분이다. 여기에 몰두하게 된 이유는 흥미롭기 때문이다. 이것은 수학이다. 나는 수학에서 x 값을 구하기를 좋아한다. 나의 첫 번째 바람은 허니 웨스트$^{Honey\ West}$[5] 같은 형사가 되는 것이었는데, 메트릭을 사용해 의사결정에 영향을 줄 수 있는 힘을 직접 경험했다. 메트릭 때문에 예산과 인원을 승인하고 추구하는 방향성이 바뀌기도 했다. 일에 관련된 모든 것을 개선하기 위해 정량적 측정을 적용했다.

5　「Honey West」는 1965년~1966년까지 ABC에서 방영한 동명의 TV 시리즈 등장 인물로, 형사로 활약했다. - 옮긴이

하지만 이론과 메트릭은 내가 이 일을 하는 이유가 아니다. 추상적이거나 직관적이지 않은 아이디어를 분명하게 표현하는 것은 나의 강점이 아니다. 내 머릿속에 있는 생각들을 그저 말로만 전달하기에는 부족하다. 나는 대화를 나누는 것보다 시각적인 것으로 의사소통하는 것이 쉬웠기 때문에 업무를 눈에 보이게 만드는 방법을 많이 알게 됐다. 사람들이 문제나 상황을 쉽게 볼 수 있게 해주는 아이디어나 업무의 시각화 방법은 재미있다. 실제로 어떤 일이 일어나는지 사람들이 이해할 수 있게 돕고, 유용하며 아름다운 정보를 만드는 것은 진정한 기쁨이다. 하지만 그것 역시 이 일을 하는 궁극적인 이유는 아니다.

내가 이 일을 하는 이유는 본질적으로 사람들과 연결되기 때문이다. 직장이나 워크숍에서 지켜본 내용을 토대로 그들이 어떤 문제를 해결하기 위해 노력하는지 알 수 있다. 대부분은 사람들을 관찰하는 동안 직감적으로 알게 된다. 그들의 고통에 어떤 방식으로 빛을 비춰 시각화할지 아이디어가 떠오른다. 감정적인 단계에서 어떤 일이 일어나고, 사람들이 의사소통하는 것을 돕기 위한 물리적 시각 자료로 변형시키는 것을 관찰한다. 자동으로 다른 사람들의 에너지를 해석하고 상황을 이해한다. 나는 시각적으로 공감하는 청취자이며, 이것이 내가 가장 잘하는 일이다. 범죄 현장에 나를 밀어 넣고 추론하게 해달라.

업무를 시각화하고, 흐름을 최적화하고, 중요한 논의를 가능하도록 할 수 있는 능력이 없다면 이 일을 할 수 없다. 이 책에서 사람들이 조직에서 이러한 일을 할 수 있도록 돕는 기초 도구와 필요 지식을 제공했다. 이제 당신이 도구를 활용할 차례다.

동작하지 않는 시스템에 대해 더 이상 고민하지 말자. 이 책의 사례를 이용해 지속적인 개선을 경험할 수 있다. 고뇌에서 빠져나와 개선하고자 하는 여정에 다른 사람들도 함께할 수 있도록 독려하라. 당신이 시작하는 데 이 책이 영감을 주었기를 바란다. 바로 연습을 시작하고, 문제를 시각화하고, 필요한 대화를 유도하고, 이러한 행동이 어디로 인도하는지 지켜보자.

성공적으로 시간 도둑을 드러내고, 업무 흐름을 최적화하기 위해 필요한 모든 것을 다뤘는지 스스로 의심스럽다. 하지만 이것이 내가 할 수 있는 최선이며 우리 모두가 할 수 있는 일이다. 업무 흐름을 시각화하고 개선하는 수많은 방법이 있으며, 나는 여전히 배우는 중이다.

처음 이 책을 쓰는 것을 생각했을 때, 내 머릿속은 기업의 관료주의나 사업의 교착 상태에 빠진 일상적인 사람들이 어떻게 개선하고, 조직에서 목소리를 낼 수 있는지에 대한 아이디어와 예시가 넘쳐날 것이라 예상했다. 사람들이 일하고 있는 팀을 좀 더 좋은 곳으로 만들 수 있도록 돕고, 적절한 방법을 알려주는 사람이 되고 싶다. 더 행복한 곳으로 만드는 것을 돕고 싶다. 함께 하자. 내가 할 수 있다면 당신들도 할 수 있다.

행운을 빈다!

2판 후기

소규모 재난이 일상이 된 시대에서 미래는 증가하는 불확실성과 변화 속도를 감내하는 우리의 능력을 시험할 것이라고 생각한다. 기술 변화 속도가 사람의 변화 속도를 따라잡고 심지어 넘어설 때 어떻게 적응할 것인가? 우리의 미래 문제는 기술적인 것이 아니라 사회적인 것이 될 것이다.

2판 후기의 목적은 미래 업무 시나리오들을 면밀히 살펴보는 것이다. 이는 우리가 미래에 일하는 방식에 급격하게 영향을 줄 변화의 고속도로이다. 아마도 업무 세계를 변화시킨 산업 혁명의 규모보다 더 크게 영향을 줄 것이다.

이번 후기에서 이전에 살펴보지 않았던 호기심과 회복성의 역할에 관해 자세히 알아보고 싶다. 변화에 신속하게 적응하기 위해 필요한 회복성을 호기심이 어떻게 높여줄 것인가? 우리의 인지 편향에 대한 이해와 역동적인 학습을 위한 회복성에 관해 자세히 알아볼 것이다.

인지 편향

성장을 위해서는 행동에 있어서 우리가 생각하는 이유와 방식을 학습하는 것, 특히 의사결정 과정과 편향의 이해가 필수적이다. 편향은 사람의 판단과 의사결정에 무의식적으로 그리고 자동적으로 영향을 미쳐 추론 오류를 범하게 한다. 다양한 편향에 관한 많은 연구와 논의가 존재해왔다. 인간의 판단과 의사결정과 관련된 우리의 무의식적인 영향을 이해하는 데 가장 관련이 깊다고 생각되는 몇 가지 인지 편향을 집중적으로 다룰 것이다.

과신 편향: 자신의 능력에 대해 너무 긍정적으로 보는 관점으로, 다른 사람들이 더 큰 위험을 감수하게 만든다.

대니얼 카너먼Daniel Khaneman은 자신의 책 『생각에 관한 생각』(김영사, 2018)에서 긍정적인 사람들은 일반적으로 쾌활하고 행복하기 때문에 인기가 많다고 했다. 긍정적인 사람들은 실패와 역경에 적응하는 데 있어 회복력이 좋고, 심각한 우울증에 빠질 가능성이 적고, 면역 체계가 더 강하고, 자신들의 건강을 더 잘 돌보고, 다른 사람들보다 더 건강하다고 느끼고, 더 오래 살 가능성이 높다.[1]

지나치게 자신감이 넘치는 사람들은 투자자들과 동료들로부터 승인을 확보하는 데 도움이 되는 낙관적인 전망을 유지한다. 전문가들은 자신이 옳다고 더 확신하기 때문에 이러한 편향을 보일 가능성이 더 높다. 문제는 전문가들이 자신의 전망에 있어 틀리는 경우가 많다는 것이다.

카너먼이 그의 책에서 보여줬듯이 대기업의 전망에 근거한 연구들에 따르면 재무 최고 책임자들은 주식 시장에 대한 단기적인 미래에 대해 알지 못했다. 그들의 예측과 실제 가치 간의 상관관계는 0보다 작았다.[2] 환자의 죽음 이전에 내린 진단에 대해 완전히 확신했던 의사들은 해당 시점에 틀린 비율이 40%였다.[3] 리모델링 업체들은 부엌과 화장실 리모델링 견적을 최종적으로 고객이 지불하게 된 금액보다 일관되게 적게 견적했다.[4]

권한과 자신감이 있는 계획자들과 의사결정자들은 자신의 느낌에 자주 의존하는데, 이들은 자신의 결정을 데이터 기반 실험과 비교하는 것을 고려해볼 필요가 있다. 느낌은 지나치게 낙관적일 수 있다. 따라서 자신감은

1   Daniel Khaneman, Thinking, Fast and Slow (NY: Farrar, Straus and Giroux, 2011), 255.

2   Khaneman, Thinking, Fast and Slow, 261-263.

3   Khaneman, Thinking, Fast and Slow,, 263.

4   Khaneman, Thinking, Fast and Slow,, 250.

유익한 특성이지만, 카너먼에 따르면 그 이익은 '경미한 편향을 가진 사람들, 즉 긍정적인 면을 강조하면서도 현실 감각을 잃지 않는 사람들'에게만 허용된 것이다.[5]

확증 편향: 자신의 믿음이나 가치에 확신을 주거나 지원하는 방식으로 정보를 찾고 해석하고 뒷받침하고 기억하는 경향을 말한다. 자신의 믿음과 맞지 않는 정보는 무시하는 반면 자신의 믿음에 맞는 정보는 사용한다. 사람들은 자신이 현재 갖고 있는 믿음과 잘 맞을 것 같은 데이터를 찾는다.

IT 리더들로 구성된 한 그룹에 데이터를 제시한 적이 있다. 운영팀 부서장은 데이터가 쓸모 없다고 선언했다. "쓰레기가 들어왔고 쓰레기가 나왔다."라고 내뱉었다. 해당 데이터가 어떤 식으로 수집됐는지에 관한 증거를 보여줬지만 그의 의견을 바꿀 수는 없었다. 해당 메트릭이 잘못됐다는 그의 믿음은 확고했다. 발표 전에 동일한 증거(동일한 메트릭)을 보여준 다른 사람들은 해당 데이터를 간과하지 않았다. 그룹의 의사결정자가 먼저 자신의 의견을 내면 방에 있는 다른 사람들은 반대 의견을 낼 생각을 감히 하지 못한다.

확증 편향은 호기심을 불러일으키고 다음과 같은 질문들을 하게 만든다.

- 우리의 실험이 우리가 추구하는 결과를 뒷받침하는가?
- 호기심에 기반한 과학이 받아들여질 수 있을까?
- 우리의 검색 결과가 우리가 보고자 하는 것을 기반으로 편향될 것인가?
- 우리는 선택적인 기억을 보이면서도 정보를 공평하게 해석할까?
- 팀원들이 자신들의 작업 가설과 일치하는 테스트를 만드는 경향이 있을까? 이는 원하는 결론이 진실로 믿어질 가능성이 더 높은 이유를 설명한다.

---

5   Khaneman, Thinking, Fast and Slow,, 256.

더닝 크루거 효과 Dunning-Kruger Effect: 미숙련자는 자신의 능력을 과대평가하고 전문가는 자신의 능력을 과소평가하는 경향을 말한다.

사회심리학자 저스틴 크루거Justin Kruger와 데이비드 더닝David Dunning의 논문 「Unskilled and Unware of It」에서 언급했듯이 이 편향은 낮은 능력을 가진 사람들의 내적인 착각과 높은 능력을 가진 사람들의 외적인 오인으로부터 발생한다. 또는 논문에 따르면 "무능한 사람들의 잘못된 보정은 자신에 대한 오류로부터 발생하는 반면, 매우 유능한 사람들의 잘못된 보정은 남들에 대한 오류로부터 발생한다."[6]

우리는 자신감이 있는 사람들이 스스로 무슨 얘기를 하는지 모르는 경우에도 그들을 유능하다고 본다. 자기 인식 없이는 자신의 능력 수준을 객관적으로 평가할 수 없다. 또한 이것이 우리의 사고를 연구하고, 행동에 있어서 생각하는 이유를 배우며, 자기 평가에 대해 호기심을 가지는 것이 매우 중요한 이유이다.

무능한 사람은 스스로의 무능함을 모른다. 올바른 답을 도출하기 위해 필요한 기술이 바로 올바른 답이 무엇인지 인지하는 데 필요한 기술이다. 높은 성과를 내는 사람들과 반대로 낮은 성과를 내는 사람들은 피드백으로부터 학습하지 않는다.

이러한 인지 편향은 무능한 사람들이 자신이 유능한 사람보다 더 낫다고 생각하기 때문이 아니다. 대신에 무능한 사람들이 자신의 실제 능력보다 훨씬 더 낫다고 믿기 때문이다. 반면에 유능한 사람들은 자신들이 실제 유능한 사람들만큼 유능하다고 생각하지 않는다.

그렇다면 우리가 인지 편향에 관해 무엇을 할 수 있을까? 우리는 어떻게 인지 편향을 경감하는가? 구글에 검색해 보면 수많은 제안이 나온다. 주목을 끄는 몇 가지 제안은 다음과 같다.

---

6 Justin Kruger and David Dunning, "Unskilled and Unaware of It: How Difficulties in Recognizing One's Own Incompetence Lead to Inflated Self-Assessments," Journal of Personality and Social Psychology 77, no. 6: 1121.

- 편향이 발생하는 상황을 인식하도록 사람들을 훈련한다.
- 표준화된 테스트(편향을 피하는 테스트)를 통해 개인의 실제 기술과 지식에 대한 가시성을 제공한다.
- 자신들의 결정이 다른 이들에 의해 동료 심사를 받게 될 것이라는 점을 사람들이 알도록 하는 방식으로 책임감을 높인다.

2019년 데브옵스 엔터프라이즈 서밋DevOps Enterprise Summit에서 나는 프로젝트 중심의 업무 방법에서 제품 중심 업무 방법으로 전환함에 따라 팀을 조직화하는 방법에 관한 논의를 발표했다. 발표를 위해 라스베가스Las Vegas로 향하는 비행기에서 트로이 마제니스Troy Magennis 옆에 앉아서 그에게 내 발표를 보여줬다. 트로이는 개인들의 지식 간극과 지식 과잉을 나타내기 위한 기술 매트릭스skills matrix를 제안했다. 이는 조직이 사람들을 훈련시키기 위해 어떤 기술이 필요하고 누가 다른 이들을 가르치는 데 충분한 지식을 가졌는지 보기 위함이다.

기술 매트릭스(아래 표 3)의 주황색 사각형은 채워야 할 간극을 나타내는 데 도움이 되고, 진한 파란색 사각형은 해당 팀에 존재하는 고급 기술을 강조한다. 이러한 고급 기술은 여러분의 조직에게 기존의 하나의 팀을 두 개의 팀으로 나눌 수 있는 능력을 제공한다. 점수가 높다(3점 이상)는 것은 해당 기술을 다른 이들에게 가르칠 수 있는 사람이라는 의미이다.

기술 매트릭스의 핵심은 팀원들이 필수 기술이나 지식이 부족한 분야인 주황색을 식별하는 것이다.

여러분의 팀은 올바르게 구성됐는가? 각 기술/지식에 대해 여러분 자신을 평가해보자.

0 = 학생, 1 = 강사가 있으면 비행 가능, 2 = 홀로 비행 가능, 3 = 강사, 4 = 블루 엔젤(Blue Angel)[7]

기술/지식	P1	P2	P3	P4	P5	P6
가치 흐름을 위한 원하는 비즈니스 결과를 설명할 수 있다.	2	1	0	1	2	2
제품 가치 흐름의 고객들과 불만사항들을 식별할 수 있다.	1	1	3	1	3	2
업무 프로세스와 업무 흐름을 입력부터 전달에 이르기까지 도구들 내에서 그리고 도구들에 걸쳐 식별할 수 있다.	3	2	0	1	0	1
매출 생성 및 매출 보호로 식별될 수 있는 도구 세트에서 산출물을 찾을 수 있다.	2	2	1	0	1	0
산출물 상태를 세부적으로 계획하고, 활성 업무 상태 vs. 대기 상태를 인지할 수 있다.	3	0	2	1	1	0
제품 가치 흐름에서 사용하는 다양한 도구에서 업무 항목이 어떤 위치에 있는지 식별할 수 있다.	4	2	1	1	2	0
자신의 기능 영역 이전 단계와 이후 단계에서 팀 또는 실무자에 대한 의존도를 식별할 수 있다.	1	1	0	0	0	2
효율성과 속도를 개선하기 위한 실험을 설계하고 기꺼이 다른 사람들에게 결과를 발표하고 공유할 수 있다.	3	2	0	1	1	2

어떤 사람들은 자신의 능력 수준을 객관적으로 평가할 수 없고 실제 능력 수준보다 높게 평가할 것이라는 점을 알게 됐다. 이제 개인의 지식 수준을 객관적으로 평가하기 위한 테스트를 만드는 방법이 궁금하다.

---

7   블루 엔젤은 미국 최고의 비행 시범단을 의미한다. – 옮긴이

과신과 건강한 긍정주의 간에 균형을 찾는 것은 긴 여정처럼 보인다. 하지만 긍정주의는 여러 이득이 있기 때문에 이러한 여정은 가치가 있다. 사람들은 긍정적인 사람들을 더 좋아하고 긍정적인 사람들이 많은 회사에서 더 큰 기쁨을 느끼는 경향이 있다. 긍정적이고 호기심에 이끌린 사고는 우리가 어려운 시기를 헤쳐 나가고 더 밝은 미래를 상상할 수 있도록 돕는다.

역동적인 학습을 위한 회복성

편향의 종류, 그리고 우리가 다른 이들과 업무를 하고 실험을 수행하는 동안 편향이 어떤 식으로 호기심을 방해할 수 있는지 살펴봤으니, 정적인 전문성에서 역동적인 학습으로 전환할 때 관련된 사고에 관해 살펴보자. 이번 절의 목표는 우리가 애자일과 데브옵스 실천법을 사용해 계속해서 업무를 수행해도 좋다는 2013년부터 2019년까지의 개념을 반박하고자 한다. 미래를 예측할 수는 없지만 2027년은 2017년과 매우 다를 것이다.

전염병의 세계에 더불어 지정학적인 불확실성과 물가 인상, 인공지능, 에너지 수급 문제를 지닌 미래를 향해 나아가는 상황에서 지속적이고 안정된 상태를 즐길 가능성은 급격하게 감소한다. 산업 혁명과 마찬가지로 코로나19 전염병은 우리 삶의 모든 것에 변화를 일으켰다. 학교, 직장, 여행, 쇼핑, 의료에 이르기까지 오늘날 우리의 세계는 이전의 10년과 매우 다르다. 인공지능 분야의 진전이 생산직뿐만 아니라 사무직 노동자들에게도 영향을 미칠 때 무슨 일이 일어날지 상상해보자(예를 들어 인공지능이 건강 진단을 대체하거나 돕는 경우가 있다).

사실상 많은 기술 노동자들은 완전히 압도당했고 미래에 대해 거의 준비가 되지 않은 것처럼 보인다. 2000년대에 걸쳐 IT 운영 부서 직원이 성공하기 위해 필요했던 엄청난 노력은 이제 기술 가치 흐름에 있는 모든 사람들에게 요구된다.

애자일과 데브옵스 전환이 조직을 강타했을 때 사업 부서 사람들과 개발자들은 자신의 업무에 관해 업무 시간 중에 그리고 건강한 정도의 긍정주의를 갖고 신중히 생각할 시간이 여전히 있었다. IT 운영 부서 사람들이 밤을 새우며 풀과 강력 접착 테이프로 서로를 묶어 두며 간신히 버티고 있는 와중에 사업 부서 사람들과 개발자들은 비즈니스를 위한 점수를 쌓을 수 있었다. 이는 『피닉스 프로젝트』(에이콘, 2021)의 등장인물인 패티 맥키Patty McKee와 웨스 데이비스Wes Davis, 빌 팔머Bill Palmer를 통해 현실감 있게 묘사됐다.

새로운 업무 방식에 적응하지 않고는 조직이 빠르게 뒤처질 것이며 존재감을 유지하고 변화의 속도에 발맞추는 데 필요한 고도의 기술을 잃게 될 것이라는 점은 명확하다.

이러한 불확실한 미래는 우리에게 회복성에 투자하라고 요청한다. 회복성은 시도와 오류 후에 계속해서 시도하는 능력을 말한다. 회복성은 우리의 미래 세계에서 점점 더 중요해질 기술이다. 따라서 어떤 방식으로 우리는 변화에 빠르게 적응하는 데 필요한 회복성을 증대할 수 있을까? 변화에 적응하기 위한 새로운 아이디어의 외곽에 있는 사람들을 포용하기 위해 가능한 경로가 무엇일까? 업무의 미래를 만족시키기 위해 필요한 것이 무엇일까?

궁극적으로 이러한 질문에 대한 답은 여러분에게 달려 있다. 하지만 디지털 업무 환경에서 회복성을 유지하는 것과 관련해서 내 경험을 통해 배운 것을 좀 더 추가해보겠다.

나 역시 대부분의 사람과 마찬가지로 동기부여에 있어 정점과 하락을 겪었다. 생물학에 대한 나의 관심 덕분에 동기부여와 에너지, 집중에 도움이 되는 요인들에 관해 좀 더 잘 이해할 수 있었다. 화면을 너무 지나치게 보는 것으로부터 빠져나오면 큰 도움이 된다. 스탠퍼드 대학교Stanford University 중독 의학과의 정신과 의사이자 책임자인 애나 렘키Anna Lembke가 그녀의 책 『도파민네이션』(흐름출판, 2022)에서 "스마트폰은 현대 피하 주사침으로 인터넷 세대에게 하루 종일 디지털 도파민을 전달한다"라고 말했다.[8] 우리가 우리 자신이 디지털 장치로부터 휴식을 취할 수 없음을 발견했을 때 우리는 도파민 결여 상태에 빠진다.

나의 경우 자연에서 휴식을 취하고 산책하는 것이 딴생각을 하고 눈을 쉬게 할 뿐 아니라 도파민을 기준치 수준으로 회복하는 데 도움을 줬다. 이는 회복성에 매우 필수적이다. 일부 사람들에게 이는 지루하겠지만, 가끔씩은 지루함을 경험하는 것도 좋을 수 있다.

회복성처럼 호기심 역시 미래에 대한 투자이다. 호기심은 적응을 위한 필수 기술이다. 호기심이 있을 때 사람들은 자신의 내재된 편향을 인식할 수 있을 뿐 아니라 행동을 취하도록 동기부여를 높여주는 열린 자세를 가질 수 있다. 호기심을 통해 사람들은 기꺼이 새로운 업무 방식을 시도할 수 있다. 과거의 모범 사례에서 벗어나 미래의 새로운 실천법을 포용할 수 있다. 호기심을 통해 선형적인 변화에서 기하급수적인 변화로의 이동에 대한 아이디어를 이해하기 시작할 수 있다(이러한 기하급수적인 변화는 코로나19 전염병을 통해 경험한 바 있다). 우리의 미래에 이러한 기하급수적인 변화가 놓여 있다고 확신한다.

미래를 내다봤을 때, 회복성과 호기심의 조합이 지속가능하고 건강한 업무 문화로 나아가는 데 도움이 되리라 확신한다. 이 책에서 배울 수 있는 가장 중요한 한 가지를 꼽는다면 균형 잡힌 업무량의 중요성을 깨닫는 것이다.

---

8   Dr. Anne Lembke, Dopamine

지은이 소개

도미니카 드그란디스 Dominica DeGrandis

오늘날 IT 업계에서 칸반Kanban 방식의 최고 전문가 중 한 명이다. IT 콘퍼런스에서 인기 있는 연사이며, 「Cutter IT Journal」과 「TechBeacon」 같은 사이트에 글을 기고한다. Tasktop Technologies의 디지털 트랜스포메이션 책임자로, 경험과 이론 및 실습을 결합해 조직이 비즈니스 가치 전달을 최적화하는 업무 흐름을 개선하기 위한 역량 강화를 돕는다. 현재 남편과 네 명의 자녀 중 두 명과 함께 워싱턴주에 살고 있다. 블로그 ddegrandis.com을 운영 중이며, 트위터(현 X) 계정은 @dominicad 이다.

감사의 글

토드 새터스턴^{Todd Sattersten}의 도움 없이는 이 책을 쓸 수 없었을 것이다. 토드는 내가 자신 없어 했을 때도 이 책의 힘을 믿어줬다. 그는 기초를 다지고 일을 원활히 진행시켜 모든 것을 가능하게 했다. 토드에게는 예리한 눈썰미와 책을 출간할 때 가장 중요한 게 무엇인지 아는 재능이 있다.

안나 노악^{Anna Noak}과 함께 일한 것은 정말 큰 기쁨이었다. 안나는 가장 협조적이고 헌신적인 편집장이었다. 집필과 출판의 전 과정 동안 주말, 공휴일, 휴가 중에도 빈틈없는 장인 정신으로 나를 지도해줬다. 초보 일러스트레이터로서, 색상을 입히고 이미지를 디자인할 때 디자이너 조이 스토버^{Joy Stauber}의 조언을 받을 수 있었던 것은 아주 큰 행운이었다. 재능 있는 편집자인 실비아 코트렐^{Sylvia Cottrell}, 사라 힐먼^{Sarah Heilman}, 레아 브라운^{Leah Brown} 그리고 엘리자베스 르웰린 맥스웰^{Elizabeth Llewellyn-Maxwell}에게도 감사한다.

이 책은 린, 칸반, 업무 흐름을 가르치고 코칭하면서 배운 내용을 통합하고 돌아보기 위해 썼다. 일하며 배우는 동안 함께한 모든 동료와 친구들이 내 경력에 영향을 줬다. 특히 업무적으로 미숙했던 시절을 함께한 코비스^{Corbis}의 래리 코헨^{Larry Cohen}, 대런 데이비스^{Darren Davis}, 샌디 톰슨^{Sandy Thompson}, 엘리 허스트^{Eli Hurst}, 제이 프리어^{Jay Freer}, 캘빈 응우옌^{Calvin Nguyen}, 드웨인 존슨^{Dwayne Johnson}, 데비 넬슨^{Debbie Nelson}, 수잔 바그돈^{Suzanne Bagdon}, 제이슨 버크리드^{Jason Birklid}, 릭 가버^{Rick Garber}에게 감사한다.

애자일과 린 실천법을 배울 수 있도록 도와준 수많은 선생님에게도 감사를 전하고 싶다. 데이비드 J. 앤더슨^{David J. Anderson}, 대니얼 베이컨티^{Daniel Vacanti}, 크리스 헤플리, 이안 캐롤^{Ian Carroll}, 마티아스 얀손^{Mattias Jansson}, 아르네 록^{Arne Roock}, 리즈 케그^{Liz Keogh}, 토르비욘 길브링^{Torbjörn Gyllebring}, 마티

아스 스카린Mattias Skarin, 유발 예레트Yuval Yeret, 칼 스코틀랜드Karl Scotland, 데이비드 조이스David Joyce, 캐서린 커크Katherine Kirk, 클라우스 레오폴드Klaus Leopold, 마커스 안드레자크Markus Andrezak, 파웰 브로진스키Pawel Brodzinski, 하칸 포스Hakan Forss, 요아킴 선덴Joakim Sundén, 에릭 윌케Eric Willeke, 돈 라이너슨Don Reinertsen, 마이크 버로우스Mike Burrows, 짐 벤슨Jim Benson, 러셀 힐리Russell Healy, 스티브 홀트Steve Holt, 마이클 체벨다브Michael Cheveldave, 제프 앤더슨Jeff Anderson, 제이슨 이프Jason Yip, 존 테리Jon Terry, 가에타노 마잔티Gaetano Mazzanti, 조슈아 아놀드Joshua Arnold에게 감사의 마음을 전한다.

트로이 마게니스Troy Magennis는 1.2장과 2.3장에서 다룬 작업의 의존성에 관해 쓰면서 내게 특별한 멘토이자 친구가 됐다. 코비스에서 트로이와 한 사무실을 사용하며, 그의 영향력 있는 글쓰기와 코칭을 직접 경험할 수 있었다. 그 사무실에서 언젠가는 나도 책을 쓸지도 모른다는 꿈을 꿨다. 그의 지지자이자 친구인 점이 자랑스럽다.

2016년 시애틀에서 열린 DevOpsDays에서 파울리 콩투아Pauly Comtois는 손으로 그린 프리젠테이션을 처음으로 발표했는데, 여기서 영감을 받았다. 그해 말 데이비드 오닐David O'Neal은 내게 그림 그리는 기술을 전수해줬다. 두 사람에게 매우 고맙다는 인사를 전하고 싶다. 그 이후 내 프레젠테이션은 예전보다 훨씬 좋아졌다.

내가 배운 것을 연습할 수 있도록 영감과 도움을 주고 있는 데브옵스DevOps 커뮤니티가 있다. 처음 만난 2011년과 2012년부터 친절함과 격려, 포용력을 보여준 패트릭 드부아Patrick Debois, 존 빈센트John Vincent, 데이먼 에드워즈Damon Edwards, 앤드류 클래이 셰이퍼Andrew Clay Shafer, 스티븐 넬슨-스미스Stephen Nelson-Smith, 존 윌리스John Willis, 제즈 험블Jez Humble, 벤 록우드Ben Rockwood, 만디 월스Mandi Walls, 제니퍼 데이비스Jennifer Davis, 톰 설스턴Tom Sulston, 마이클 렘베트시Michael Rembetsy, 마리우스 두케아Marius Ducea, 아드리안 콕크로프트Adrian Cockcroft, 카틱 가크와드Karthik Gaekwad, 제임스 위켓James Wickett, 어니스트 뮬러Ernest Mueller, 사샤 베이츠Sasha Bates에게 감사함을 전하고 싶다.

　재능 많은 크리스 헤플리, 줄리아 웨스터와 함께 일한 것은 매우 기쁜 일이었다. 이 책의 초안부터 도움과 피드백을 받았으며, 그들의 의견이 큰 도움이 됐다.

　진 킴이 보여준 열정과 분명한 피드백은 나를 되돌아보고 끝까지 인내하는 데 도움이 됐다.

　휴가 중에도 서문을 써 준 토니안 드마리아에게 특별한 빚을 졌다. 그녀의 글은 훌륭한 전문 지식과 문장으로 내게 깨달음과 즐거움을 선사한다.

　내가 가장 사랑하는 남편 조셉은 지구상에서 가장 관대한 사람이다. 이 책을 쓰는 동안 주말과 휴일에 가사와 정원 관리를 모두 맡아준 덕분에 무사히 책을 쓸 수 있었다. 그는 나를 위해 차를 끓이고, 음식을 만들고 웃을 수 있게 해줬다.

옮긴이 소개

유지은(hellougs@gmail.com)

소프트웨어 테스트 엔지니어^{Software Test Engineer}로 커리어를 시작해 애자일
코치^{Agile Coach}로 커리어를 변경했다. 시각화와 회고에 관심이 많으며, 회고
나 워크숍 퍼실리테이션에서 만들어지는 역동을 즐긴다. 모든 일은 결국
사람이 하고, 그 사람들의 심리가 중요하다는 생각에서 심리학 공부를 시
작했다. 애자일 코치로서 제품과 사람의 성장을 돕는 역할을 하고 싶다는
초심을 지키기 위해 애쓰는 중이다.

김혜주(hjjuya@gmail.com)

웹 서비스 기획자로 출발해 스크럼 마스터^{Scrum Master}로 전직하면서 애자일
의 세계에 발을 들였다. 이후 애자일 코치를 거쳐 현재는 TPM으로 일하고
있다. 개인과 조직이 성장하고 성과를 낼 수 있도록 이끄는 역할에 보람을
느낀다. 언제나 일은 재미와 의미가 있어야 한다고 생각하며, 항상 좀 더
나은 사람이 되려고 노력하고 있다.

김무항(niceggal1@naver.com)

위치 기반 서비스, 증강 현실, 보안 등 다양한 분야에서 연구와 개발을 했
다. 기술 번역에 관심이 많다. 에이콘출판사에서 펴낸 『드루팔 사용하기』
(2013)와 『프로그래머처럼 생각하기』(2014), 『PHP와 MariaDB를 활용한
웹 애플리케이션 개발』(2016), 『파이썬으로 처음 시작하는 코딩』(2018),
『소프트웨어 아키텍처 이론과 실제 4/e』(2022), 『소프트웨어 엔지니어링
생산성 돌아보기』(2023) 등을 번역했다.

옮긴이의 말

처음 번역 제안을 받았을 때도 쉽지 않을 것이라 생각했지만, 번역 작업은 생각보다 훨씬 어려웠다. 저자가 이 단어를 어떤 의도로 썼는지 알기 위해 그녀의 머릿속에 들어갔다 나오고 싶을 지경이었다. 저자의 유쾌한 성격이 드러나는 글들을 번역하면서 그녀의 센스를 잘 살리지 못하는 것은 아닌가 염려했다. 직역과 의역과 오역 사이에서 갈등하고 고민한 시간들은 평생 잊지 못할 것 같다. 아무쪼록 독자들에게 도미니카의 마음과 노하우가 잘 전달돼 시간 도둑질을 막을 수 있기를 바란다.

이 책을 혜주 님과 함께 번역할 수 있게 제안해 주신 나의 애자일 아빠 조승빈 님과 늘 성장할 수 있도록 도와주시는 나의 애자일 엄마 신병호 님께 감사의 말씀을 전하고 싶다. 두 분은 내가 성장할 수 있는 방향을 제시해 주고 독려하며, 적절한 피드백을 주신다. 내가 만난 리더 가운데 가장 뛰어난 분들이라고 생각한다. 그리고 함께 또 하나의 협업을 이뤄낸 혜주 님께 무한한 감사의 마음을 전한다. 애자일 코치로 일하며 성장하는 기쁨을 함께한 모든 동료에게 감사를 전한다.

직접 번역해 보니 다른 역자들이 왜 배우자와 아이에게 고마움을 표현하는지 이해가 됐다. 워킹맘으로 바쁜 시간을 보내면서 내 욕심으로 인해 사랑하는 두 사람과 함께하는 시간을 써버린 것 같아 미안한 마음이 들었다. 늘 나를 지지해주고 응원해주는 두 사람, 사랑하는 내편 병열 오빠와 딸 지아에게 진심으로 감사의 마음을 전한다.

– 유지은

일단 책 표지가 마음에 들었고 익숙한 보드 그림이 많아서 겁도 없이 덥석 번역하겠다고 말은 했지만, 역시 쉽지 않은 작업이었다. 그렇지만 내가 경험했던 일, 혹은 궁금했던 것을 활자로 마주하는 반가움에 즐거운 작업이기도 했다. 저자가 고발한 시간 도둑은 우리가 일을 하며 수도 없이 마주친 녀석들이다. 그래서 번역하는 내내 굉장히 익숙한 예시를 많이 볼 수 있었다. 그런데 내 경험을 돌이켜보니 눈앞에서 도둑을 놓친 경우가 꽤 많았다. 이 책을 읽는 분들은 부디 빠르게 시간 도둑을 검거할 수 있기를!

생각지도 못했는데 번역을 제안해주신 조승빈 님께 감사의 말씀을 전한다. 정작 승빈 님은 잘 모르시겠지만 내게 꽤 많은 영향을 주셨고, 그래서 늘 고마운 마음이다. 그리고 엔비티에서 함께 고군분투하며 우리만의 연대를 형성한 신병호 님과 유지은 님께도 감사드린다. 참 재미나게 일했던 시간이었다. 특히 지은 님은 워킹맘임에도 불구하고 함께 번역하면서 너무 많은 시간과 노력을 쏟아주셔서 미안한 마음이 크다. 또한 쿠팡과 엔비티, 딜리버리히어로 코리아에서 함께 일했던 좋은 사람들에게 감사의 인사를 전한다. 덕분에 지금까지 애자일 코치로서 많은 경험을 했고, 함께 성장할 수 있었다. 그리고 현재 함께 일하고 있는 카카오브레인의 동료들에게도 고마움을 전한다.

마지막으로 언제나 힘이 되어주는 엄마, 아빠, 동생 모두 고맙고 사랑합니다.

－ 김혜주

1판 감수의 글

솔직한 한 가지 고백을 하고 싶다.

나는 칸반의 팬이다. 좋은 애자일 코치가 되고 싶다면 특정 프레임워크나 도구에 얽매여서는 안 된다고들 말하지만, 그럼에도 불구하고 나는 칸반에 열광하는 빅 팬이다.

물론 스크럼, XP, 매니지먼트 3.0과 같은 다른 애자일 방법들도 매우 좋아하고 코칭에 폭넓게 활용한다. 하지만 그 중에서도 특별히 칸반을 사랑하는 이유는, 현재 대한민국 기업들의 보편적인 기업 문화를 봤을 때 애자일 트랜스포메이션을 처음 시도할 경우 다른 애자일 방법들에 비해 칸반이 더욱 강력한 힘을 발휘할 수 있다고 믿기 때문이다. 칸반은 일하는 방식이자 변화 관리 기법이다.

칸반^{Kanban}은 2000년대 중반 미국의 데이비드 J. 앤더슨이 애자일 소프트웨어 개발, 도요타 생산 시스템의 간반^{看板}, 제약 이론^{TOC, Theory Of Constraints} 등에서 영감을 받아 만든 소프트웨어 프로젝트 관리 방법이다. 현재는 북미와 유럽을 중심으로 다양한 조직에서 적극적으로 활용하고 있다. VersionOne의 State of Agile을 살펴보면 가장 많이 사용하는 애자일 방법에서는 (하이브리드를 제외한 순수한 애자일 방법 중) 스크럼에 이어 두 번째를 차지하고 있고, 애자일을 채택한 조직 중에서 61%가 업무에 칸반을 적용하고 있다. 또한 가장 많이 사용하고 있는 프로젝트 관리 도구로 칸반 보드^{Kanban board}를 꼽았다.

현재의 칸반은 소프트웨어 개발 방법에서 벗어나 1) 협업이 필요한 2) 지식 업무라면 그 어느 분야에도 적용할 수 있는 방법으로 발전했다. 소프트웨어 프로젝트가 아니어도, IT 업계에 속하지 않았더라도, 칸반을 적용하고 그 위력을 느낄 수 있다.

그럼에도 불구하고 많은 조직에서 "그거 대충 선 그리고 포스트잇 붙이는 것 아닌가요?"라고 말하는 등 칸반에 대해 잘 모르거나, JIRA나 Trello 같은 도구를 사용하는 것으로 오해하고 있는 경우가 대부분인 현실이 너무나 안타까울 뿐이다. 이 책을 통해서 칸반에 대한 오해가 조금이나마 줄어들고 많은 조직이 일하는 방식과 문화를 조금씩 조금씩 더 좋은 방향으로 바꿔나갈 수 있는 계기를 마련할 수 있기를 바란다.

마지막으로 이 책을 번역한 유지은, 김혜주 두 분의 애자일 코치는 이론뿐만 아니라 실무에서 직접 칸반 경험을 풍부하게 쌓은 분들이다. 영문을 한글로 옮길 때 생생한 경험들이 충분히 녹아 들어 갔을 것이라고 생각한다. 참조할만한 좋은 자료가 많지 않은 국내 현실에서 바쁜 개인 시간을 할애해 이 책을 소개하고자 오랜 시간 헌신한 두 분의 노력에 큰 박수를 보내고 싶다.

— 조승빈,
2020년 1월 21일

용어

A3(A3 씽킹): 국제 용지 규격인 297×420mm 크기의 용지 이름을 따서 이름 붙인 A3는 이해와 합의를 얻기 위한 논의를 구성하는 데 사용한다.

AGILE(애자일): 정기적인 주기로 수행되는 점진적이며 반복적인 개선. 기존 프로젝트 관리 방법의 대안으로, 재검토와 계획의 변화를 자주 하기를 제안한다.

BOOLEAN LOGIC(불린 로직): 모든 값이 참 또는 거짓이며, 각 자릿수의 값이 1 또는 0의 값을 갖는 2진수 번호 부여 시스템에서 표현되는 대수 형태

BUILD(빌드): 소스코드 저장소에서 코드를 수집하고, 실행 파일로 컴파일한 다음 필요한 모든 부분을 패키지화해 다른 사람이 새로운 기능을 볼 수 있는 곳에 설치한다.

CAPACITY UTILIZATION(수용량 활용): 사용할 수 있는 총 용량 중에서 사용된 용량의 백분율. 한 사람이 하루에 10시간씩 일할 수 있는 능력을 가졌는데 7시간을 일한다면 그들의 수용량은 70%다.

CHURN(이탈자): 당신의 서비스나 회사와 관계를 끊은 고객 또는 가입자

COGNITIVE BIAS(인지 편향): 인지 편향은 사람의 판단과 의사결정에 무의식적이고 자동적으로 영향을 미쳐 추론 오류를 범한다.

CONFIRMATION BIAS(확증 편향): 자신의 믿음이나 가치에 확신을 주거나 지원하는 방식으로 정보를 찾고 해석하고 뒷받침하고 기억하는 경향을 말한다. 자신의 믿음과 맞지 않는 정보는 무시하는 반면 자신의 믿음에 맞는 정보는 사용한다. 사람들은 자신이 현재 갖고 있는 믿음과 잘 맞을 것 같은 데이터를 찾는다.

CONSTRAINT(제약): 시스템외 변목 현상 전진을 방해하는 것

CONTEXT SWITCH(문맥 전환): 한 가지 일에 대한 업무를 중단해 다른 일에 착수하는 행위, 인터럽트에 의한 행위

COST OF DELAY(CoD, 지연 비용률): 가치와 긴급성을 전달하는 방법인 지연 비용률은 값비싼 결과에 시간이 미치는 영향을 측정한 것이다.

CYCLE TIME(사이클 타임): 업무가 시작된 시점부터 전달된 시점까지, 요청을 완료하는 데 걸리는 시간

DEPENDENCY(의존성): 소스코드를 컴파일하는 데 필요한 파일. 어떤 일을 할 때 전문 기술을 가진 사람들이 자주 필요한 상황. 일을 달성하기 전에 반드시 해야 하는 이벤트

DEPLOYMENT LEAD TIME(배포 리드 타임): 소스 제어에 코드가 커밋돼 생긴 변경 사항을 빌드하고 배포하는 데 걸리는 시간

DUNNING-KRUGER EFFECT(더닝 크루거 효과): 미숙련자는 자신의 능력을 과대평가하고 전문가는 자신의 능력을 과소평가하는 경향을 말한다.

ECONOMIES OF SCALE(규모의 경제): 생산이 증가함에 따라 비용이 감소한다는 경제학 개념. 제품의 생산량 증가로 인한 비용상의 이점

ENTERPRISE RESOURCE PLANNING SYSTEM(ERP 시스템): 기획, 구매, 재고, 판매, 마케팅, 재무, HR 등의 요소를 통합한 관리 정보 시스템

ENVIRONMENT ISSUES(환경 구성 문제): 웹사이트나 다른 것들이 올바르게 작동하지 못하게 만드는 서버 구성의 문제

FAILURE DEMAND(실패 요구): 어떤 일을 하지 못하거나 고객에게 맞는 일을 하지 못해서 실패하게 될 요구

FEATURE DRIVEN DEVELOPMENT(FDD, 기능 주도 개발) 애자일 개발의 한 유형으로 기능을 구축하기 위해 교차 기능, 협업 및 시간 제한을 둔 활동에 중점을 둔다.

FIRST-IN, FIRST-OUT(FIFO, 선입선출): 업무를 먼저 들어온 순서대로 처리하는 우선순위 지정 방법

FLOW(흐름): 시스템을 통해 매끄럽고 예측할 수 있게 이끌어낸 가치. '우리가 예상한 영역'에 있다는 긍정적인 측면과 기쁨

FLOW DISTRIBUTION(흐름 분배): 각기 다른 작업 항목 유형의 분배를 말한다. 예를 들어 30%는 기능 구현, 60%는 결함 수정, 10%는 부채 해결에 할당할 수 있다.

FLOW EFFICIENCY(흐름 효율성): 업무가 완료되는 시간 대 완료를 기다리는 시간의 백분율. 업무 시간을 업무시간 + 대기 시간으로 나눠서 계산한다.

FLOW LOAD(흐름 부하): 시작했지만 끝마치지 못한 업무의 양을 말한다. 일부 완료된 진행 중 업무(WIP)가 많으면 비용이 많이 들어간 것이다.

FLOW METRICS(흐름 메트릭): 흐름 타임과 진행 중 업무, 처리량이 어떤 관계를 지니고, 이러한 흐름 메트릭 중 어떤 것이든 변경하면 다른 메트릭에 영향을 미친다

FLOW TIME(흐름 타임): 속도를 측정한다. 측정 시계는 작업을 시작할 때 움직이기 시작하고 고객이 해당 가치를 소비할 수 있을 때 멈춘다.

FLOW VELOCITY(흐름 속도): 처리량을 측정한다. 처리량은 특정 시간 동안 완료된 항목의 개수를 말한다. 이는 능력을 측정하는 데 유용하다.

GANTT CHART(간트 차트): 프로젝트의 모든 단계의 시작 날짜와 종료 날짜를 그려서 표현하는 차트

J CURVE(J 커브): 변화가 그룹이나 개인에게 일어났을 때 발생하는 성과 저하를 말한다. 그래프에서 값이 갑자기 떨어졌다가 천천히 상승해서 'J' 모양을 만든다.

KANBAN(칸반): 시각적 신호라는 뜻의 일본어. 이 책에서는 지식 업무를 위한 시각적 관리 당김 시스템을 나타냈다.

KINGMAN'S FORMULA(킹맨의 공식): 진행 중 업무와 흐름 타임 사이의 관계에서 활용률를 계산하는 데 사용된다. 활용률이 100%에 가까워짐에 따라 대기 시간이 얼마나 증가하는지를 보여준다.

LEAD TIME(리드 타임): 처음 요청한 시점부터 고객에게 전달된 시점까지의 경과된 시간을 측정한 값

LEAN(린): 개선을 위해 사용된 소크라테스식 철학. 린은 JIT(Just-In-Time) 방식과 시각 관리를 전면에 내세운다.

LEAN COFFEE(린 커피): 규칙이 거의 없는 구조화된 회의이다. 참가자들이 모여서 의제를 만들고 이야기를 시작한다.

LITTLE'S LAW(리틀의 법칙): 작업을 마치기 위한 평균 사이클 타임은 진행 중 업무와 처리량 간의 비율로 계산된다.

OVERCONFIDENCE BIAS(과신 편향): 다른 사람들이 더 큰 위험을 감수하게 만드는 자신의 능력에 대해 너무 긍정적으로 보는 관점을 말한다.

PLAN-DO-CHECK-ACT(PDCA): 프로세스와 제품의 변경과 문제 해결, 지속적인 개선을 위해 W. 에드워즈 데밍(W. Edwards Deming)이 개발한 반복적인 4단계로 구성된 접근법

POMODORO(뽀모도로): 타이머를 사용하는 시간 관리 방법으로 짧은 휴식으로 구분하며, 제한된 시간 간격으로 업무를 분류한다.

PULL SYSTEM(당김 시스템): 수용량에 따라 새로운 업무를 시스템으로 당겨오는 것. 일을 하는 사람들은 시간이 생길 때 그것을 시작할 자율성이 있다.

QUEUE(대기열): 처리할 일이 쌓여 있는 것. 대기 상태에 있는 업무

RESOURCE EFFICIENCY(자원 효율성): 자원이 사용 중인 시간의 백분율. 때로 사람들이 가치를 제공하는 것은 무시한 채 그저 바쁜 상태를 유지하는 것을 가리킨다.

SCRUM(스크럼): 프로젝트를 완료하는 데 사용하는 애자일 프레임워크

SILVER BULLET(긴급 업무): 당장 뭔가를 해달라는 긴급한 요청. 보통 리더 자리에 있는 누군가에 의해 시작된다.

SMOKE TEST(스모크 테스트): 빌드가 완료된 후 코드가 예상대로 동작하는지 확인하는 테스트

SOURCE CONTROL(소스 제어): 개발자가 코드를 안전하게 보관하는 장소

STAND-UP(스탠드업): 팀이 문제를 논의하는 간단한 회의(일반적으로 15분). 15분 밖에 되지 않기 때문에 서서 진행한다.

SUNK COST FALLACY(매몰 비용의 오류): 노력을 많이 했고, 그 노력을 낭비하고 싶지 않기 때문에 어떤 일을 계속하는 것

SYSTEM(시스템): 목표를 달성하기 위해 함께 노력하는 상호의존적인 요소의 네트워크. 업무를 수행하는 사람들과 영향을 받는 규칙과 도구를 포함한다.

SYSTEMS THINKING(시스템 사고): 개별 기능 또는 사일로(silo)와 비교해 전체 시스템을 최적화하는 것이 목표인 시스템 전체론적인 관점

TECHNICAL DEBT(기술 부채): 빠르게 문제를 해결하기 위해 간단하고 지저분한 설계를 한 대가. 소프트웨어 버그를 수정하고, 새로운 기능을 개발하는 데 필요한 추가 업무

THEORY OF CONSTRAINTS (TOC, 제약 이론): 목표를 달성하는 데 방해가 되는 가장 중요한 제한 요소(제약)를 찾아낸 후, 더 이상 제약이 되지 않을 때까지 체계적으로 개선하는 방법

THIEF CONFLICTING PRIORITIES(상충하는 우선순위 도둑): 서로 경쟁하는 프로젝트와 업무. 가장 중요한 일이 어떤 것인지 확신할 수 없을 때 더욱 악화된다.

THIEF NEGLECTED WORK(방치된 업무 도둑): 벤치에서 쉬고 있는 부분적으로 완료된 업무

THIEF TOO MUCH WORK-IN-PROGRESS(너무 많은 진행 중 업무 도둑): 시작했으나 아직 완료되지 않은 진행 중 업무. 때로는 부분적으로 완료된 업무라고 한다.

THIEF UNKNOWN DEPENDENCIES(알려지지 않은 의존성 도둑): 업무를 완료하기 위해 선행돼야 하는 것으로 미연에 알지 못했던 것.

THIEF UNPLANNED WORK(계획에 없던 업무 도둑): 업무를 완료하거나 더 나은 전환점에 도달하기 전에 중단시켜 방해한다.

THROUGHPUT(처리량): 일정 기간 동안 완료된 업무의 수

TIME-BOX(시간 제한): 시작 시간과 종료 시간이 명확한 특정 기간(예: 정확히 정오부터 시작된 2시간의 시험 후 연필을 내려놨다)

T-SHAPED(T자형): 여러 분야에 걸친 광범위한 기술을 지닌 동시에 한 분야에 대한 깊은 전문성을 지닌 사람을 시각적으로 표현한 것

VALUE STREAM(가치 흐름): 비즈니스 가치를 제공하기 위해 특정 제품이나 서비스의 시작부터 끝까지 수행된 활동들

VELOCITY(속도): 일정 기간(보통 2주) 동안 완료된 스토리 포인트 수

WATERFALL APPROACH(폭포수 접근법): 이전 단계의 모든 부분이 완료될 때까지 업무를 진행할 수 없는 전통적인 소프트웨어 개발 방법

WEIGHTED SHORTEST JOB FIRST(WSJF, 가중 최단 작업 우선): 동일한 가치를 지닌 업무들 중 처리 시간이 가장 짧은 업무부터 진행하는 우선순위 지정 방법

WIP LIMIT(진행 중 업무 제한): 개인이나 팀이 동시에 진행 중 업무의 양에 대해 스스로 내린 제한을 말한다. 진행 중 업무 한계 덕분에 칸반은 당김(pull) 시스템으로 동작할 수 있다. 하나의 카드를 끝마쳤을 때 가용한 능력이 있다고 신호를 보내서 또 다른 카드를 '진행 중' 컬럼으로 끌어온다.

WORKFLOW(업무 흐름): 처음부터 끝까지 파이프 라인(또는 시스템)을 통한 업무 흐름

WORK-IN-PROGRESS(WIP, 진행 중 업무): 시작했지만 아직 완료되지 않은 모든 업무

WORK ITEM(업무 항목): 작업 중인 모든 것. 크고 작은 노력을 포괄하는 업무

WORK STATE(업무 상태): 현재 업무의 상태. 업무가 완료되는 과정에서 여러 가지 상태를 거친다. 업무 상태는 파이프라인의 어느 위치에 있는지 보여준다.

ZOMBIE PROJECT(좀비 프로젝트): 시간과 리소스에 굶주린 겨우 살아있는 낮은 가치의 프로젝트들을 말한다. 이러한 굶주린 프로젝트들은 높은 가치를 지닌 프로젝트들로부터 사람들의 시간과 에너지를 미묘하게 빨아들인다.

찾아보기

Big thief - stale work

There is no return on undelivered stale work.

thief - WIP $$$$ steals

standard late thief - unpredictable
regular
steals predictability.

Conflicting Priorities

interruptions/Unplanned Thief -

Dependency Bully thief w/ No neck.
or BIG Ball of mud.

Blob

Disorder →

BALANCE

업무 시각화 *2/e*

효율적으로 업무를 처리하는 시간 관리 비법

2판 발행 ㅣ 2024년 7월 31일

지은이 ㅣ 도미니카 드그란디스
옮긴이 ㅣ 유지은 · 김혜주 · 김무항

펴낸이 ㅣ 옥 경 석
편집장 ㅣ 황 영 주
편 집 ㅣ 김 진 아
           임 지 원
           김 은 비
디자인 ㅣ 윤 서 빈

에이콘출판주식회사
서울특별시 양천구 국회대로 287 (목동)
전화 02-2653-7600, 팩스 02-2653-0433
www.acornpub.co.kr / editor@acornpub.co.kr

한국어판 ⓒ 에이콘출판주식회사, 2024, Printed in Korea.
ISBN 979-11-6175-861-9
http://www.acornpub.co.kr/book/making-work-visible-2e

책값은 뒤표지에 있습니다.